COMPRA E VENDA DE EMPRESAS

FERRAMENTAS PARA PREVER, ESTIMULAR E JULGAR COMPORTAMENTOS

GIOVANI RIBEIRO RODRIGUES ALVES

Rodrigo Xavier Leonardo
Prefácio

Paula Andrea Forgioni
Apresentação

Marcia Carla Pereira Ribeiro
Posfácio

COMPRA E VENDA DE EMPRESAS

FERRAMENTAS PARA PREVER, ESTIMULAR E JULGAR COMPORTAMENTOS

Belo Horizonte

FÓRUM
CONHECIMENTO JURÍDICO
2022

© 2022 Editora Fórum Ltda.

É proibida a reprodução total ou parcial desta obra, por qualquer meio eletrônico, inclusive por processos xerográficos, sem autorização expressa do Editor.

Conselho Editorial

Adilson Abreu Dallari
Alécia Paolucci Nogueira Bicalho
Alexandre Coutinho Pagliarini
André Ramos Tavares
Carlos Ayres Britto
Carlos Mário da Silva Velloso
Cármen Lúcia Antunes Rocha
Cesar Augusto Guimarães Pereira
Clovis Beznos
Cristiana Fortini
Dinorá Adelaide Musetti Grotti
Diogo de Figueiredo Moreira Neto (*in memoriam*)
Egon Bockmann Moreira
Emerson Gabardo
Fabrício Motta
Fernando Rossi
Flávio Henrique Unes Pereira

Floriano de Azevedo Marques Neto
Gustavo Justino de Oliveira
Inês Virgínia Prado Soares
Jorge Ulisses Jacoby Fernandes
Juarez Freitas
Luciano Ferraz
Lúcio Delfino
Marcia Carla Pereira Ribeiro
Márcio Cammarosano
Marcos Ehrhardt Jr.
Maria Sylvia Zanella Di Pietro
Ney José de Freitas
Oswaldo Othon de Pontes Saraiva Filho
Paulo Modesto
Romeu Felipe Bacellar Filho
Sérgio Guerra
Walber de Moura Agra

Luís Cláudio Rodrigues Ferreira
Presidente e Editor

Coordenação editorial: Leonardo Eustáquio Siqueira Araújo
Aline Sobreira de Oliveira

Av. Afonso Pena, 2770 – 15º andar – Savassi – CEP 30130-012
Belo Horizonte – Minas Gerais – Tel.: (31) 2121.4900 / 2121.4949
www.editoraforum.com.br – editoraforum@editoraforum.com.br

Técnica. Empenho. Zelo. Esses foram alguns dos cuidados aplicados na edição desta obra. No entanto, podem ocorrer erros de impressão, digitação ou mesmo restar alguma dúvida conceitual. Caso se constate algo assim, solicitamos a gentileza de nos comunicar através do *e-mail* editorial@editoraforum.com.br para que possamos esclarecer, no que couber. A sua contribuição é muito importante para mantermos a excelência editorial. A Editora Fórum agradece a sua contribuição.

Dados Internacionais de Catalogação na Publicação (CIP) de acordo com ISBD

A474c	Alves, Giovani Ribeiro Rodrigues
	Compra e Venda de Empresas: Ferramentas para prever, estimular e julgar comportamentos / Giovani Ribeiro Rodrigues Alves. - Belo Horizonte : Fórum, 2022. 194p. ; 14,5cm x 21,5cm.
	Inclui bibliografia. ISBN: 978-65-5518-286-6
	1. Direito. 2. Direito Empresarial. 3. Direito, administração e economia. I. Título.
2021-3726	CDD 346.07 CDU 347.7

Elaborado por Vagner Rodolfo da Silva - CRB-8/9410

Informação bibliográfica deste livro, conforme a NBR 6023:2018 da Associação Brasileira de Normas Técnicas (ABNT):

ALVES, Giovani Ribeiro Rodrigues. *Compra e Venda de Empresas*: Ferramentas para prever, estimular e julgar comportamentos. Belo Horizonte: Fórum, 2022. 194p. ISBN 978-65-5518-286-6.

À Renata, pelo nosso amor e pela nossa linda história.
À Marcia, pela inspiração e apoio incondicional em todos os momentos.
Ao Carlos Alberto, ao Kauan e à Giulia, pela alegria que emanam.

SUMÁRIO

PREFÁCIO 9

APRESENTAÇÃO 11

INTRODUÇÃO 15

CAPÍTULO 1
Empresa e decisões a partir da nova economia institucional e da economia comportamental 19

1.1 Neoinstitucionalistas 22
1.2 Economia comportamental e a análise econômica com novos fundamentos 43
1.3 Bases para a aplicação da economia comportamental aos estudos de compra e venda de empresas 60

CAPÍTULO 2
Operações de compra e venda de empresas no Direito brasileiro 75

2.1 Arranjos societários que viabilizam a compra e venda de empresas 82
2.2 Trespasse 100
2.3 Racionalidade limitada e reflexos sobre M&A 113

CAPÍTULO 3
Reinterpretação das operações de M&A pela economia comportamental 125

3.1 Heurísticas e vieses na atividade empresarial e no investimento 128
3.2 Heurísticas e vieses em contratos de M&A discutidos no Poder Judiciário 143
3.3 *Nudge*, paternalismo libertário e os contratos de compra e venda de empresas 159

POSFÁCIO 177

REFERÊNCIAS 181

PREFÁCIO

Gli individui sono le loro opere, e fuori dalle opere si dissolvono in episodi di vita e stati d'animo, che non lasciano traccia nella storia della scienza
(Natalino Irti. In: *Occasioni novecentesche*, Editoriale Scientifica, 2012).

As operações de fusão e aquisição no Brasil (M&A) crescem em número e em proporção econômica. Imersos na velocidade desses negócios, advogados(as) e consultores(as) manejam, aplicam e replicam alguns sofisticados modelos contratuais, normalmente sem que haja tempo para se refletir com profundidade acerca dessas práticas.

Constata-se, também, que uma considerável parcela desses modelos contratuais provém da experiência de outras culturas jurídicas, inclusive mediante traduções que não contemplam os riscos dos *transplantes jurídicos* que, conscientemente ou não, são operados.

O Professor Giovani Ribeiro Rodrigues Alves, diante deste cenário, oferece ao leitor uma culta e original análise deste universo por meio do livro *Compra e venda de empresas*: ferramentas para prever, estimular e julgar comportamentos.

Trata-se de obra de fôlego, forjada de uma união da experiência do autor na advocacia com os seus refinados e aprimorados estudos de doutoramento, sob minha orientação na Universidade Federal do Paraná. E, que fique claro, todos os méritos da tese, *suum cuique tribuere,* são exclusivos do autor.

A tese – aprovada *summa cum laude* em banca formada pelo Professor Titular Alfredo de Assis Gonçalves Neto (UFPR), pela Professora Titular Paula Forgioni (USP), pelo Professor Doutor Gustavo Saad Diniz (USP-Ribeirão), pelo Professor Doutor Oksandro Gonçalves (PUCPR) e pelo Professor Doutor Eduardo Oliveira Agustinho (PUCPR) – agora é apresentada ao público leitor em versão comercial, sob os cuidados da Editora Fórum.

Neste livro, as práticas contratuais de M&A são submetidas à lente investigativa da análise econômica do direito, mais especificamente segundo as escolas da nova economia institucional e da economia comportamental.

Sob tal alicerce, nosso autor se propõe a refletir acerca dos modelos jurídicos usualmente utilizados nos contratos de M&A, perquirindo a efetiva racionalidade dos agentes nestas operações, em especial tomando em consideração os atalhos cognitivos (heurísticas) e os erros sistematicamente praticados em escolhas (vieses).

A partir das descobertas daí decorrentes, o Professor Giovani Ribeiro Rodrigues Alves expõe e desenvolve quais são as principais consequências jurídicas de determinados erros e escolhas comuns nas operações de M&A. Esclarece, também, como mecanismos indutores de comportamento (*nudges*) podem mitigar riscos, inclusive jurídicos, nestas relações contratuais.

As mais recentes inovações legislativas, tal como, exemplificativamente, a Lei da Liberdade Econômica (Lei nº 13.874/19), encontram-se contempladas nesta análise.

Este livro coroa a trajetória, a obra e a contribuição à Ciência Jurídica por Giovani Ribeiro Rodrigues Alves. Faz resplandecer também a Universidade Federal do Paraná, instituição na qual o autor obteve o seu doutoramento e, hoje, leciona como professor de Direito Comercial. A teoria e a prática profissional são conjugadas em um texto que expõe problemas e apresenta soluções. Trata-se de obra verdadeiramente indispensável, tanto aos cultores do Direito Privado como aos advogados(as) e consultores(as) que atuam no segmento de mercado de M&A.

Curitiba, dezembro de 2020.

Rodrigo Xavier Leonardo
Professor de Direito Civil da Universidade Federal do Paraná (UFPR)

APRESENTAÇÃO

Os contratos empresariais permitem a circulação da riqueza e a colaboração entre os agentes econômicos, tecendo a rede que sustenta a economia. Vistos isoladamente, os fatores de produção não passam de elementos estáticos e apartados; capital, trabalho, recursos naturais e tecnologia somente assumem relevância quando embebidos no fluxo de relações econômicas. Até mesmo o valor da propriedade depende de sua circulação. Não é exagero afirmar que os mecanismos da ordem econômica se fundam nos contratos.

Desde o Código Italiano de 1942, os juristas brasileiros encantaram-se com o conceito de empresa. O problema é que a definição lá ajustada e transposta para o nosso Código Civil serve para pouca coisa. Explicar a empresa a partir da pessoa do empresário é algo que se justificava na economia fascista e não se mantém hoje em dia. Essa "irritante discussão",[1] inútil em sua essência, reproduz-se nas salas de aula em todo o País, roubando a atenção do que realmente deveria ser o ensino do Direito Empresarial. E lá vamos nós, obrigando os alunos a decorarem, por exemplo, os celebérrimos perfis da empresa, de Asquini. Sem maiores reflexões, segue-se a estrada daqueles que nos antecederam, para "cumprir o programa". Essa verdadeira *"path dependence"* confina a teoria geral do direito comercial a discussões de pouca relevância teórica e prática, sugando importante tempo de aprendizado das novas gerações, que, naturalmente, acabam encantadas com matérias mais interessantes aos seus olhos.[2]

Por óbvio, o que se mostra inútil é o conceito de empresa posto no Código Civil, não a organização econômica em si. A relevância do fenômeno empresarial para o Direito, para a economia e para a sociedade é inegável. O ponto é que ele não pode ser entendido a partir do empresário, como pretendiam os regimes fascistas. A equação só faz sentido com a consideração do contexto do mercado. Pedindo

---

[1] A expressão é de Comparato, v. COMPARATO, Fábio Konder. *Aspectos jurídicos da macroemprêsa*. São Paulo: Revista dos Tribunais, 1970, p. 3.
[2] Sobre o tema discorri em: FORGIONI, Paula A. *A evolução do direito comercial brasileiro. Da mercancia ao mercado*. 4. ed. São Paulo: Revista dos Tribunais, 2019, p. 75 e ss.

escusas pela simplicidade da imagem, assim como um peixe não vive fora d'água, simplesmente não existe uma empresa isolada. Sua vida e sua força motriz vêm do mercado, das relações com outros agentes econômicos.

Uma das mais geniais contribuições do Direito para a humanidade foi a concepção de estruturas capazes de amparar e fomentar os arranjos econômicos, dotando-lhes de segurança e de previsibilidade. Ao longo dos séculos, foram saindo à luz os tipos societários e a disciplina do poder de conduzir as organizações, bem como de sua transferência. No passado, o adquirente do "ponto" intitulava-se "sucessor de fulano" e, com isso, esperava herdar sua capacidade de atrair clientela. Atualmente, compra-se o controle empresarial ou se concebem mecanismos para assegurá-lo. O foco passou da pessoa do empresário à marca, ao modelo de negócio e ao conjunto orgânico a que se chama "empresa".

Como realizar a transferência do controle de um ente vivo e orgânico como a empresa? Como viabilizar sua circulação econômica? Esta obra do Prof. Giovani, que tenho a honra de apresentar, realiza utilíssimo esforço de sistematização, explicando ao leitor as formas jurídicas que, no Direito brasileiro, operacionalizam a transmissão das organizações empresariais, da aquisição de ativos à compra de ações representativas do controle.

Mas o livro vai além, lembrando-nos que empresas são organizações humanas. Compradores e vendedores possuem vieses comportamentais, que impactam a formatação dos negócios de transferência do controle empresarial. Vão então explicados no texto do Prof. Giovani os fundamentos da economia comportamental, que desafiam o pressuposto da racionalidade perfeita dos agentes de mercado.

Aqui, a obra enfrenta um problema central: se, por um lado, os vieses comportamentais são inegáveis, por outro, o Direito Empresarial segue pressupondo que os agentes são racionais. Afinal, como já escrevia Cairu, "os Comerciantes são, ou sempre se presumem, hábeis, atilados, e perspicazes em seus negócios [...]".[3]

Como compatibilizar uma ordem jurídica que cobra a racionalidade do contratante profissional com seus inafastáveis padrões não racionais de comportamento? Seja-me permitido o *spoiler*: essa é a mais importante conclusão deste trabalho: o Direito Empresarial

---

[3] LISBOA, José da Silva. *Princípios de direito mercantil e leis da marinha*. 6. ed. Rio de Janeiro: Acadêmica, 1874, v. II, p. 504.

exige e presume [presunção *iuris et iuris*][4] que o agente econômico seja profissional e pouco importa se sua racionalidade é limitada ou seu comportamento ditado por fatores psicológicos não totalmente conscientes. Em outras áreas do Direito, como aquele do consumidor e de família, as coisas podem se dar de forma diversa; nunca no Direito Empresarial! Se a empresa for levada por um viés comportamental e, com isso, realizar um mau negócio, deve arcar com as consequências da sua escolha. As palavras do Prof. Giovani devem ser levadas a sério, antes que modismos populistas e pretensamente embasados em "modernas teorias econômicas" venham a retirar a força obrigatória dos contratos, tão necessária à fluência de relações econômicas e ao desenvolvimento.

Isso não significa – como bem explica o Prof. Giovani – que a compreensão do comportamento das partes deixe de ser fundamental para estudo dos negócios empresariais. Por que alguns contratos dão certo e outros não? Como regulá-los, fomentando seu sucesso? A resposta passa, necessariamente, pela *behavioral economics* e pelo estudo do estimulante texto do Prof. Giovani, que, seguramente, instigará aqueles que têm olhos para enxergar o Direito Empresarial muito além da sua compreensão estática, libertando as novas gerações de comercialistas desse ranço autoritário que em nada nos serve.

Paula Andrea Forgioni
Professora de Direito Comercial da
Universidade de São Paulo (USP)

---

[4] FORGIONI, Paula A. *Contratos empresariais*. Teoria geral e aplicação. 5. ed. São Paulo: Revista dos Tribunais, 2020, p. 122 e ss.

INTRODUÇÃO

Por que tantas operações de M&A são malsucedidas? Será falha do Direito, da economia ou um conjunto de características inatas a todos os empresários e advogados que interfere nas escolhas? O livro se propõe a fazer uma análise cotejando ferramentas jurídicas e econômicas para responder a essas e outras questões que permeiam as operações de compra e venda de empresas.

A noção de empresa atrai há muito tempo a atenção de juristas e economistas. São conhecidos os estudos desenvolvidos acerca de seu histórico, significado, impacto social, diferentes estruturações e crescimento, mas não se limitam a esses que, por si só, já são amplos e relevantes aspectos. Entender o comportamento dos agentes envolvidos com a empresa, seja dos sócios, empregados ou administradores, seja de terceiros a ela relacionados, também se tornou um desafio aos que se propõem a estudar a temática.

A nova economia institucional e a economia comportamental são vertentes que podem contribuir para o melhoramento da análise jurídica a respeito da compra e venda de empresas. A compreensão das razões econômicas dos agentes para decidir por abrir ou por ampliar uma atividade econômica, das motivações que levam aos distintos modos de integração e do procedimento decisório tomado pelos sujeitos envolvidos ultrapassa os limites estritamente jurídicos de análise, mas com o Direito se encontra quando este pretende regular condutas, incentivando ou desincentivando determinados comportamentos.

A despeito da atratividade do tema e da tentação em se valer indiscriminadamente de textos econômicos e jurídicos a respeito, compatibilizá-los exige, preliminarmente, o reconhecimento de certas limitações na análise, sob pena de recair em superficialismo ou de passar, indevidamente, a ideia de excessiva presunção por parte daquele que se propõe a fazê-la.

Nesta esteira, reconhece-se que, ao se analisar diferentes teorias da economia (um dos propósitos do livro), há riscos de se fazer indevidas descrições e simplificações, especialmente pelo fato de o trabalho ser feito por um jurista e não por um economista.

O primeiro risco é o de que a descrição das teorias econômicas transmita que a passagem de uma vertente para outra foi resultado de uma sequência inexorável de fatos e deduções que necessariamente sinalizariam que uma teoria econômica fosse mais avançada que a anterior ou que a tivesse eliminado. O risco é de se impor algo parecido com uma descrição de períodos históricos em blocos, desconsiderando as particularidades de cada momento ou indicando que os diferentes períodos foram lineares, em uma construção pacífica e que inexoravelmente levaria ao presente, algo sabidamente equivocado.

Neste livro não se está a expor as teorias econômicas de modo a afirmar que uma seja ou não a sequência da anterior, até mesmo porque diferentes teorias coexistem. O objetivo é fazer a descrição da nova economia institucional e da economia comportamental por intermédio da exposição de pensamentos de alguns de seus principais expoentes e de relacioná-las com o objeto principal do livro, que é auxiliar na compreensão das operações de compra e venda de empresas.

O segundo risco resultante da exposição de teorias econômicas por um não economista é o de reduzi-las ou descrevê-las a partir de autores selecionados e algumas de suas obras, deixando de expressar divergências nos trabalhos de cada um deles ou distinções dentro de uma mesma vertente. Por opção metodológica, foram escolhidos apenas alguns daqueles que são considerados os principais autores da nova economia institucional e da economia comportamental, bem como somente os textos mais comumente referenciados de tais economistas, sob pena de substituição do foco jurídico pelo econômico, o que desvirtuaria o objetivo central do livro. Assim, a economia é utilizada como ferramenta auxiliar de análise, não como substituta do Direito.

Sem prejuízo de se invocar autores estrangeiros, o livro analisará com maior minúcia apenas as operações de compra e venda de empresas sobre as quais seja incidente o Direito brasileiro, sem a intenção de abranger outros sistemas jurídicos. Tal delimitação é relevante, vez que diferentes ordenamentos possuem específicas disposições contratuais e societárias, além de um conjunto interpretativo não necessariamente condizente com o nacional.

Fixados tais pressupostos, possível é a compreensão do problema principal a ser enfrentado, qual seja, aquilatar se as ferramentas trazidas pela economia comportamental conduzem ou não à necessidade de uma reinterpretação da intervenção judicial e da atuação dos operadores do Direito nas operações de compra e venda de empresas.

A hipótese central se funda na constatação de que a economia comportamental aponta que os agentes se valem de atalhos de pensamentos para suas decisões (heurísticas), sendo natural que erros sejam sistematicamente cometidos (vieses) nas escolhas (inclusive as econômicas). Em outras palavras, não somente o erro nos negócios empresariais é previsível, como também é provável. Diante dessa constatação, deve-se compreender se o papel do terceiro chamado a intervir no negócio (juiz, árbitro ou legislador) é de buscar neutralizar os equívocos ou não. Na verificação desta hipótese se encontra o cerne do livro, o qual foi estruturado da forma a seguir pormenorizada.

O primeiro capítulo é iniciado pela descrição das teorias desenvolvidas por Ronald Coase, Oliver Williamson e Douglass North, autores integrantes da escola denominada de nova economia institucional. As noções de custos de transação, especificidade do ativo, oportunismo, racionalidade limitada do sujeito e instituições – especialmente relevantes para a compreensão da empresa – foram desenvolvidas pelos neoinstitucionalistas que conferiram aos estudos econômicos uma aproximação à realidade que até então inexistia.

Em seguida, discorre-se acerca de como a crença na racionalidade ilimitada do sujeito contribuiu para que tanto a economia (ortodoxa) quanto o Direito (moderno) se afastassem da realidade em suas análises, o que foi refutado pela nova economia institucional e, de modo ainda mais intenso, pela economia comportamental.

Esta última é apresentada e constitui a principal base teórica econômica do livro, especialmente por meio da descrição do pensamento de alguns de seus principais expoentes, como Herbert Simon, Daniel Kahneman e Richard Thaler, os quais evidenciaram que erros de previsões são frequentes e prováveis nas decisões humanas. Para finalizar o capítulo de abertura, entendidos os principais fundamentos e ferramentas da economia comportamental, são delimitadas as bases para a aplicação de tal vertente nas operações de M&A.

No segundo capítulo são descritas as operações de compra e venda de empresas. Logo de plano, assume-se o desafio de identificar o que é uma compra e venda de empresa, assunto complexo, já que a inventividade dos agentes econômicos e dos advogados faz com que as integrações sofram profundas e constantes modificações que desafiam seus intérpretes.

Ato seguinte, são abordados os arranjos societários que viabilizam tais operações. Nesta parte é feita uma delimitação na abordagem, vez que foram excluídos de apreciação o poder de controle externo e o gerencial. O objetivo da análise será expor os principais aspectos internos (organizacionais) que envolvem os mecanismos societários que viabilizam a compra e venda de empresas, com destaque para os interesses que motivam as decisões dos sócios.

Após a análise estritamente societária, descreve-se o trespasse, tradicional mecanismo de compra e venda de empresas que não se confunde com os mecanismos societários. São expostas as peculiaridades que envolvem a transferência do conjunto de bens organizado pelo empresário, sociedade empresária ou empresa individual de responsabilidade limitada, para o exercício da empresa, inclusive a respeito dos inconvenientes que tornam o trespasse um mecanismo cada vez menos utilizado.

Ao final do segundo capítulo são descritos os reflexos do reconhecimento da racionalidade limitada do sujeito sobre as operações de compra e venda de empresas, especialmente sobre as cautelas que devem ser adotadas pelos agentes econômicos envolvidos em tais negócios e seus consultores.

No último capítulo do trabalho são investigadas as ferramentas trazidas pela economia comportamental para fins de identificar se conduzem ou não à necessidade de uma reinterpretação da intervenção judicial e da atuação dos operadores do Direito nas operações de compra e venda de empresa. Igualmente, foi analisado se a adoção das ferramentas comportamentalistas necessariamente leva ao abandono das bases neoinstitucionalistas.

Para isso, na parte inicial do capítulo, foi feito o cotejo entre as noções de heurísticas e vieses (duas das mais importantes ferramentas da economia comportamental) com as decisões ligadas à atividade empresarial e ao investimento. Em seguida, a partir de casos que tramitam no Poder Judiciário e em que se discutem a compra e venda de empresas, buscou-se identificar a incidência dos atalhos de pensamento e dos erros sistematicamente cometidos nas referidas operações. Na parte final, apresentou-se como as ferramentas da economia comportamental, incluindo o *nudge*, podem contribuir para o aprimoramento da análise jurídica das operações de compra e venda de empresas.

CAPÍTULO 1

EMPRESA E DECISÕES A PARTIR DA NOVA ECONOMIA INSTITUCIONAL E DA ECONOMIA COMPORTAMENTAL

No atual contexto de desenvolvimento econômico, marcado pela alta competitividade no sistema capitalista de mercado,[1] a constante necessidade de adequações dos empresários faz com que as diferentes modalidades de reestruturações se tornem frequentes[2] e, consequentemente, o tema seja de grande relevância na área jurídica.[3]

Em razão da complexidade das transações, da ampla autonomia para a confecção dos instrumentos contratuais e da utilização de técnicas societárias com as mais variadas estruturas e nomenclaturas que permitem chegar ao resultado pretendido – a aproximação de

---

[1] A respeito do tema ver KOBUS, Renata Carvalho. *Estado e Poder Econômico*: a necessidade de intervenção estatal para a garantia da concorrência. São Paulo: Novas Edições Acadêmicas, 2018, p. 48-89. MONTELS, M. Laffon. *As etapas do capitalismo*. Tradução de Freire Gouvêa. Salvador: Progresso Editora, 1950, p. 127-130; BARNES, Harry Elmer. *Historia de la Economía del Mundo Occidental*. Tradução de Orencio Munõz. México: Unión Tipográfica Editorial Hispano Americana, 1970, p. 607-615; BEAUD, Michel. *História do capitalismo*: de 1500 aos nossos dias. Tradução de Maria Ermantina Galvão Gomes Pereira. 4. ed. São Paulo: Brasiliense, 1994, p. 191-195; COMPARATO, Fábio Konder. *A civilização capitalista*. São Paulo: Saraiva, 2013, p. 54-58;

[2] ANAN JUNIOR, Pedro. *Fusão, Cisão e Incorporação*: teoria e prática. São Paulo: Quartier Latin, 2009, p. 19.

[3] CÂMARA, Paulo; BASTOS, Miguel Brito. O Direito da Aquisição de Empresas: uma introdução. *In:* CÂMARA, Paulo (Coord.). *Aquisição de Empresas*. Coimbra: Coimbra Editora, 2011, p. 13. Apenas para que se tenha um exemplo da importância e da quantidade das referidas operações, segundo dados divulgados pela *Price Waterhouse Coopers*, no período compreendido entre os meses de janeiro e abril 2019 foram realizadas 241 (duzentas e quarenta e uma) fusões e aquisições empresariais no Brasil, tomando em consideração apenas aquelas que foram noticiadas pela imprensa. Disponível em: https://www.pwc.com.br/pt/estudos/servicos/assessoria-tributaria-societaria/fusoes aquisicoes/2019/fusoes-e-aquisicoes-no-brasil-abril-2019.html, acesso em: 26 jun. 2019.

agentes econômicos – nem sempre as operações de compra e venda de empresas (M&A) são nominadas como tais ou tratadas de maneira uniforme pela lei e pela doutrina.[4] Para se delimitar com precisão a natureza da operação, necessária é a compreensão preliminar sobre o que é a empresa, bem como sobre a motivação para sua criação ou ampliação.

Um possível caminho para se chegar ao conceito de empresa seria investigando o clássico debate comercialista, a começar pelos quatro perfis de Asquini[5] por ele identificados na legislação contemporânea à época da edição do Código Civil italiano de 1942. Foi a ambiguidade inerente ao sentido da palavra que conduziu o autor italiano a atribuir-lhe os sentidos subjetivo, objetivo, funcional e corporativo. Subjetivo quando empresa é manejada como sinônimo de empresário, o sujeito da relação jurídica; objetivo, se utilizada no mesmo sentido empregado para o estabelecimento empresarial; funcional, se tomada como a atividade empresarial e; corporativo como a comunhão de empresários e trabalhadores para o exercício da atividade empresarial.[6]

A despeito da riqueza da discussão doutrinária sobre o acerto ou desacerto do uso da palavra empresa (ou empresário) como parâmetro para a aplicação das normas deste ramo, por opção metodológica, o livro concentrar-se-á nos motivos que norteiam a decisão acerca de sua criação ou ampliação a partir da teoria econômica. Para tanto, optou-se pela análise de obras de autores representativos de duas vertentes que rebateram postulados consagrados na economia neoclássica, escola que permanece dominante nos debates científicos:[7] a nova economia institucional (NEI) e a economia comportamental (EC).

Mesmo tendo como marco principal de análise a economia comportamental, em razão da importância das obras de Coase, Williamson e North para o desenvolvimento do pensamento econômico contemporâneo[8] e da sua influência sobre a construção comportamenta-

---

[4] RAYNAUD, Benoît. *Droit de l'ingénierie sociétaire*. Paris: Lextenso éditions, 2014, p. 20.
[5] ASQUINI, Alberto. Perfis da Empresa. Tradução de Fábio Konder Comparato. *Revista de Direito Mercantil*, São Paulo, n. 104, p. 109-126, out./dez. 1996.
[6] ASQUINI, Alberto. Perfis da Empresa. Tradução de Fábio Konder Comparato. *Revista de Direito Mercantil*, São Paulo, n. 104, p. 109-126, out./dez. 1996. Sobre o sentido corporativista é possível identificar influência do fascismo italiano da época, como detalhado em ALVES, Giovani Ribeiro Rodrigues. *Fundamentos para a Compreensão de um Novo Código Comercial*. Rio de Janeiro: Processo, 2017, p. 103-130.
[7] DEQUECH, D. Bounded Rationality, Institutions, and Uncertainty. *Journal of Economic Issues*, 2001, 35(4): 911-929, p. 911.
[8] KLEIN, Vinícius. *A Economia dos Contratos*: uma análise microeconômica. Curitiba: CRV, 2015, p. 129-131.

lista[9], não se pode deixar de trazer à tona algumas das contribuições da nova economia institucional para os pensamentos econômico e jurídico contemporâneos. Ademais, além de possuírem premissas convergentes,[10] ambas as vertentes compartilham um fundamento essencial em suas teorias que torna compatível a análise conjunta: o reconhecimento da limitação de racionalidade do agente econômico.[11]

Ao se analisar um arranjo institucional em Estados que possuem componentes históricos e culturais diferenciados, assume-se o risco de ignorar a posição do observador e as peculiaridades existentes em cada lugar, por intermédio de proposições generalistas que não fariam sentido na realidade de outro país.[12] Neste sentido, toma-se como pressuposto que não se pode compreender um comando normativo sem que se considere o ambiente no qual será aplicado. O conjunto de instituições formais (como Constituição, leis e decretos) e informais (fatos sociais e normas de comportamento não escritas) já existentes em determinado país afeta diretamente a aplicabilidade ou inaplicabilidade das regras e a estrutura do pensamento jurídico.[13] A título de exemplo, pouco adiantaria ao Brasil simplesmente reproduzir um sistema de regras e princípios de Direito Comercial de outro país (desenvolvido), tomando-o como ferramenta ótima e suficiente para que sejam rompidos os óbices hoje existentes para o bom desenvolvimento da economia nacional.[14]

---

[9] HAUCAP, Justus. Bounded Rationality and competition policy. In: DREXL, Josef; KERBER, Wolfgang; PODSZUN, Rupprecht (Ed.). *Competition Policy and the Economic Approach*: foundations and limitations. Northampton: Edward Elgar, 2011, p. 218.

[10] HAUCAP, Justus. Bounded Rationality and competition policy. In: DREXL, Josef; KERBER, Wolfgang; PODSZUN, Rupprecht (Ed.). *Competition Policy and the Economic Approach*: foundations and limitations. Northampton: Edward Elgar, 2011, p. 218.

[11] FUCHS, Andreas. Introducing more features of real life into de economists' world of theoretical models – comments on Justus Haucap, Bart Wilson and Cristopher Engel. In: DREXL, Josef; KERBER, Wolfgang; PODSZUN, Rupprecht (Ed.). *Competition Policy and the Economic Approach*: foundations and limitations. Northampton: Edward Elgar, 2011, p. 271-273.

[12] A respeito do tema ver SCHAPIRO, M. Repensando a relação entre estado, direito e desenvolvimento: os limites do paradigma *Rule of Law* e a relevância das alternativas institucionais. *Revista Direito GV*, São Paulo, p. 250, jan./jun. 2010; RIBEIRO, Marcia Carla Pereira; ALVES, Giovani Ribeiro Rodrigues. Desenvolvimento e Reforma Institucional: os exemplos do BNDES e das Sociedades Estatais no Brasil. In: SILVEIRA, Vladimir Oliveira da; SANCHES, Samyra Naspolini; COUTO, Monica Benetti (Org.). *Direito e desenvolvimento no Brasil do século XXI*. Brasília: IPEA, 2013, p. 151-175.

[13] RIBEIRO, Marcia Carla Pereira; ALVES, Giovani Ribeiro Rodrigues. Desenvolvimento e Reforma Institucional: os exemplos do BNDES e das sociedades estatais no Brasil. In: SILVEIRA, Vladimir Oliveira da; SANCHES, Samyra; COUTO, Monica (Org.). *Direito e Desenvolvimento no Brasil do Século XXI*. Brasília: IPEA, 2013, p. 156.

[14] Tal tema foi trabalhado preliminarmente em RIBEIRO, Marcia Carla Pereira; ALVES, Giovani Ribeiro Rodrigues. Desenvolvimento e Reforma Institucional: os exemplos do BNDES e

As instituições formais, sozinhas, não conseguem alterar a realidade, vez que, se de um lado, o conceito de instituições está ligado a regras – o que poderia transmitir uma indevida ideia de que seriam recebidas e aplicadas de maneira uniforme independentemente do contexto –, de outro lado se relaciona com algo que não pode ser alterado com simples mudanças de palavras em um texto escrito, por resultarem da história e dos valores compartilhados pelos integrantes de cada Estado[15] (instituições informais).

Amartya Sen explica que a posição do observador é a base inicial para qualquer estudo que se pretenda realizar, já que, conforme o contexto no qual se insere o observador, este terá por construída uma determinada compreensão a respeito de cada assunto.[16] Nas palavras de Sen "[o] que podemos ver não é independente de onde estamos em relação ao que estamos tentando ver. E isso, por sua vez, pode influenciar nossas crenças, compreensão e decisões".[17]

Com fundamento em tais proposições, primeiramente será feita a exposição de algumas das bases que sustentam a nova economia institucional e a economia comportamental quanto à definição de empresa e à tomada de decisão dos agentes econômicos para, ao final do capítulo, fixar-se as premissas que possibilitam a aplicação de ferramentas da teoria comportamentalista sobre as operações de compra e venda de empresas.

1.1 Neoinstitucionalistas

A compreensão acerca do nascimento da empresa e de seu crescimento por meio da aquisição de outra(s) remete aos estudos de Ronald Coase[18] e ao posterior desenvolvimento da teoria *coasiana* por Oliver Williamson.[19] Igualmente importante se faz a análise do conceito de instituição desenvolvido por Douglass North. Os três autores buscaram compreender a tomada de decisões dos agentes econômicos

---

das sociedades estatais no Brasil. *In:* SILVEIRA, Vladimir Oliveira da; SANCHES, Samyra; COUTO, Monica (Org.). *Direito e Desenvolvimento no Brasil do Século XXI*. Brasília: IPEA, 2013.

[15] Versão preliminar expondo parte deste pressuposto foi publicada em ALVES, Giovani Ribeiro Rodrigues. Fusão, Incorporação e Desmembramento. *In:* GONÇALVES NETO, Alfredo de Assis (Coord.). *Sociedades Cooperativas*. São Paulo: Lex Editora, 2018, p. 297-313.

[16] SEN, Amartya. *A ideia de justiça*. São Paulo: Companhia das Letras, 2011, p. 45.

[17] SEN, Amartya. *A ideia de justiça*. São Paulo: Companhia das Letras, 2011, p. 45.

[18] COASE, Ronald. *The Nature of the Firm*. Economica 4 (novembro), 1937, p. 386-405.

[19] A título de exemplo: WILLIAMSON, Oliver. *The economic institutions of capitalism*: firms, markets, relational contracting. New York: The Free Press, 1985.

desenvolvendo teorias que aderiram novos enfoques para as análises dos economistas sobre o mercado e as condutas dos agentes.

Para minimizar os efeitos da escolha de três referenciais, desde já se limita a análise aos seguintes objetos:

(i) a compreensão da teoria da firma de Ronald Coase, a partir dos custos de transação, para assimilação das razões que levam o agente econômico a optar pelo surgimento (crescimento) da empresa ou pela utilização do mercado;

(ii) o entendimento acerca das estruturas de governança de Oliver Williamson para verificar os meios adequados para se valer do mecanismo de preços ou da internalização de atividades pela via da firma e;

(iii) a absorção do conceito de instituições de Douglass North para identificar a importância de regras formais e informais na tomada de decisões atinentes às empresas.

A origem da nova economia institucional, escola em que são enquadrados os três economistas citados,[20] remonta a 1937, ano em que Coase publicou o artigo *The Nature of the Firm*.[21] Nada obstante, o uso da expressão para designá-la como uma vertente econômica autônoma é atribuído a Williamson com a publicação do livro *Markets and Hierarchies* em 1975.[22]

Há heterogeneidade nas obras dos autores que integram a nova economia institucional.[23] Em razão disso, economistas explicam que é difícil precisamente delimitar a preocupação central dos neoinstitucionalistas em seus estudos e de sistematizar seus pensamentos a fim de descrever o que caracteriza a mencionada escola econômica.[24]

---

[20] RICHTER, Rudolf. The New Institutional Economics – its start, its meaning, its prospects. *European Business Organization Law Review*, p. 2, jul. 2015. Em sentido contrário, Calixto Salomão Filho, mesmo reconhecendo a importância da obra de Coase, afirma que tal economista não pode ser classificado como um neoinstitucionalista, já que "[n]ele, marcada ainda é a influência do dogma neoclássico da eficiência como matriz e indicador da direção tanto da economia quanto do direito". SALOMÃO FILHO, Calixto. *Regulação e Concorrência (estudos e pareceres)*. São Paulo: Malheiros, 2002, p. 58-59.

[21] RICHTER, Rudolf. The New Institutional Economics – its start, its meaning, its prospects. *European Business Organization Law Review*, p. 2, jul. 2015. No mesmo sentido, KLEIN, Vinícius. *A Economia dos Contratos*: uma análise microeconômica. Curitiba: CRV, 2015, p. 129.

[22] RICHTER, Rudolf. The New Institutional Economics – its start, its meaning, its prospects. *European Business Organization Law Review*, p. 2, jul. 2015. No mesmo sentido, KLEIN, Vinícius. *A Economia dos Contratos*: uma análise microeconômica. Curitiba: CRV, 2015, p. 129.

[23] SALOMÃO FILHO, Calixto. *Regulação e Concorrência (estudos e pareceres)*. São Paulo: Malheiros, 2002, p. 57.

[24] DEQUECH, D. Bounded Rationality, Institutions, and Uncertainty. *Journal of Economic Issues*, 2001, 35(4): 911-929, p. 911. No mesmo sentido: KLEIN, Vinícius. *A Economia dos Contratos*: uma análise microeconômica. Curitiba: CRV, 2015, p. 130.

Mesmo diante de tal diversidade de pensamento, Richter[25] aponta que algumas noções essenciais são compartilhadas pelos autores da referida vertente e podem servir como guia introdutório da compreensão da escola para os fins a que se propõe o livro: a inserção dos custos de transação nas análises econômicas; a necessária incursão interdisciplinar para a compreensão das condutas dos agentes econômicos e a aceitação de que as instituições são importantes para a economia. Como sintetiza Salomão Filho, a NEI se dedica a "um estudo mais institucional, econômico-jurídico, que investigue os elementos básicos para a realização das transações no mercado".[26]

A economia dos custos de transação (ECT) representa uma das principais construções da nova economia institucional,[27] tendo substituído a noção tradicional do *homo economicus*[28] pelo homem contratual, limitadamente racional e caracterizado pelo oportunismo em suas escolhas, em contraponto ao sujeito plenamente racional e idealizado da visão neoclássica da economia.[29] A ECT trouxe uma visão realista para as análises econômicas, em oposição aos modelos ideais prefixados que faziam mais sentido no plano teórico do que prático.[30]

De acordo com a teoria econômica neoclássica, prevalecente com pouca contestação até o desenvolvimento da nova economia institucional[31] – e ainda hoje conhecida como *mainstream* e modelo

---

[25] RICHTER, Rudolf. The New Institutional Economics – its start, its meaning, its prospects. *European Business Organization Law Review*, p. 1, jul. 2015; No mesmo sentido, KLEIN, Vinícius. *A Economia dos Contratos*: uma análise microeconômica. Curitiba: CRV, 2015, p. 131-133.

[26] SALOMÃO FILHO, Calixto. *Regulação e Concorrência* (estudos e pareceres). São Paulo: Malheiros, 2002, p. 57.

[27] ARAÚJO, Fernando. *Teoria Económica do Contrato*. Coimbra: Almedina, 2007, p. 210.

[28] A respeito da crítica ao *homo economicus*, ver JOLLS, Christine; SUNSTEIN, Cass R.; THALER, Richard H. A Behavioral Approach to Law and Economics. *In:* SUNSTEIN, Cass R.; THALER, Richard H. (Org.) *Behavioral Law & Economics*. New York: Cambridge Press, 2007, p. 14 e 15; BOURDIEU, Pierre. *O Poder Simbólico*. 3. ed. Tradução de Fernando Tomaz. Rio de Janeiro: Bertrand Brasil, 2000, p. 61-65; ALBANESE, Paul. Inside Economic Man: behavioral economics and consumer behavior. *In:* ALTMAN, Morris (Coord.). *Handbook of Contemporary Behavioral Economics*: foundations and developments. New York: M.E. Sharpe, 2006; SERVET, Jean-Michel. *L'Économie Comportementale en Question*. Paris: Charles Léopold Mayer Éditions, 2018, p. 117; LOPES, Ana Frazão. *Empresa e Propriedade*: função social e abuso de poder econômico. São Paulo: Quartier Latin, 2006, p. 150-153.

[29] KLEIN, Vinícius. *Os Contratos Empresariais de Longo Prazo*. Rio de Janeiro: Lumen Juris, 2015, p. 45.

[30] WILLIAMSON, Oliver. The Logic of Economic Organization. *In:* WILLIAMSON, Oliver E.; WINTER, Sidney G. (Org.). *The Nature of the Firm*: origins, evolution, and development. New York: Oxford University Press, 1993, p. 91.

[31] MACKAAY, Ejan; ROUSSEAU, Stéphane. *Análise Econômica do Direito*. Tradução de Rachel Sztajn. 2. ed. São Paulo: Atlas, 2015, p. 519.

econômico ortodoxo[32] –, o comportamento humano é previsivelmente racional nas respostas às situações que se apresentam.[33] A vertente considera que as condutas humanas são previsíveis em decorrência do ser humano fazer escolhas racionais e ótimas nas decisões a serem tomadas.[34]

Além da crença na racionalidade ilimitada do sujeito,[35] a economia neoclássica trabalha com contextos ideais para os julgamentos humanos, desconsiderando aspectos que influenciam e retiram o padrão ótimo nas decisões reais,[36] como os custos para se tomar uma decisão adequada, a assimetria informacional, o oportunismo e a incapacidade de plena assimilação das informações.

A nova economia institucional, a partir da obra de Coase, alterou de forma significativa alguns dos alicerces do pensamento neoclássico pela relativização de postulados essenciais na construção das teorias e pelo emprego de grau de detalhamento muito superior ao que os economistas estavam acostumados até então.[37]

Coase incorporou às análises econômicas novos elementos na compreensão da empresa e das tomadas de decisões dos agentes econômicos que as conduzem.[38] Foi diminuído o nível de abstração teórico das análises econômicas,[39] aproximando as formulações teóricas do mundo fático.

---

[32] SERVET, Jean-Michel. L'Économie Comportementale en Question. Paris: Charles Léopold Mayer Éditions, 2018, p. 21-23; BERGERON, Henri; CASTEL, Patrick; QUELLIER, Sophie; LAZARUS, Jeanne; NOUGUEZ, Étienne; PILMIS, Olivier. Le biais comportementaliste. Paris: Presses de Sciences Po., 2018, p. 13. Também utiliza a nomenclatura *mainstream* Vinícius Klein na obra KLEIN, Vinícius. A Economia dos Contratos: uma análise microeconômica. Curitiba: CRV, 2015.

[33] SIMON, Herbert A. Models of Man: Social and Rational. Nova Iorque: John Wiley & Sons, Inc., 1956, p. 196-197.

[34] O tema será analisado com minúcia no item 1.2 do trabalho.

[35] DHAMI, Sanjit. The foundations of behavioral economic analysis. Oxford: Oxford University Press, 2016, p. 1339.

[36] ARIELY, Dan. Previsivelmente Irracional. Tradução de Jussara Simões. Rio de Janeiro: Elsevier, 2008, p. 8.

[37] WILLIAMSON, Oliver. The Logic of Economic Organization. In: WILLIAMSON, Oliver E.; WINTER, Sidney G. (Org.). The Nature of the Firm: origins, evolution, and development. New York: Oxford University Press, 1993, p. 91-92.

[38] WILLIAMSON, Oliver. The Logic of Economic Organization. In: WILLIAMSON, Oliver E.; WINTER, Sidney G. (Org.). The Nature of the Firm: origins, evolution, and development. New York: Oxford University Press, 1993, p. 91-92

[39] DEQUECH, D. Bounded Rationality, Institutions, and Uncertainty. Journal of Economic Issues, 2001, 35(4): 911-929, p. 914.

Em *The Nature of the Firm*, Ronald Coase questionou a capacidade do sistema de preços (busca de produto ou serviço no mercado[40]) ser, invariavelmente, a melhor opção para o agente econômico, colocando em dúvida a presunção neoclássica de que o mercado era sempre a melhor via para se encontrar o que se deseja.[41]

O mencionado artigo mudou a forma como se pensa a organização econômica, abalando o conjunto teórico neoclássico que se sustenta a partir da ideia de o mercado ter sempre a melhor solução para o agente econômico e que despreza o fato de que para se valer do mercado há custos não desprezíveis, o que pode conduzir o empresário a migrar para um sistema hierárquico ou de coordenação.[42]

Até a consagração da obra de Coase, os principais estudos econômicos[43] sustentavam que o funcionamento do mercado era perfeito, sem fricções (custos de transação)[44] que pudessem abalar a lógica de que o sistema de preços invariavelmente traria o melhor resultado para o agente econômico que precisasse contratar determinado produto ou serviço.[45]

A convicção neoclássica é condizente com a ideia de racionalidade plena do agente e com as presunções de ilimitado acesso e compreensão das informações, em contextos ideais para a tomada de decisões. Acredita-se que o agente econômico poderia processar o conteúdo

---

[40] Mercado será aqui compreendido como o ambiente em que se celebram contratos entre firmas ou entre firmas e consumidores. Neste sentido: FERREIRA, Antônio Carlos; FERREIRA, Patrícia Cândido Alves. Ronald Coase: um economista voltado para o Direito. Estudo introdutório para a edição brasileira. *In*: COASE, Ronald. *A Firma, o mercado e o Direito*. Trad. Heloísa Gonçalves Barbosa. Rio de Janeiro: Forense, 2016, p. XIII.

[41] COASE, Ronald. *The Nature of the Firm*. Economica 4 (novembro), 1937, p. 386-405.

[42] WILLIAMSON, Oliver E. Introduction. *In*: WILLIAMSON, Oliver E.; WINTER, Sidney G. (Org.). *The Nature of the Firm*: origins, evolution, and development. New York: Oxford University Press, 1993, p. 3.

[43] FERREIRA, Antônio Carlos; FERREIRA, Patrícia Cândido Alves. Ronald Coase: um economista voltado para o Direito. Estudo introdutório para a edição brasileira. *In*: COASE, Ronald. *A Firma, o mercado e o Direito*. Tradução de Heloísa Gonçalves Barbosa. Rio de Janeiro: Forense, 2016, p. XIII.

[44] WILLIANSOM, Oliver. *The economic institutions of capitalism*: firms, markets, relational contracting. New York: The Free Press, 1985, p. 19.

[45] MACKAAY, Ejan; ROUSSEAU, Stéphane. *Análise Econômica do Direito*. Tradução de Rachel Sztajn. 2. ed. São Paulo: Atlas, 2015, p. 519. Uma exceção à referida maioria dos economistas era Carl J. Dahlman, o qual, inclusive, trouxe pioneiramente a noção de custos de transação que foi adotada por Ronald Coase em DAHLMAN, Carl J. The problem of externality. *Journal of Law and Economics*, v. 22, n. 1, p. 141-162, apr. 1979.

de maneira adequada[46] e que o mercado se encontra em permanente equilíbrio competitivo.[47]

Em razão da crença arraigada de que o uso do mercado era destituído de custos para sua utilização que pudessem prejudicar a eficiência do resultado e de que o agente sempre toma as melhores decisões, a teoria econômica neoclássica não se preocupa em explicar as razões pelas quais a empresa existia e nem os fatores que influenciavam seu tamanho.[48] A análise é restrita à observação de fatores como a oferta, a procura, o preço e o monopólio,[49] ou seja, aspectos que se limitam à compreensão do mercado e seu funcionamento, supostamente perfeito e isento de custos em sua utilização.

Caso pudessem ser plenamente validados os pressupostos da economia neoclássica, não haveria razão para que uma empresa fosse constituída,[50] haja vista que a internalização de uma atividade produtiva necessariamente traria oneração ao agente econômico,[51] diferentemente do que ocorreria se a opção do agente fosse a de busca de sua necessidade no mercado. Assim, não surpreende que as teorias econômicas, até a pioneira obra de Coase, não se preocupassem em entender os motivos que norteiam a tomada de decisões acerca do surgimento ou crescimento da firma.[52]

Coase também inovou ao destacar que a busca de produtos ou serviços no mercado implica dispêndio,[53] os chamados custos de transação. A teoria *coasiana* assevera que para se valer do mecanismo de preços existem custos não desprezíveis, os quais são mensurados pelo

---

[46] SERVET, Jean-Michel. *L'Économie Comportementale en Question*. Paris: Charles Léopold Mayer Éditions, 2018, p. 21-23.
[47] HEUKELOM, Floris. *Behavioral Economics*: a history. Cambridge: Cambridge University Press, 2014, p. 1.
[48] MACKAAY, Ejan; ROUSSEAU, Stéphane. *Análise Econômica do Direito*. Tradução de Rachel Sztajn. 2. ed. São Paulo: Atlas, 2015, p. 518.
[49] WILLIANSOM, Oliver. *The economic institutions of capitalism*: firms, markets, relational contracting. New York: The Free Press, 1985, p. 16-17.
[50] MACKAAY, Ejan; ROUSSEAU, Stéphane. *Análise Econômica do Direito*. Tradução de Rachel Sztajn. 2. ed. São Paulo: Atlas, 2015, p. 518.
[51] COASE, Ronald. *The Firm, the market and the law*. Chicago: University of Chicago Press, 1988, p. 174. No mesmo sentido, HAUCAP, Justus. Bounded Rationality and competition policy. *In:* DREXL, Josef; KERBER, Wolfgang; PODSZUN, Rupprecht (Coord.). *Competition Policy and the Economic Approach*: foundations and limitations. Northampton: Edward Elgar, 2011, p. 218.
[52] MACKAAY, Ejan; ROUSSEAU, Stéphane. *Análise Econômica do Direito*. Tradução de Rachel Sztajn. 2. ed. São Paulo: Atlas, 2015, p. 518.
[53] ROSEN, Sherwin. Transactions Costs and Internal Labor Markets. *In:* WILLIAMSON, Oliver; WINTER, Sidney G. *The Nature of the Firm*: origins, evolution, and development. New York: Oxford University Press, 1993, p. 76.

agente econômico em sua escolha na vida real[54] e que, portanto, não podem ser desconsiderados pela teoria econômica em suas formulações.[55]

Com esse reconhecimento, a compreensão sobre as opções disponíveis para a estruturação das atividades foi revista.[56] Ignorar os custos de transação de operações que se processam no mercado era o equivalente a desprezar o atrito do solo na análise do impacto que um determinado objeto terá ao se chocar com outro que se encontra a certa distância,[57] o que não pode ser aceito para uma análise que se pretenda realista.

A partir de Coase, estabeleceram-se as ideias de que os custos de transação são significativos e de que os diferentes arranjos (sistema de preços/mercado ou hierarquia/firma) são ponderados pelos agentes nas tomadas de decisões, levando-se em consideração o que será despendido para se valer de cada um deles.[58]

A marca distintiva da empresa a justificar a tomada dessa opção pelo empresário é a supressão da necessidade de utilização do mecanismo de preços (mercado), por intermédio da incorporação da atividade pela firma (empresa).[59] O objetivo é a redução dos custos de transação.[60] O referido autor justifica a necessidade da empresa (ou do seu crescimento) a partir da análise dos custos que é feita pelo empresário ao verificar se compensa a utilização do mercado ou a internalização das atividades.

Coase desenvolveu seu trabalho a partir das noções de hierarquia e contratos *spots*,[61] contrapondo-as no sentido de que a primeira representa a internalização de uma atividade pelo empresário (firma ou empresa) e

---

[54] MACKAAY, Ejan; ROUSSEAU, Stéphane. *Análise Econômica do Direito*. Tradução de Rachel Sztajn. 2. ed. São Paulo: Atlas, 2015, p. 389.

[55] COASE, Ronald. *The Firm, the market and the law*. Chicago: University of Chicago Press, 1988, p. 174.

[56] ARAÚJO, Fernando. *Teoria Econômica do Contrato*. Coimbra: Almedina, 2007, p. 211.

[57] WILLIAMSON, Oliver. *The economic institutions of capitalism:* firms, markets, relational contracting. New York: The Free Press, 1985, p. 19.

[58] MACKAAY, Ejan; ROUSSEAU, Stéphane. *Análise Econômica do Direito*. Tradução de Rachel Sztajn. 2. ed. São Paulo: Atlas, 2015, p. 218.

[59] COASE, Ronald. *The Nature of the Firm*. Economica 4 (novembro), 1937, p. 389.

[60] SALOMÃO FILHO, Calixto. *Direito Concorrencial*: as condutas. São Paulo: Malheiros, 2003, p. 29. No mesmo sentido, COOTER, Robert; ULEN, Thomas. *Direito e Economia*. Tradução de Luis Marcos Sander e Francisco Araújo da Costa. 5. ed. Porto Alegre: Bookman, 2010, p. 105 e também FERREIRA, Antônio Carlos; FERREIRA, Patrícia Cândido Alves. Ronald Coase: um economista voltado para o Direito. Estudo introdutório para a edição brasileira. In: COASE, Ronald. *A Firma, o mercado e o Direito*. Trad. Heloísa Gonçalves Barbosa. Rio de Janeiro: Forense, 2016, p. XXXIX.

[61] LEE, Jooho. Contracts and Hierarchies: a moral examination of economic theories of the firm. *Business Ethics Quarterly*, v. 28:2, p. 154, april 2018.

a segunda, em oposição à primeira, representa a busca de um produto ou serviço no mercado (mecanismo de preços). Ambas as formas (firma ou mercado) são alternativas de organização das transações econômicas.[62]

Para o referido economista, a firma consiste "no sistema de relações que vêm à tona quando o direcionamento dos recursos é dependente do empreendedor".[63] Desta forma, aproxima-se do perfil subjetivo de empresa de Asquini.[64] No sistema hierárquico o empreendedor opera pela organização dos fatores de produção para exercer a atividade econômica visando ao lucro por meio da produção ou circulação de bens ou de serviços.[65]

Araújo explica que a noção de custos de transação desenvolvida por Coase se tornou importante do ponto de vista pragmático, justamente por servir de comparação entre a solução de mercado e a solução de integração em uma empresa "como formas de arregimentação e organização dos fatores produtivos".[66]

A integração vertical que pode decorrer de uma incorporação, por exemplo, simboliza a busca pela redução dos custos de transação por parte dos *players* do mercado e evidencia a relevância da contribuição de Coase até os dias atuais.[67] Nas relações verticais entre produtor e distribuidor há potenciais custos de transação, os quais, naturalmente, são indesejáveis para os empresários[68] e podem levá-los a entender pela conveniência da internalização de atividades como maneira de aumentar a eficiência econômica da empresa.

Entre contratar distribuidores para escoar o produto a cada vez que precisa – sem um vínculo estável e hierárquico (na condição de terceiro prestador de serviço, ou seja, solução de mercado) – ou incorporar a atividade, o tomador de decisões levará em conta os

---

[62] WILLIAMSON, Oliver E. Introduction. *In*: WILLIAMSON, Oliver E.; WINTER, Sidney G. (Org.). *The Nature of the Firm*: origins, evolution, and development. New York: Oxford University Press, 1993, p. 3.

[63] Tradução livre. No original: "*A firm, therefore, consists of the system of relationships which comes into existence when the direction of resources is dependent on an entrepreneur*" (COASE, Ronald. *The Nature of the Firm*. Economica 4 (novembro), 1937, p. 393).

[64] ASQUINI, Alberto. Perfis da Empresa. Tradução de Fábio Konder Comparato. *Revista de Direito Mercantil*, São Paulo, n. 104, p. 109-126, out./dez. 1996.

[65] CATEB, Alexandre. A perspectiva da Análise Econômica do Direito na sistemática da lei societária brasileira. *Revista de Direito Empresarial*, Belo Horizonte, p. 15, jan./abr. 2016.

[66] ARAÚJO, Fernando. *Teoria Econômica do Contrato*. Coimbra: Almedina, 2007, p. 197-198.

[67] Até mesmo atuais discussões que envolvem o *blockchain* invocam a teoria da firma de Coase e pautam suas análises a partir da noção de custos de transação, vide TAPSCOTT, Don; TAPSCOTT, Alex. *Blockchain Revolution*: how the technology behind bitcoin and others cryptocurrencies is changing the world. New York: Portfolio, 2018, p. 92-93.

[68] SALOMÃO FILHO, Calixto. *Direito Concorrencial*: as condutas. São Paulo: Malheiros, 2003, p. 260.

custos para se valer do mercado a cada vez e os contraporá aos valores necessários para aumentar a sua atividade de maneira não eventual (internalização).[69] Na mesma esteira, ao verificar que é compensador se utilizar do mercado, o agente econômico não fará a internalização das atividades (ou poderá desfazê-la).

Com base na construção teórica de Coase, três são os principais custos de transação apontados pela doutrina econômica e que são relevantes nas análises feitas pelos agentes econômicos acerca do crescimento/surgimento da empresa ou utilização do mecanismo de preços: (i) custos para descoberta dos preços adequados; (ii) custos para negociar com a outra parte contratante; e (iii) custos inerentes às relações de longo prazo (monitoramento).[70]

Os custos para a descoberta dos preços adequados são decorrentes do fato de que o agente econômico não está a todo momento com uma lista que contenha todas as opções disponíveis em sua mão,[71] o que era desconsiderado pelos neoclássicos. O custo de transação mais evidente é o de descobrir quais são os preços relevantes a serem considerados para a melhor escolha.[72] É associado à perda de oportunidade, já que o empresário poderia ter utilizado o tempo dispendido em atividades aptas a gerar resultado econômico.

Veja-se, exemplificativamente, que, ao decidir comprar um equipamento, o agente econômico pode optar por comprá-lo na primeira oportunidade que se apresentar ou fazer uma longa pesquisa para encontrar aquele que apresente as melhores características na percepção do agente econômico. O amplo levantamento implicaria evidente custo de transação mais elevado para se ter conhecimento acerca das possibilidades, o que é ponderado ao tomar a decisão por uma ou outra alternativa.

---

[69] A respeito do tema também conferir FORGIONI, Paula. *Direito Concorrencial e Restrições Verticais*. São Paulo: RT, 2007, p. 30-37.

[70] MACKAAY, Ejan; ROUSSEAU, Stéphane. *Análise Econômica do Direito*. Tradução de Rachel Sztajn. 2. ed. São Paulo: Atlas, 2015, p. 519. Também TAPSCOTT, Don; TAPSCOTT, Alex. *Blockchain Revolution*: how the technology behind bitcoin and others cryptocurrencies is changing the world. New York: Portfolio, 2018, p. 92-93. Em análise semelhante, Cooter e Ulen dividem os custos de transação em (i) custos da busca para a realização do negócio; (ii) custos da negociação e (iii) custos do cumprimento do que foi negociado, cf. COOTER, Robert; ULEN, Thomas. *Direito e Economia*. Tradução de Luis Marcos Sander e Francisco Araújo da Costa. 5. ed. Porto Alegre: Bookman, 2010, p.105. Paula Forgioni descreve que os principais custos de transação elencados pela doutrina especializada em organização industrial são os custos de coordenação e os custos de motivação. FORGIONI, Paula. *Direito Concorrencial e Restrições Verticais*. São Paulo: RT, 2007, p. 32-33.

[71] SUNSTEIN, Cass R. (Org.). *Behavioral Law & Economics*. Cambridge: Cambridge Press, 2007, p. 1.

[72] COASE, Ronald. *The Nature of the Firm*. Economica 4 (novembro), 1937, p. 390.

Além dos custos para encontrar os preços adequados (ou a oportunidade adequada), o agente econômico (especialmente na realidade empresarial) possui custos para negociar com a outra parte, constituindo-se na segunda categoria dos custos de transação. Tais custos envolveriam possíveis gastos com advogados (para orientar e formular contratos), contadores (análise dos impactos contábeis da operação), além de eventuais profissionais que pudessem apontar os reflexos da escolha na atividade econômica exercida pelo interessado.

Finalmente, nos contratos que não sejam de execução instantânea, existem também os custos de monitoramento, aqueles necessários para averiguar o cumprimento das obrigações contratualmente estabelecidas.

Para Ronald Coase, uma empresa tende a se expandir até que os custos de organização interna se tornem iguais aos de buscar o produto no mercado.[73] A mesma lógica vale para a razão pela qual um agente econômico resolve constituir um sistema hierárquico para desempenhar a atividade empresarial ao invés de se valer do mecanismo de preços.[74] Como esclarece o próprio economista, os contratos não são completamente eliminados com a firma, mas são expressivamente reduzidos,[75] de modo que constantemente o agente econômico faz a ponderação entre internalizar ou se valer do mecanismo de preços.

Em resumo, Coase expôs que para se valer do mercado há custos prévios e posteriores à celebração dos instrumentos contratuais, os quais, repete-se, não são contemplados nas análises econômicas neoclássicas.[76] Ao optar por um realismo que era ignorado pela economia, a obra de Coase revolucionou as teorias no que se refere às decisões dos agentes econômicos.[77]

---

[73] COASE, Ronald. *The Nature of the Firm*. Economica 4 (novembro), 1937, p. 395. No mesmo sentido ROSEN, Sherwin. Transactions Costs and Internal Labor Markets. *In*: WILLIAMSON, Oliver E.; WINTER, Sidney G. (Org.). *The Nature of the Firm*: origins, evolution, and development. New York: Oxford University Press, 1993, p. 76.

[74] WILLIAMSON, Oliver. The Logic of Economic Organization. *In*: WILLIAMSON, Oliver E.; WINTER, Sidney G. (Org.). *The Nature of the Firm*: origins, evolution, and development. New York: Oxford University Press, 1993, p. 90.

[75] COASE, R. The Nature of the Firm: meaning. *In*: WILLIAMSON, Oliver; WINTER, Sidney (Org.). *The Nature of the Firm*: origins, evolution, and development. New York: Oxford Press, 1993, p. 56.

[76] COASE, R. The Nature of the Firm: meaning. *In*: WILLIAMSON, Oliver; WINTER, Sidney (Org.). *The Nature of the Firm*: origins, evolution, and development. New York: Oxford Press, 1993, p. 48.

[77] WILLIAMSON, Oliver E. Introduction. *In*: WILLIAMSON, Oliver E; WINTER, Sidney G (Org.). *The Nature of the Firm*: origins, evolution, and development. New York: Oxford University Press, 1993, p. 3.

O referido autor destacou a importância do processo negocial, contrariando a teoria neoclássica que se pautava apenas no produto e no mercado.[78] A análise considera a racionalidade econômica do agente (tomador da decisão) sob o prisma dos custos envolvidos e a busca pela maior eficiência econômica (maximização[79]), sem deixar de considerar, por outro lado, que há custos para que as próprias decisões sejam tomadas racionalmente.

Coase explicou, também, que a utilização do mecanismo de preços traz desvantagens em determinadas situações no campo prático, o que ocorre quando a celebração de contratos de curta duração não é vantajosa para um determinado agente econômico.[80] As desvantagens são associadas à busca pela estabilidade na qualidade de um produto ou serviço. Por vezes, a depender da especificidade do ativo, é preferível a internalização, já que ao depender de fornecedor externo há o risco de que fatores não controláveis pelo empresário tomador do serviço ou produto comprometam as condições de contratação e, com isso, prejudiquem severamente o andamento das atividades empresariais.

Neste sentido, Mackaay e Rousseau, à luz da teoria *coasiana*, explicam que ao se adotar o modelo hierárquico de organização "o empresário não precisa, continuamente, negociar e redigir contratos",[81] reduzindo, assim, os custos de transação que se apresentam a cada negociação com um terceiro. Tal fator também é ponderado na tomada de decisões sobre o aumento ou não do tamanho da empresa ou da criação de uma nova estrutura hierárquica, o que era ignorado pela economia neoclássica.

Ainda a respeito do tema, é interessante notar que houve uma indevida deformação das ideias de Coase ao longo do tempo, apregoando que o referido economista sustentava a existência de sistemas em que os custos de transação seriam inexistentes.[82]

---

[78] MACKAAY, Ejan; ROUSSEAU, Stéphane. *Análise Econômica do Direito*. Tradução de Rachel Sztajn. 2. ed. São Paulo: Atlas, 2015, p. 517-518. Também WILLIAMSON, Oliver. The Logic of Economic Organization. *In*: WILLIAMSON, Oliver E.; WINTER, Sidney G. (Org.). *The Nature of the Firm*: origins, evolution, and development. New York: Oxford University Press, 1993, p. 94-95.
[79] COOTER, Robert; Ulen, Thomas. *Direito e Economia*. Tradução de Luis Marcos Sander e Francisco Araújo da Costa. 5. ed. Porto Alegre: Bookman, 2010, p. 37.
[80] COASE, Ronald. *The Nature of the Firm*. Economica 4 (novembro), 1937, p. 392.
[81] MACKAAY, Ejan; ROUSSEAU, Stéphane. *Análise Econômica do Direito*. Tradução de Rachel Sztajn. 2. ed. São Paulo: Atlas, 2015, p. 553.
[82] ACCIARRI, Hugo. *Elementos da análise econômica do direito de danos*. Tradução de Marcia Carla Pereira Ribeiro *et al*. São Paulo: Revista dos Tribunais, 2014, p.31.

Acciarri descreve que tal equívoco está patente na origem da expressão "mundo *coasiano*"[83] ao fazer referência a um hipotético ambiente em que não haveria custos de transação.[84] Tal deformação fez com que o próprio Coase na obra *The Firm, the Market and the Law* viesse a reforçar sua posição de que sempre há custos para se valer do mercado, asseverando que o chamado "mundo *coasiano*" é irreal e injusto com sua teoria.[85] Nas palavras de Coase: "nada poderia estar mais longe da verdade (...) esse é o mundo da teoria econômica moderna [neoclássica], o qual, tive esperanças de persuadir os economistas a abandonar (...)".[86]

Diante desta descrição da teoria da firma *coasiana*,[87] denota-se que ela rompeu com a concepção neoclássica, abalando a crença de que o mercado sempre traz as melhores soluções. Igualmente, expressou as razões que levam um agente econômico a preferir pela internalização ao invés de buscar o sistema de preços (custos de transação e estabilidade na atividade).[88]

---

[83] ACCIARRI, Hugo. *Elementos da análise econômica do direito de danos*. Tradução de Marcia Carla Pereira Ribeiro et al. São Paulo: Revista dos Tribunais, 2014, p.31.

[84] ACCIARRI, Hugo. *Elementos da análise econômica do direito de danos*. Tradução de Marcia Carla Pereira Ribeiro et al. São Paulo: Revista dos Tribunais, 2014, p.31.

[85] COASE, Ronald. *The Firm, the market and the law*. Chicago: University of Chicago Press, 1988, p. 174.

[86] Tradução livre. No original: "(...) *The world of zero transactional costs has often been described as a Coasian world. Nothing could be further from the truth. It is the world of modern economic theory, one which I was hoping to persuade economists to leave* (...)". COASE, Ronald. *The Firm, the market and the law*. Chicago: University of Chicago Press, 1988, p. 174.

[87] Cyert e March explicam que qualquer abordagem de uma teoria econômica fica sujeita a distorções decorrentes da condensação na explicação e tal problema se torna ainda maior quando a teoria é foco de desenvolvimento ao longo do tempo, situação em que se enquadra a teoria da firma. Assim, o objetivo do trabalho é de apenas apresentar uma visão geral sobre referida teoria, a fim de desenvolver o trabalho com alicerces sólidos. CYERT, Richard; MARCH, James G. *A Behavioral Theory of the Firm*. New Jersey: Prentice Hall, 1963, p. 1.

[88] "[T]udo que era preciso era reconhecer que existem custos para se fazer transações no mercado e incorporá-las nas análises, o que os economistas falhavam em realizar". Tradução livre. No original: "*All that was needed was to recognize that there were costs of carrying out market transactions and to incorporate them into the analysis, something which economists had failed to do*". (COASE, R. The Nature of the Firm: meaning. *In*: WILLIAMSON, Oliver; WINTER, Sidney (Org.). *The Nature of the Firm*: origins, evolution, and development. New York: Oxford Press, 1993, p. 48).

Apesar de bastante citada, a teoria da firma foi pouco influente[89] por aproximadamente quarenta anos após a sua publicação.[90] Um dos economistas que reconhecidamente desenvolveu formulação teórica a partir da pioneira análise de Ronald Coase foi Oliver Williamson.[91] Este minuciou a compreensão acerca dos custos de transação[92] e da organização da atividade empresarial por intermédio de estudos interdisciplinares englobando o Direito, a economia e a administração.[93] O próprio Coase reconheceu que a obra de Williamson foi importante para a disseminação de sua teoria.[94]

Para Williamson, a forma de organização é um problema contratual[95] e cada modo de governança (mercado, contratos híbridos ou hierarquia[96]) deve ser analisado pelas vertentes organizacional, econômica e jurídica.[97] O mencionado economista afirma que desconsiderar tais elementos significa relegar os estudos econômicos à sorte, mascarando a realidade.[98]

---

[89] COASE, R. The Nature of the Firm: origin. *In:* WILLIAMSON, Oliver; WINTER, Sidney (Org.). *The Nature of the Firm:* origins, evolution, and development. New York: Oxford Press, 1993, p. 34. Em relação ao interesse e citações da obra de Coase também se indica ROSEN, Sherwin. Transactions Costs and Internal Labor Markets. *In:* WILLIAMSON, Oliver E.; WINTER, Sidney G. (Org.). *The Nature of the Firm:* origins, evolution, and development. New York: Oxford University Press, 1993, p. 76 e WILLIAMSON, Oliver. The Logic of Economic Organization. *In:* WILLIAMSON, Oliver E.; WINTER, Sidney G. (Org.). *The Nature of the Firm:* origins, evolution, and development. New York: Oxford University Press, 1993, p. 90.

[90] COASE, R. The Nature of the Firm: influence. *In:* WILLIAMSON, Oliver; WINTER, Sidney (Org.). *The Nature of the Firm:* origins, evolution, and development. New York: Oxford Press, 1993, p. 61.

[91] WILLIAMSON, Oliver. *The Mechanisms of Governance*. New York: Oxford University Press, 1996, p. 25.

[92] ROSEN, Sherwin. Transactions Costs and Internal Labor Markets. *In:* WILLIAMSON, Oliver E.; WINTER, Sidney G. (Org.). *The Nature of the Firm:* origins, evolution, and development. New York: Oxford University Press, 1993, p. 77.

[93] WILLIAMSON, Oliver. *The Mechanisms of Governance*. New York: Oxford University Press, 1996, p. 25.

[94] COASE, R. The Nature of the Firm: influence. *In:* WILLIAMSON, Oliver; WINTER, Sidney (Org.). *The Nature of the Firm:* origins, evolution, and development. New York: Oxford Press, 1993, p. 62.

[95] WILLIAMSON, Oliver. *The economic institutions of capitalism:* firms, markets, relational contracting. New York: The Free Press, 1985, p. 20.

[96] WILLIAMSON, Oliver. *The economic institutions of capitalism:* firms, markets, relational contracting. New York: The Free Press, 1985, p. 17.

[97] WILLIAMSON, Oliver. *The Mechanisms of Governance*. New York: Oxford University Press, 1996, p. 27.

[98] WILLIAMSON, Oliver. The Logic of Economic Organization. *In:* WILLIAMSON, Oliver E.; WINTER, Sidney G. (Org.). *The Nature of the Firm:* origins, evolution, and development. New York: Oxford University Press, 1993, p. 91.

Com base nos escritos de Coase, Williamson descreve que os custos de transação podem ser classificados em *ex ante* e *ex post*. Os primeiros são aqueles que se referem aos custos para elaborar, negociar e salvaguardar um contrato,[99] ou seja, os anteriores ao fechamento propriamente dito da negociação e que são importantes para a proteção prévia dos agentes contratantes.

Já os custos de transação *ex post* são aqueles incidentes após a realização do instrumento contratual, tais como os necessários para a retificação de problemas contratuais e os incidentes para o controle da própria execução do contrato,[100] chamados de custos de monitoramento, o que se acentua nos instrumentos contratuais de longa duração.

Williamson reafirma que há custos para identificação das oportunidades, o que resulta no fato de que as pessoas fazem escolhas diferentes das que realizariam se os custos com as informações fossem nulos.[101] Em razão disso, compreender os custos de transação significa assimilar com o grau de profundidade necessário o que é a realidade da atividade econômica[102] e a base motriz das decisões empresariais relacionadas às operações societárias de concentração empresarial.

Para Williamson, as principais dimensões em que os custos de transação devem ser analisados são: (a) a frequência com que as transações ocorrem; (b) o grau e o tipo de incerteza a que o negócio se sujeita; e (c) a especificidade do ativo.[103] O autor se dedica a discorrer sobre a terceira.[104]

De acordo com o economista norte-americano, a especificidade do ativo é a dimensão de maior relevância no que se refere aos custos

---

[99] WILLIAMSON, Oliver. *The economic institutions of capitalism*: firms, markets, relational contracting. New York: The Free Press, 1985, p. 20-21.

[100] WILLIAMSON, Oliver. *The economic institutions of capitalism*: firms, markets, relational contracting. New York: The Free Press, 1985, p. 21.

[101] WILLIAMSON, Oliver. *The economic institutions of capitalism*: firms, markets, relational contracting. New York: The Free Press, 1985, p. 21. A respeito do ver também POSNER, Richard A. *Para Além do Direito*. Tradução de Evandro Ferreira e Silva. São Paulo: WMF Martins Fontes, 2009, p. 467.

[102] WILLIAMSON, Oliver. The Logic of Economic Organization. *In*: WILLIAMSON, Oliver E.; WINTER, Sidney G. (Org.). *The Nature of the Firm*: origins, evolution, and development. New York: Oxford University Press, 1993, p. 91.

[103] WILLIAMSON, Oliver. *The Mechanisms of Governance*. New York: Oxford University Press, 1996, p. 59. No mesmo sentido WILLIAMSON, Oliver. The Logic of Economic Organization. *In*: WILLIAMSON, Oliver E.; WINTER, Sidney G. (Org.). *The Nature of the Firm*: origins, evolution, and development. New York: Oxford University Press, 1993, p. 93.

[104] WILLIAMSON, Oliver. The Logic of Economic Organization. *In*: WILLIAMSON, Oliver E; WINTER, Sidney G (Org.). *The Nature of the Firm*: origins, evolution, and development. New York: Oxford University Press, 1993, p. 94.

de transação[105] e diz respeito ao grau de possibilidade de trocar o produto ou serviço por outro similar (fungibilidade) sem sacrifício do valor da produção.[106] A especificidade induzirá o empresário a refletir sobre a maior facilidade ou dificuldade em se manter no mercado sob as normas restritas desse ambiente negocial.

Seis são as modalidades de especificidade de ativo: (i) a especificidade do lugar em que é produzido ou precisa ser disponibilizado; (ii) a especificidade física (como um ingrediente particular que é componente indispensável para a produção); (iii) a especificidade humana (de quem faz o produto ou serviço buscado); (iv) os ativos sob encomenda (descritos como investimentos discretos para suprir a necessidade de um tomador específico); (v) a reputação; e (vi) o tempo necessário para se fazer a produção.[107]

A incerteza, por sua vez, é a dimensão referente à insegurança quanto ao comportamento que o outro contratante adotará,[108] expressa na maior ou menor possibilidade de configuração de conduta oportunista. É permeada de elementos fáticos que não são passíveis de previsão ou mensuração pelos contratantes.[109] Como as partes não são capazes de fazer contratos perfeitos e os agentes são oportunistas,[110] há insegurança nas contratações realizadas no exercício da atividade econômica, o que poderá induzir a escolhas por contratos de longo prazo ou pela internalização.

A incerteza não se confunde com os riscos. Estes são elementos inatos a qualquer contrato e são marcantes na atividade empresarial. Por intermédio de cálculos, pautados em uma grande quantidade de variáveis oriundas do contexto em que cada relação contratual se passará, os riscos podem ser mensurados e, portanto, são passíveis

---

[105] KLEIN, Vinícius. *A Economia dos Contratos*: uma análise microeconômica. Curitiba: CRV, 2015, p. 145.
[106] WILLIAMSON, Oliver. *The Mechanisms of Governance*. New York: Oxford University Press, 1996, p. 59.
[107] WILLIAMSON, Oliver. *The Mechanisms of Governance*. New York: Oxford University Press, 1996, p. 60.
[108] WILLIAMSON, Oliver. *The Mechanisms of Governance*. New York: Oxford University Press, 1996, p. 60.
[109] DEMSETZ, H. *Ownership control and the firm*: the organization of economic activity. Cambridge: Basil Blackwell, vol. 1, 1990. p. 237.
[110] KLEIN, Vinícius. *A Economia dos Contratos*: uma análise microeconômica. Curitiba: CRV, 2015, p. 145.

de serem incluídos e alocados no instrumento firmado pelas partes,[111] ainda que submetidos a níveis de acerto ou desacerto.

As incertezas são elementos fáticos que não são passíveis de previsão ou mensuração pelos contratantes[112] e, portanto, não são passíveis de alocação nos preços. Na impossibilidade de traduzir as incertezas em números é que reside a diferença entre estas e os riscos.[113] Desse modo, ainda que fosse possível fazer a previsão de todos os riscos e calculá-los, as incertezas vão além da capacidade humana de previsão, deixando lacunas nas relações contratuais.

A frequência se refere ao número de vezes em que as transações ocorrem.[114] Esta dimensão, consoante já exposto na descrição da teoria *coasiana*, implica majoração de custos quando há necessidade de grande número de contratos (um para cada transação).[115] Para que se reduzam tais custos, Williamson assevera que os contratos de longa duração (relacionais) poderiam ser úteis, hábeis a trazer maior estabilidade e, consequentemente, maior segurança para os contratantes,[116] substituindo a opção de internalização. As relações contratuais de longo prazo atenuariam a linha divisória entre mercado e empresa.[117]

Nada obstante, com base nas formulações de Herbert Simon,[118] Williamson reconhece a limitação de racionalidade do sujeito[119] e a partir dela conclui que todos os contratos são incompletos.[120] O agente

---

[111] DEMSETZ, H. *Ownership control and the firm:* the organization of economic activity. Cambridge: Basil Blackwell, vol. 1, 1990. p. 237.

[112] DEMSETZ, H. *Ownership control and the firm:* the organization of economic activity. Cambridge: Basil Blackwell, vol. 1, 1990. p. 237.

[113] PINHEIRO, Armando Castelar; SADDI, Jairo. *Direito, Economia e Mercados*. Rio de Janeiro: Elsevier, 2005, p. 125.

[114] WILLIAMSON, Oliver. *The Mechanisms of Governance*. New York: Oxford University Press, 1996, p. 59.

[115] COASE, Ronald. *The Nature of the firm*. Economica 4 (novembro), 1937, p. 392.

[116] WILLIAMSON, Oliver. *The economic institutions of capitalism:* firms, markets, relational contracting. New York: The Free Press, 1985, p. 71-72.

[117] FREIRE, Maria Paula dos Reis Vaz. *Eficiência Económica e Restrições Verticais*: os argumentos de eficiência e as normas de defesa da concorrência. Lisboa: AAFDL, 2009, p. 265.

[118] WILLIAMSON, Oliver. The Logic of Economic Organization. *In:* WILLIAMSON, Oliver E.; WINTER, Sidney G. (Org.). *The Nature of the Firm*: origins, evolution, and development. New York: Oxford University Press, 1993, p. 92.

[119] WILLIAMSON, Oliver. *The Mechanisms of Governance*. New York: Oxford University Press, 1996, p. 56. No mesmo sentido WILLIAMSON, Oliver. The Logic of Economic Organization. *In:* WILLIAMSON, Oliver E.; WINTER, Sidney G. (Org.). *The Nature of the Firm*: origins, evolution, and development. New York: Oxford University Press, 1993, p. 92.

[120] RICHTER, Rudolf. The New Institutional Economics – its start, its meaning, its prospects. *European Business Organization Law Review*, p. 11, jul. 2015.

econômico celebra contratos imperfeitos, já que não consegue prever soluções eficientes para todos os riscos derivados de uma contratação.[121]

Na celebração de um contrato empresarial de longo prazo, por exemplo, as partes não conseguem prever todo o conjunto fático, político e econômico que permeará o contexto dos contratantes, os quais podem afetar, em maior ou menor grau, os interesses expressos no instrumento.[122]

Quanto maior e mais complexa a relação contratual a ser firmada, mais cara e difícil será a formação do pacto,[123] bem como mais complicada será a especificação dos comportamentos (prestações e contraprestações) que devem ser seguidos pelas partes, ainda mais ao se considerar que os efeitos irão perdurar e a dificuldade em se antecipar fatos futuros. A racionalidade limitada afeta a perfeita cognição e previsão,[124] o que influencia nas decisões a serem tomadas relativamente ao exercício da atividade empresarial.[125] Vale dizer, mesmo que a opção pela relação *spot* fosse na teoria possível, as variáveis concernentes às escolhas pré-contratuais, às condições do futuro que afetarão o contrato e às potenciais imperfeições das projeções, podem, em determinadas circunstâncias, induzir o empresário a optar pelo modelo de governança pautado na internalização em substituição às opções de mercado e das formas híbridas (contratos relacionais), quando analisados custos diretos e indiretos, inclusive os custos de oportunidade.

Além das análises acerca dos custos de transação e da limitação de racionalidade, Williamson também desenvolve a noção de oportunismo,[126] conceituando-o como o agir malicioso que visa ao autointeresse.[127] É a tendência de o agente optar por fins egoístas para maximizar o proveito

---

[121] KLEIN, Vinícius. *A Economia dos Contratos*: uma análise microeconômica. Curitiba: CRV, 2015, p. 144.
[122] SZTAJN, Rachel. *Teoria Jurídica da Empresa*: Atividade Empresária e Mercados. 2. ed. São Paulo: Atlas, 2010, p. 108.
[123] MOREIRA, Egon Bockmann. *Direito das Concessões de Serviço Público*: inteligência da Lei 8.987/1995 (Parte Geral). São Paulo: Malheiros, 2010, p. 126.
[124] MACKAAY, Ejan; ROUSSEAU, Stéphane. *Análise Econômica do Direito*. Tradução de Rachel Sztajn. 2. ed. São Paulo: Atlas, 2015, p. 521.
[125] RIBEIRO, Marcia Carla Pereira. Racionalidade Limitada. *In*: RIBEIRO, Marcia Carla Pereira; KLEIN, Vinícius. *O que é Análise Econômica do Direito: uma introdução*. Belo Horizonte: Fórum, 2011, p. 66-67.
[126] RICHTER, Rudolf. The New Institutional Economics – its start, its meaning, its prospects. *European Business Organization Law Review*, p. 11, jul. 2015.
[127] WILLIAMSON, Oliver. *The Mechanisms of Governance*. New York: Oxford University Press, 1996, p. 6.

em detrimento aos demais,[128] em detrimento do dever de colaboração para a estabilização das relações negociais.

A conduta oportunista se contrapõe ao sentimento de confiança[129] e o oportunismo se manifesta em diversas formas que espelham o agir malicioso, destacando-se os problemas da carona,[130] do risco moral[131] e da agência.[132]

Como consequência do oportunismo, a promessa feita pelo agente econômico por meio da celebração do instrumento contratual pode ser rompida, o que gera diferentes tipos de custos que também devem ser valorados pelo agente econômico na tomada de suas decisões.[133]

A economia neoclássica despreza as consequências do oportunismo por considerar, repita-se, o agente ilimitadamente racional e por restringir a análise a um cenário hipotético idealizado,[134] em que também não haveria custos de transação quando se opta pelo mercado.

De acordo com Williamson, diante da limitação de racionalidade e do oportunismo, a economia deve partir do seguinte imperativo: organizar a atividade econômica como forma de reduzir os impactos da limitação de racionalidade e, ao mesmo tempo, salvaguardar as transações contra os perigos do oportunismo.[135] A conclusão do economista enfatiza a necessidade de haver interlocução entre direito, economia e administração. A transação se torna o elemento básico de análise e os detalhes acerca das estruturas de governança e dos agentes econômicos são revisitados pela análise conjunta destas três disciplinas.[136]

---

[128] SALOMÃO FILHO, Calixto. *Regulação e Concorrência* (estudos e pareceres). São Paulo: Malheiros, 2002, p. 60.
[129] MACKAAY, Ejan; ROUSSEAU, Stéphane. *Análise Econômica do Direito*. Tradução de Rachel Sztajn. 2. ed. São Paulo: Atlas, 2015, p. 222.
[130] A respeito do problema da carona ver MANKIW, N. Gregory. *Introdução à Economia*: princípios de Micro e Macroeconomia. 2. ed. Rio de Janeiro: Elsevier, 2001, p. 229-230.
[131] Sobre o risco moral ver ARAUJO, Fernando. *Introdução à Economia*. Coimbra: Almedina, 2006, p. 417-424.
[132] A respeito da teoria da agência, ver ARAÚJO, Fernando. *Teoria Econômica do Contrato*. Coimbra: Almedina, 2007, p. 215-222. Também: MACKAAY, Ejan; ROUSSEAU, Stéphane. *Análise Econômica do Direito*. Tradução de Rachel Sztajn. 2. ed. São Paulo: Atlas, 2015, p. 221.
[133] WILLIAMSON, Oliver. *The Mechanisms of Governance*. New York: Oxford University Press, 1996, p. 57.
[134] WILLIAMSON, Oliver E. *The Mechanisms of Governance*. New York: Oxford University Press, 1996, p. 06.
[135] WILLIAMSON, Oliver. The Logic of Economic Organization. *In:* WILLIAMSON, Oliver E.; WINTER, Sidney G. (Org.). *The Nature of the Firm*: origins, evolution, and development. New York: Oxford University Press, 1993, p. 93.
[136] WILLIAMSON, Oliver. The Logic of Economic Organization. *In:* WILLIAMSON, Oliver E.; WINTER, Sidney G. (Org.). *The Nature of the Firm*: origins, evolution, and development. New York: Oxford University Press, 1993, p. 91.

Em conclusão, para Williamson, o mercado é a opção adequada para o agente econômico quando os ativos são pouco específicos, já que diminui o risco de ficar refém do outro contratante.[137] Quando a especificidade do ativo aumenta e as transações são frequentes, a adoção da empresa se torna mais eficaz.[138] Finalmente, os mecanismos híbridos se impõem quando a frequência das operações não justificar a empresa e o uso do mercado não for suficiente.[139]

A governança hierárquica (por meio da empresa) é vista como a mais apta a dar as desejáveis respostas ao oportunismo nos contratos incompletos, o que também ajuda a compreender a razão pela qual uma empresa existe e pode desejar aumentar de tamanho (internalizando novas atividades). A análise de Williamson contribuiu para a inserção de novos elementos na compreensão econômica sobre a firma.

Ao tempo em que Williamson e Coase desenvolveram a nova economia institucional em sua vertente de análise dos custos de transação, North é apontado como autor central sob o prisma institucionalista.[140]

North desenvolveu sua teoria, especialmente, a partir da noção de instituições, consideradas como as constrições humanamente concebidas que estruturam as interações humanas[141] e que interferem nos comportamentos, nos resultados e no desenvolvimento econômico. De acordo com a teoria, o comportamento do agente é pautado e moldado a partir das instituições.[142]

O referido economista explica que o conjunto das instituições define a estrutura de incentivos das sociedades, constituindo-se, portanto, nas regras do jogo, nos mecanismos que moldam e filtram o comportamento das pessoas,[143] afetando a convivência entre os sujeitos e

---

[137] WILLIAMSON, Oliver. *The economic institutions of capitalism:* firms, markets, relational contracting. New York: The Free Press, 1985, p. 53.

[138] WILLIAMSON, Oliver. *The economic institutions of capitalism:* firms, markets, relational contracting. New York: The Free Press, 1985, p. 53.

[139] MACKAAY, Ejan; ROUSSEAU, Stéphane. *Análise Econômica do Direito.* Tradução de Rachel Sztajn. 2. ed. São Paulo: Atlas, 2015, p. 521-522.

[140] RICHTER, Rudolf. The New Institutional Economics – its start, its meaning, its prospects. *European Business Organization Law Review,* p. 2, jul. 2015.

[141] NORTH, Douglass C. *Institutions, Institutional Change and Economic Performance.* 31. ed. New York: Cambridge University Press, 2011, p. 3.

[142] NORTH, Douglass C. *Institutions, Institutional Change and Economic Performance.* 31. ed. New York: Cambridge University Press, 2011, p. 3.

[143] A respeito do tema, ver: NORTH, D. C. Economic Performance Through Time. *The American Economic Review,* 1994; SCHAPIRO, M. Repensando a relação entre estado, direito e desenvolvimento: os limites do paradigma *Rule of Law* e a relevância das alternativas institucionais. *Revista Direito GV,* São Paulo, p. 250, jan./jun. 2010.

a realização das operações econômicas.[144] São as bases dentro das quais as condutas humanas são moldadas. Caso o comportamento humano fosse perfeito, as instituições não seriam relevantes.[145]

A aceitação de que as instituições interferem nas relações humanas representa o afastamento do modelo neoclássico da economia, para o qual as interferências externas eram desconsideradas, com as análises voltadas exclusivamente para os agentes e suas escolhas individuais vocacionadas à maximização dos interesses.

As instituições também têm um papel importante no desenvolvimento de um país, o que justifica que alguns tenham níveis diferentes de outros – realidade confirmada pelo estudo histórico da evolução das instituições proposto por North – mesmo que tenham adotado normas semelhantes (exemplo das que condicionam a entrada de capital ou investimentos de organismos como o Fundo Monetário Internacional).[146]

Ainda, o economista sustenta que a adoção de uma estrutura de coordenação mais favorável a um ambiente impessoal, seguro e previsível para a atividade empresarial é essencial para o bom desenvolvimento da economia.[147] Sem instituições sólidas, não há confiança para que os agentes econômicos atuem, prejudicando o desenvolvimento e as consequências daí derivadas.[148]

As leis, para North, são exemplos de instituições formais.[149] Existem, também, as instituições informais, aquelas derivadas dos costumes de uma sociedade,[150] as quais são tão importantes quanto

---

[144] SZTAJN, Rachel. *Teoria Jurídica da Empresa*: atividade empresária e mercados. São Paulo: Atlas, 2004, p. 67.

[145] NORTH, Douglass C. *Institutions, Institutional Change and Economic Performance*. 31 ed. New York: Cambridge University Press, 2011, p. 108.

[146] NORTH, D. *Institutions, institutional change and economic performance*. New York: Cambridge University Press, 1999, 83-95.

[147] SCHAPIRO, M. Repensando a relação entre estado, direito e desenvolvimento: os limites do paradigma *Rule of Law* e a relevância das alternativas institucionais. *Revista Direito GV*, São Paulo, p. 217, jan./jun. 2010.

[148] RIBEIRO, Marcia Carla Pereira; ALVES, Giovani Ribeiro Rodrigues. Desenvolvimento e Reforma Institucional: os exemplos do BNDES e das Sociedades Estatais no Brasil. *In*: SILVEIRA, Vladimir Oliveira da; SANCHES, Samyra Naspolini; COUTO, Monica Benetti (Org.). *Direito e desenvolvimento no Brasil do século XXI*. Brasília: IPEA, 2013, p. 161.

[149] NORTH, Douglass C. *Institutions, Institutional Change and Economic Performance*. 31. ed. New York: Cambridge University Press, 2011, p. 107.

[150] NORTH, Douglass C. *Institutions, Institutional Change and Economic Performance*. 31. ed. New York: Cambridge University Press, 2011, p. 4.

as formais, vez que são decisivas no comportamento das pessoas e na própria aceitação ou não de uma regra escrita.[151]

North explica que, diante das limitações e da incompleta capacidade de absorção das informações, as restrições advindas das instituições são importantes mecanismos para reduzir os custos de transação.[152] A título exemplificativo, o fato de haver leis que disciplinem relações entre particulares faz com que, em tese, ao menos na parte disciplinada pela lei, os contratantes não precisem discriminar com minúcia determinados comportamentos em cada instrumento que é celebrado, o que o torna menos suscetível às falhas de racionalidade humana e menos custoso para elaboração.

As instituições, ao limitarem a liberdade das escolhas humanas (como por meio de uma norma restritiva de comportamento), devem servir de instrumentos de redução de custos (daí a conexão com as teorias voltadas aos custos de transação), já que dispensarão, ao determinar ou restringir condutas (e desde que os sujeitos prestigiem os seus comandos), custos normalmente relacionados às escolhas.

A partir dos estudos de North, Schapiro afirma que com regras do jogo adequadas, que promovam a segurança jurídica, são estimulados negócios lícitos e mitigadas as necessidades de intervenções estatais, vez que todos os *players* do mercado adquirem condições de previamente compreender os mandamentos jurídicos e observá-los quando da realização de seus atos negociais.[153] No mesmo sentido, Gonçalves e Morettini ressaltam a importância das instituições e a influência delas sobre a atuação dos agentes na atividade econômica.[154] Trata-se da tão desejada estabilidade compatível com as condições de um bom desenvolvimento das empresas e dos negócios.

No exercício da atividade econômica, especialmente, a importância das instituições é decorrente da constatação de que as relações entre

---

[151] RIBEIRO, Marcia Carla Pereira; ALVES, Giovani Ribeiro Rodrigues. Desenvolvimento e Reforma Institucional: os exemplos do BNDES e das Sociedades Estatais no Brasil. *In:* SILVEIRA, Vladimir Oliveira da; SANCHES, Samyra Naspolini; COUTO, Monica Benetti (Org.). *Direito e desenvolvimento no Brasil do século XXI*. Brasília: IPEA, 2013, p. 161.

[152] NORTH, Douglass C. *Institutions, Institutional Change and Economic Performance*. 31. ed. New York: Cambridge University Press, 2011, p. 36.

[153] SCHAPIRO, M. Repensando a relação entre estado, direito e desenvolvimento: os limites do paradigma *Rule of Law* e a relevância das alternativas institucionais. *Revista Direito GV*, São Paulo, p. 250, jan./jun. 2010.

[154] GONÇALVES, Oksandro O.; MORETTINI, Felipe Tadeu Ribeiro. Análise econômica do controle judicial dos contratos de concessão e sua importância para o desenvolvimento. *Revista de Informação Legislativa*, Brasília, p. 86, jul./set. 2014.

agentes do mercado somente podem se desenvolver satisfatoriamente em um ambiente que privilegie a segurança jurídica.[155]

Verifique-se, assim, que, ao desenvolver sua teoria, North acrescenta o ambiente institucional aos elementos que influenciam na tomada de decisões por parte dos agentes econômicos e, como não poderia deixar de ser, nas opções acerca do nascimento ou crescimento de uma empresa.

O conceito de instituições e o reconhecimento de sua importância para os estudos econômicos também são relevantes para que Direito e economia sejam interpretados de maneira conjunta e compatível. Caso as instituições não fossem importantes para a economia, seria desnecessário o estudo do Direito para a compreensão do funcionamento do mercado, já que a análise individual do comportamento do sujeito (ilimitadamente racional) seria suficiente.

1.2 Economia comportamental e a análise econômica com novos fundamentos

A obra de Ronald Coase e o seu alerta de que há custos para se valer do mercado contribuíram para a aproximação do plano acadêmico à prática no que se refere ao exercício da atividade empresarial, às escolhas do agente econômico e à importância de se estudar a empresa como instrumento de governança. Nada obstante, o próprio economista reconheceu que para o aperfeiçoamento de sua teoria seria necessário considerar, com ainda mais ênfase, os aspectos de realidade.[156]

A teoria de Oliver Williamson estabeleceu uma continuidade à tarefa de aproximação, o que foi proposto a partir da análise das interseções entre Direito, economia e organização na compreensão da empresa e de seu crescimento. Ademais, Williamson incorporou aos estudos econômicos novos elementos, tais como o oportunismo e a especificidade do ativo, fatores que influenciam nas diferentes motivações dos agentes econômicos nas tomadas de decisões organizacionais.

Com Coase e Williamson ampliou-se o enfoque tradicional da economia, o que auxiliou nas constatações de que o mercado nem sempre oferece a melhor solução, de que os contratos não são perfeitos

---

[155] FORGIONI, Paula Andrea. *Teoria Geral dos Contratos Empresariais*. São Paulo: Revista dos Tribunais, 2009, p. 75.

[156] COASE, Ronald. The New Institutional Economics. *Journal of institutional and theoretical economics*, 140 (March), p. 229-231.

e, até mesmo, de que mercado e contrato não são alternativas que se excluem completamente, já que não raramente o empresário internaliza e se usa do mercado, ou seja, ele pode produzir e comprar,[157] não sendo obrigado a adotar apenas uma forma de governança em suas opções.

Finalmente, o terceiro neoinstitucionalista citado, Douglass North, também pautou a construção de seus trabalhos na necessidade de expansão das análises econômicas, o que fez por intermédio da inserção de novos elementos na compreensão do mercado e dos comportamentos dos agentes. Lembre-se que a noção de instituições, incluída nas análises econômicas, não fica restrita apenas a aspectos formais – englobando também as regras de comportamento não escritas (instituições informais) –, o que demonstra a preocupação de North em ampliar e aprofundar a compreensão da realidade nas análises.

A partir da exposição, verifica-se que a nova economia institucional é uma vertente econômica que se opôs ao modelo sustentado pela economia neoclássica, abalando pressupostos que eram tidos como irrefutáveis pelos economistas até então[158] e ampliando o espectro de compreensão acerca das decisões tomadas pelos agentes econômicos.

A economia comportamental incorporou elementos trazidos pela nova economia institucional e aproximou ainda mais a análise econômica da prática,[159] acentuando a ruptura com a economia neoclássica (ortodoxa).[160]

De maneira similar ao que ocorre com a nova economia institucional, a economia comportamental não é uma escola econômica com pensamento homogêneo entre seus autores,[161] razão pela qual a melhor forma de descrevê-la é partindo da compreensão das premissas

---

[157] FREIRE, Maria Paula dos Reis Vaz. *Eficiência Económica e Restrições Verticais*: os argumentos de eficiência e as normas de defesa da concorrência. Lisboa: AAFDL, 2009, p. 265.

[158] LANGEVOORT, Donald C. Organized Illusions: A Behavioral Theory of Why Corporations Mislead Stock Market Investors (and Cause Other Social Harms). SUNSTEIN, Cass R. (Org.). *Behavioral Law & Economics*. New York: Cambridge Press, 2007, p. 144.

[159] SERVET, Jean-Michel. *L'Économie Comportementale en Question*. Paris: Charles Léopold Mayer Éditions, 2018, p. 27-72.

[160] BERGERON, Henri; CASTEL, Patrick; QUELLIER, Sophie; LAZARUS, Jeanne; NOUGUEZ, Étienne; PILMIS, Olivier. *Le biais comportementaliste*. Paris: Presses de Sciences Po, 2018, p. 14.

[161] SERRA, Daniel. Économie Comportementale. Paris: Economica, 2017, p. 21-26. Também BERGERON, Henri; CASTEL, Patrick; QUELLIER, Sophie; LAZARUS, Jeanne; NOUGUEZ, Étienne; PILMIS, Olivier. *Le biais comportementaliste*. Paris: Presses de Sciences Po, 2018, p. 15.

compartilhadas por seus principais expoentes e de termos-chaves utilizados nas teorias.[162]

Logo de plano, importante ressaltar que a observação da prática é uma das grandes marcas da economia comportamental,[163] servindo de sustentáculo para a crítica às outras vertentes econômicas, inclusive voltada à nova economia institucional (a despeito da intenção desta de se aproximar da realidade).[164]

Com efeito, a distância entre a teoria e a prática não era um fenômeno observável apenas na economia. O estudo do Direito, por vezes, era (e continua sendo) criticado por se afastar da realidade, quando formulado a partir de teorizações que não sejam de clara aplicação à realidade, mediante a proposição de comandos normativos que são dissociados de efetividade.[165]

A economia comportamental não somente se utiliza de experimentos práticos para testar as teorias por ela própria formuladas ou para criticar as que fundamentam análises de outras vertentes, como também aprofunda o questionamento de um dos pilares da construção teórica econômica tradicional: a crença na racionalidade ilimitada do sujeito.[166]

Como já exposto, a economia ortodoxa se pauta em uma figura humana idealizada e que era capaz de tomar as melhores decisões, independentemente dos contextos que se apresentassem[167] (afinal, esses contextos eram invariavelmente favoráveis, conforme crítica de Ronald Coase referida anteriormente[168]).

---

[162] BERGERON, Henri; CASTEL, Patrick; QUELLIER, Sophie; LAZARUS, Jeanne; NOUGUEZ, Étienne; PILMIS, Olivier. *Le biais comportementaliste*. Paris: Presses de Sciences Po, 2018, p. 15.

[163] FUCHS, Andreas. Introducing more features of real life into de economists' world of theoretical models – comments on Justus Haucap, Bart Wilson and Cristopher Engel. In: DREXL, Josef; KERBER, Wolfgang; PODSZUN, Rupprecht (eds.). *Competition Policy and the Economic Approach*: foundations and limitations. Northampton: Edward Elgar, 2011, p.275.

[164] SERVET, Jean-Michel. *L'Économie Comportementale en Question*. Paris: Charles Léopold Mayer Éditions, 2018, p. 23.

[165] A respeito do tema ver ULEN, Thomas S. Behavioral Law and Economics. In: ALTMAN, Morris (Coord.). *Handbook of Contemporary Behavioral Economics*: foundations and developments. New York: M.E. Sharpe, 2006, p. 672-677.

[166] BERGERON, Henri; CASTEL, Patrick; QUELLIER, Sophie; LAZARUS, Jeanne; NOUGUEZ, Étienne; PILMIS, Olivier. *Le biais comportementaliste*. Paris: Presses de Sciences Po, 2018, p. 14.

[167] SERVET, Jean-Michel. *L'Économie Comportementale en Question*. Paris: Charles Léopold Mayer Éditions, 2018, p. 23.

[168] Item 1.1.

A racionalidade plena das escolhas do sujeito é o alicerce das teorias, das previsões[169] e das recomendações econômicas neoclássicas,[170] pautadas nos pressupostos de que as informações e a capacidade cognitiva dos agentes econômicos são plenas para a tomada das decisões[171] em busca da maximização,[172] o que também acontecia nas análises jurídicas típicas da modernidade.[173]

Diante da constatação de que a racionalidade humana era pressuposto fundamental do Direito e da economia modernos, deve-se perquirir os motivos pelos quais, em determinado contexto histórico, a racionalidade do sujeito ganhou tamanho prestígio e, por consequência, fundamentou um modelo de pensamento que se afastou da realidade fática, o que tanto a nova economia institucional quanto a economia comportamental vieram a questionar.[174]

Na modernidade predominava o chamado modelo da escolha racional, em que se acreditava que situado diante de um caso a resolver, o agente econômico, invariavelmente, faria o levantamento dos resultados desejados, identificaria as ações que poderia empreender, aquilataria em que medida cada ação contribuiria para os resultados e a que custo, optando por aquela que mais contribuísse para sua satisfação pessoal.[175]

---

[169] GICO JR., Ivo T. Introdução à Análise Econômica do Direito. *In*: KLEIN, Vinicius; RIBEIRO, Marcia Carla Pereira (Coord.). *O que é análise econômica do direito: uma introdução*. Belo Horizonte: Fórum, 2011, p. 18.

[170] ARIELY, Dan. *Previsivelmente Irracional*. Tradução de Jussara Simões. Rio de Janeiro: Elsevier, 2008, p. 07 da introdução.

[171] SIMON, Herbert A. *Models of Man. Social and Rational*. New York: John Wiley & Sons, Inc., 1956, p. 198.

[172] COOTER, Robert; ULEN, Thomas. *Direito e Economia*. Tradução de Luis Marcos Sander e Francisco Araújo da Costa. 5. ed. Porto Alegre: Bookman, 2010, p. 37. No mesmo sentido GICO JR., Ivo T. Introdução à Análise Econômica do Direito. *In*: KLEIN, Vinicius; RIBEIRO, Marcia Carla Pereira (Coord.). *O que é análise econômica do direito*: uma introdução. Belo Horizonte: Fórum, 2011, p. 22. Ainda, ULEN, Thomas S. Behavioral Law and Economics. *In*: ALTMAN, Morris (Coord.). *Handbook of Contemporary Behavioral Economics*: foundations and developments. New York: M.E. Sharpe, 2006, p. 672-677.

[173] Acerca do tema LEONARDO, Rodrigo Xavier. *Associações sem fins econômicos*. São Paulo: Revista dos Tribunais, 2014, p. 31; No mesmo sentido: VANDERLINDEN, J. *Le concept de code en Europe occidentale du XIIIe au XIXe siécle. Essai de définition*. Bruxelles: L'Institut de Sociologie de l'Université Libre de Bruxelles, 1967, p. 22; MARQUES, Mário Reis. *Codificação e Paradigmas da Modernidade*. Coimbra: Ed. Coimbra, 2003, p. 456; FONSECA, Ricardo Marcelo. *Modernidade e contrato de trabalho*: do sujeito de direito à sujeição jurídica. São Paulo: LTr, 2002, p. 20; GOMES, Orlando. *Contratos*. Coordenação de Edvaldo Brito. Atualizadores: Antônio Junqueira de Azevedo e Francisco Paulo de Crescenzo Marino. 26. ed. Rio de Janeiro: Forense, 2009, p. 7.

[174] SERVET, Jean-Michel. *L'Économie Comportementale en Question*. Paris: Charles Léopold Mayer Éditions, 2018, p. 21-23.

[175] KOROBKIN, Russel. Behavioral Economics, Contract Formation, and Contract Law. *In*: SUNSTEIN, Cass R. (Org.) *Behavioral Law & Economics*. New York: Cambridge Press, 2007,

Nas palavras de Posner se resume a análise de comportamento efetuada pela economia neoclássica: "se me pedirem para escolher entre 2 e 3, eu preferirei 3. Mas e se eu tiver outra oportunidade que valha 4? Então preferirei esta, pois prefiro mais a menos".[176] Trata-se da ótica racional maximizadora.[177]

Conforme explicam Grossi e Santos, a estruturação moderna de pensamento começou a ganhar força no século XIV,[178] consolidando-se a partir da revolução científica do século XVI, e foi desenvolvida nos séculos seguintes sob o domínio das ciências naturais,[179] em direta oposição aos preceitos consagrados no período medieval.[180]

Historicamente, o apogeu do racionalismo e sua preponderância sobre o modo de fazer ciência é justificável como uma reação ao modelo até então prevalecente (medieval) e significou uma ruptura com a tradição de justificação de fatos a partir da figura de Deus, típica no período medieval.[181]

Os modernos rejeitavam os preceitos medievais, a tal ponto que repeliam[182] qualquer pensamento que parecesse resistir ao triunfo da nova verdade instituída por meio do novo modelo de ciência que se construía,[183] pautado no indivíduo e em sua racionalidade.

---

p. 118. No mesmo sentido, KAUFMAN, Bruce E. Integrating Emotions into Economic Theory. *In*: ALTMAN, Morris (Coord.). *Handbook of Contemporary Behavioral Economics*: foundations and developments. New York: M.E. Sharpe, 2006, p. 81.

[176] POSNER, Richard A. *Para além do Direito*. Tradução de Evandro Ferreira e Silva. São Paulo: WMF Martins Fontes, 2009, p. 466.

[177] GICO JR., Ivo T. Introdução à Análise Econômica do Direito. *In*: KLEIN, Vinicius; RIBEIRO, Marcia Carla Pereira (Coord.). *O que é análise econômica do direito*: uma introdução. Belo Horizonte: Fórum, 2011, p. 22. Também KAUFMAN, Bruce E. Integrating Emotions into Economic Theory. *In*: ALTMAN, Morris (Coord.). *Handbook of Contemporary Behavioral Economics*: foundations and developments. New York: M.E. Sharpe, 2006, p. 81.

[178] GROSSI, Paolo. Para além do subjetivismo jurídico moderno. *In*: FONSECA, Ricardo Marcelo; SEELAENDER, Airton Cerqueira Leite. *História do Direito em Perspectiva*: do Antigo Regime à Modernidade. Curitiba: Juruá Editora, 2008, p. 20.

[179] SANTOS, Boaventura de Sousa. *A crítica da razão indolente*. 3. ed. São Paulo: Cortez, 2001, p. 60.

[180] Para aprofundamento a respeito do assunto, ver a paulatina consolidação do entendimento moderno em HESPANHA, António Manuel. *Cultura Jurídica Europeia*. Síntese de um Milênio. Florianópolis: Fundação Boiteux, 2005, p. 121-242 e WIEACKER, Franz. *História do Direito Privado Moderno*. 2. ed. Tradução de A. M. Botelho Hespanha. Lisboa: Fundação Calouste Gulbenkian, 1967, p. 15-96.

[181] Versão resumida sobre a transição do medievo para a modernidade foi publicada em ALVES, Giovani Ribeiro Rodrigues. *Fundamentos para a Compreensão de um Novo Código Comercial*. Rio de Janeiro: Processo, 2017, p. 22-55.

[182] SANTOS, Boaventura de Sousa. *Um discurso sobre as ciências*. 12. ed. Porto: Edições Afrontamento, 2002, p. 10.

[183] TOURAINE, Alain. *Crítica da Modernidade*. Tradução de Elia Ferreira Edel. Petrópolis: Vozes, 1994, p. 213. Acerca do tema, ver também a repercussão sobre as associações e o

De acordo com a então nova visão de mundo, a Igreja e a concepção de Deus como centro do universo teriam feito com que a racionalidade ficasse relegada a segundo plano, o que aconteceria para propiciar a manutenção de privilégios conferidos a poucos afortunados ligados ao clero e à realeza.[184]

Nada obstante, os modernos reconheciam que, em virtude da natureza humana, todos os homens seriam capazes de transitar do estado de barbárie para o civilizado por intermédio da ferramenta da razão, elemento indissociável à essência de todo ser humano.[185] Esta racionalidade levaria à superação do momento de dificuldade vivido durante a Idade Média.[186] Mais do que isso: seria o fundamento para se romper uma estrutura social pautada em privilégios justificados a partir de fundamentos que iriam para além da estrutura racional de pensamento.[187]

A modernidade tratava de erigir o homem e sua racionalidade ao centro da estrutura de justificação, em oposição ao que foi construído na Idade Média.[188] O ideal moderno de substituição das justificativas metafísicas pela racionalidade foi fruto do inconformismo com a antiga concessão de privilégios, que, de fato, não resistia a qualquer análise empírico-racional, mas que encontrava o fundamento suficiente na vontade divina.[189]

A racionalidade, portanto, era compreendida pelos modernos como o novo elemento fundante e o necessário elo de ruptura com o período medieval.[190] Eis a propagada racionalização da sociedade, por meio da qual se buscou a reformulação da ordem social, propugnando-se a total superação e desvinculação da antiga ordem medieval.

---

significado da ruptura em termos de pensamento organizativo em LEONARDO, Rodrigo Xavier. *Associações sem fins econômicos*. São Paulo: Revista dos Tribunais, 2014, p. 23-46.

[184] THOMPSON, John B. *Ideologia e cultura moderna*: teoria social crítica na era dos meios de comunicação em massa. Tradução de Carmen Grisci et al. Petrópolis: Vozes, 1998, p. 109.

[185] SARTRE, Jean Paul. *El existencialismo es un humanismo*. Barcelona: Edhasa, 1999, p. 30.

[186] HESPANHA, António Manuel. *Cultura Jurídica Europeia*: Síntese de um Milênio. Florianópolis: Fundação Boiteux, 2005, p. 253.

[187] THOMPSON, John B. *Ideologia e cultura moderna*: teoria social crítica na era dos meios de comunicação em massa. Tradução de Carmen Grisci et al. Petrópolis: Vozes, 1998, p. 106.

[188] TOURAINE, Alain. *Crítica da Modernidade*. Tradução de Elia Ferreira Edel. Petrópolis: Vozes, 1994, p. 17.

[189] ALVAREZ, Alexandre; FLACH, M. Jacques. *Une nouvelle conception des études juridiques et de la codification du droit civil*. Paris: Librarie générale de droit & de jurisprudence, 1904, p. 6.

[190] FONSECA, Ricardo Marcelo. *Modernidade e contrato de trabalho*: do sujeito de direito à sujeição jurídica. São Paulo: LTr, 2002, p. 51.

É possível, assim, a partir da história, identificar os motivos que fizeram com que as teorias jurídicas e econômicas tivessem como pressuposto a racionalidade absoluta do sujeito. Nisto se encontra a justificativa para que a economia neoclássica e o Direito moderno tenham alçado a racionalidade humana a um patamar irrefutável.

Mesmo reconhecendo a riqueza dos fundamentos que sustentaram tal concepção – e ainda que no plano teórico a construção neoclássica da economia e moderna do Direito sejam plausíveis e historicamente justificáveis –, no plano prático não há dúvidas de que o ser humano faz opções equivocadas,[191] o que, paulatinamente, passou a ser valorado e fundamentou críticas ao modelo, notadamente quanto ao patamar máximo e inquestionável atribuído à razão.

A idealização moderna de que o ser humano é ilimitadamente racional e a construção de cenários perfeitos para justificar a tomada de decisões pelos agentes econômicos fizeram com que as ciências sociais em geral e a economia em particular construíssem teorias que estavam distantes da realidade.[192]

A economia comportamental intensificou[193] a crítica ao modelo neoclássico de estudo, reconhecendo que por mais que o foco de análise da economia fosse a pessoa e ainda que esta tivesse como característica o fato de ser essencialmente racional em suas escolhas, não se poderia desprezar a constatação de que limitações de acesso à informação, dificuldades na compreensão de dados e outros fatores fazem com que as escolhas humanas não sejam as melhores em todas as situações que se apresentam no dia a dia.[194]

---

[191] ALBANESE, Paul. Inside Economic Man: behavioral economics and consumer behavior. In: ALTMAN, Morris (Coord.). *Handbook of Contemporary Behavioral Economics*: foundations and developments. New York: M.E. Sharpe, 2006, p. 3-19. A respeito do tema se dedica a obra ARIELY, Dan. *Previsivelmente Irracional*. Tradução de Jussara Simões. Rio de Janeiro: Elsevier, 2008.

[192] Acerca do tema ver LANGEVOORT, Donald C. Organized Illusions: A Behavioral Theory of Why Corporations Mislead Stock Market Investors (and Cause Other Social Harms). In: SUNSTEIN, Cass R. (Org.). *Behavioral Law & Economics*. New York: Cambridge Press, 2007, p. 144-167. Também BERGERON, Henri; CASTEL, Patrick; QUELLIER, Sophie; LAZARUS, Jeanne; NOUGUEZ, Étienne; PILMIS, Olivier. *Le biais comportementaliste*. Paris: Presses de Sciences Po, 2018, p. 15-16.

[193] BERGERON, Henri; CASTEL, Patrick; QUELLIER, Sophie; LAZARUS, Jeanne; NOUGUEZ, Étienne; PILMIS, Olivier. *Le biais comportementaliste*. Paris: Presses de Sciences Po, 2018, p. 13.

[194] JOLLS, Christine; SUNSTEIN, Cass R.; THALER, Richard H. A Behavioral Approach to Law and Economics. SUNSTEIN, Cass R.; THALER, Richard H. (Org.). *Behavioral Law & Economics*. New York: Cambridge Press, 2007, p. 14.

Por essa nova forma de percepção da realidade, constatou-se que é até mesmo previsível[195] que tomemos decisões equivocadas, o que se estende aos agentes econômicos e, para o que interessa a esse trabalho, suas decisões que envolvam a atividade empresarial.

A nova economia institucional,[196] conforme mencionado, abrangeu temas como a limitação de racionalidade e o oportunismo, adicionando ao debate nas análises econômicas fatores que eram ignorados na economia neoclássica.[197] Estas noções foram aprofundadas pela economia comportamental, vertente relativamente nova dos estudos econômicos,[198] a qual surgiu como uma alternativa à estaticidade e à mecanicística do pensamento econômico tradicional.

Sontheimer explica que os principais fatores que distinguem a economia comportamental da economia neoclássica são:[199] (i) o comprometimento com a pesquisa empírica; (ii) a insistência em manter uma relação próxima entre os fatos e a teoria econômica; e (iii) o foco na racionalidade procedimental ao invés de ser na racionalidade substantiva.

Um dos principais teóricos, usualmente referido como expoente da economia comportamental, é Herbert Simon,[200] criador da denominação da supracitada vertente.[201] O mencionado autor pauta sua obra na incapacidade de o economista lidar com os problemas do mundo real,

---

[195] ARIELI, Dan. *Previsivelmente Irracional*. Tradução de Jussara Simões. Rio de Janeiro: Elsevier, 2008.

[196] DEQUECH, D. Bounded Rationality, Institutions, and Uncertainty. *Journal of Economic Issues*, 2001, 35(4): 911-929, p. 911 e 912.

[197] SERVET, Jean-Michel. *L'Économie Comportementale en Question*. Paris: Charles Léopold Mayer Éditions, 2018, p. 23.

[198] HEUKELOM, Floris. *Behavioral Economics*: a history. Cambridge: Cambridge University Press, 2014, p. 4.

[199] SONTHEIMER, Kevin. Behavioral Versus Neoclassical Economics: paradigma shift or generalization? ALTMAN, Morris (Coord.). *Handbook of Contemporary Behavioral Economics*: foundations and developments. New York: M.E. Sharpe, 2006, p. 237.

[200] SERVET, Jean-Michel. *L'Économie Comportementale en Question*. Paris: Charles Léopold Mayer Éditions, 2018, p. 14. Os seguintes economistas o referenciam como pertencente à economia comportamental: SERVET, Jean-Michel. *L'Économie Comportementale en Question*. Paris: Charles Léopold Mayer Éditions, 2018, p. 14-15; EARL, Peter E. *Behavioural Economics*. Vol. 1. Bath: Edward Elgar Publishing Limited, 1988, p. 3-4. Em sentido contrário, Heukelom afirma que a economia comportamental surgiu apenas a partir das contribuições de Kahneman e Tversky na década de 1980 como será melhor descrito a seguir. HEUKELOM, Floris. *Behavioral Economics*: a history. Cambridge: Cambridge University Press, 2014, p. 6. Para Servet, a economia comportamental teve origem com as publicações de John Broadus Watson a respeito dos efeitos decorrentes a estímulos, vide SERVET, Jean-Michel. *L'Économie Comportementale en Question*. Paris: Charles Léopold Mayer Éditions, 2018, p. 14.

[201] HEUKELOM, Floris. *Behavioral Economics*: a history. Cambridge: Cambridge University Press, 2014, p. 4.

longe de modelos ideais,[202] criticando o fato da economia não aceitar aprimoramentos na compreensão das condutas humanas como ótimas e infalíveis.[203]

Simon foi o primeiro economista a trabalhar com a noção de limitação de racionalidade,[204] expondo que, na prática, as escolhas precisam ser feitas em meio a recursos cognitivos limitados.[205] O autor estudou os processos de tomadas de decisões nas organizações, diferenciando-se da maior parte dos economistas comportamentais que priorizam a análise individual (individualismo metodológico) ao invés da coletiva.[206]

Simon trouxe os alicerces para que a economia comportamental fosse considerada uma alternativa à escola neoclássica da economia,[207] sobretudo ao relativizar o postulado de que o ser humano é ilimitadamente racional em suas escolhas, incluindo nas análises econômicas aspectos ligados à psicologia[208] e que demonstram a falibilidade da racionalidade humana. Enquanto o economista tradicionalmente se restringe a observar, os psicologistas recorrem à experimentação.[209]

Para Simon, as teorias econômicas neoclássicas falhavam ao deixar de analisar os aspectos psicológicos que são peculiares a cada sujeito.[210]

---

[202] JOLLS, Christine; SUNSTEIN, Cass R.; THALER, Richard H. A Behavioral Approach to Law and Economics. *In*: SUNSTEIN, Cass R. (Org.) *Behavioral Law & Economics*. New York: Cambridge Press, 2007, p. 14.

[203] HEUKELOM, Floris. *Behavioral Economics*: a history. Cambridge: Cambridge University Press, 2014, p. 127.

[204] JOLLS, Christine; SUNSTEIN, Cass R.; THALER, Richard H. A Behavioral Approach to Law and Economics. *In*: SUNSTEIN, Cass R. (Org.) *Behavioral Law & Economics*. New York: Cambridge Press, 2007, p. 14. No mesmo sentido: DEQUECH, D. Bounded Rationality, Institutions, and Uncertainty. *Journal of Economic Issues*, 2001, 35(4): 911-929, p. 915; AUMANN, Robert. Rationality and Bounded Rationality. *In*: EARL, Peter E. (Ed.). *The Legacy of Herbert Simon in Economic Analysis*. Vol. 1. Northampton: Edward Elgar Publishing, 2001, p. 200 e RIBEIRO, Marcia Carla Pereira. Racionalidade Limitada. *In*: RIBEIRO, Marcia Carla Pereira; KLEIN, Vinícius. *O que é Análise Econômica do Direito*: uma introdução. Belo Horizonte: Fórum, 2011, p. 66.

[205] RIESKAMP, Jorg; HERTWIG, Ralph; TODD, Peter M. Bounded Rationality: two interpretations from psychology. *In*: ALTMAN, Morris (Coord.). *Handbook of Contemporary Behavioral Economics*: foundations and developments. New York: M.E. Sharpe, 2006, p. 218.

[206] SERVET, Jean-Michel. *L'Économie Comportementale en Question*. Paris: Charles Léopold Mayer Éditions, 2018, p. 14.

[207] HEUKELOM, Floris. *Behavioral Economics*: a history. Cambridge: Cambridge University Press, 2014, p. 4.

[208] HEUKELOM, Floris. *Behavioral Economics*: a history. Cambridge: Cambridge University Press, 2014, p. 4-5. No mesmo sentido SERVET, Jean-Michel. *L'Économie Comportementale en Question*. Paris: Charles Léopold Mayer Éditions, 2018, p. 14.

[209] SERRA, Daniel. *Économie Comportementale*. Paris: Economica, 2017, p. 9.

[210] SIMON, Herbert A. *Models of Man. Social and Rational*. New York: John Wiley & Sons, Inc., 1956, p. 197. No mesmo sentido: LOASBY, Brian J. Herbert Simon's Human Rationality. *In*:

O sujeito não é neutro nem suficientemente racional para conseguir se isolar de todo o contexto que o envolve ao tomar as decisões.[211]

Observe-se que o reconhecimento da limitação de racionalidade não significa que o ser humano não seja racional ou que todas as suas escolhas sejam falhas, mas, tão simplesmente, que as escolhas não são sempre as ideais como se pressupunha na economia neoclássica e, em parte, na nova economia institucional, especialmente em sua vertente de análise do ambiente institucional e sua perspectiva mecanicista a respeito das normas aptas a coibir ou a estimular condutas. Simon asseverou que o comportamento humano é "intencionalmente racional, mas apenas limitadamente racional [na prática]".[212]

A contribuição de Simon abalou os pilares do pensamento econômico neoclássico, já que, mais do que apontar que o ser humano não é perfeito em todas as suas escolhas, rompeu um modo de fazer ciência e de compreender a economia, vez que, se o sujeito não é tão racional como se pensava, os próprios modelos econômicos ficaram defasados.[213]

Ademais, ao trocar a racionalidade absoluta pela limitação de racionalidade como fundamento teórico, a própria economia teve que lidar com mais complexidade,[214] ganhando realismo e perdendo certezas.[215] O ponto crucial no que se refere às teorias do comportamento se tornou o como modelar o impacto das incertezas no agir do ser humano.[216]

A partir da obra de Simon e do reconhecimento de que o ser humano é limitadamente racional, a análise acerca do processo de escolha

---

EARL, Peter E. (Ed.). *The Legacy of Herbert Simon in Economic Analysis*. Vol. 1. Northampton: Edward Elgar Publishing, 2001, p. 431.

[211] SERVET, Jean-Michel. *L'Économie Comportementale en Question*. Paris: Charles Léopold Mayer Éditions, 2018, p. 28.

[212] Tradução livre: "intendly rational, but only limitedly so". (SIMON, Herbert. *Administrative Behaviour*. 2. ed. New York: Macmillan, 1957, p. xxiv).

[213] LOASBY, Brian J. Herbert Simon's Human Rationality. *In:* EARL, Peter E. (Ed.). *The Legacy of Herbert Simon in Economic Analysis*. Vol. 1. Northampton: Edward Elgar Publishing, 2001, p. 431-432.

[214] LOASBY, Brian J. Herbert Simon's Human Rationality. *In:* EARL, Peter E. (Ed.). *The Legacy of Herbert Simon in Economic Analysis*. Vol. 1. Northampton: Edward Elgar Publishing, 2001, p. 438.

[215] LOASBY, Brian J. Herbert Simon's Human Rationality. *In:* EARL, Peter E. (Ed.). *The Legacy of Herbert Simon in Economic Analysis*. Vol. 1. Northampton: Edward Elgar Publishing, 2001, p. 438.

[216] BIANCHI, Mariana. The unsatisfactoriness of satisficing: from bounded rationality to inovative rationality. LOASBY, Brian J. Herbert Simon's Human Rationality. *In:* EARL, Peter E. (Ed.). *The Legacy of Herbert Simon in Economic Analysis*. Vol. 1. Northampton: Edward Elgar Publishing, 2001, p. 441.

se tornou importante para a economia,[217] vez que os resultados não necessariamente virão da vontade maximizadora racional do agente.[218] Simon, aliás, também foi pioneiro ao relativizar a ideia de que o sujeito sempre atua no sentido da maximização, apontando que, em verdade, as decisões ocorrem quando o indivíduo considera que a alternativa por ele escolhida é satisfatória[219] e não necessariamente o satisfatório será equivalente da maximização.

Simon ajudou a fixar importante marco para a economia comportamental, aproximando a psicologia e a economia, fator este que é apontado como a grande contribuição dessa vertente.[220] Ao aproximar os estudos da psicologia dos econômicos, esta vertente foi precursora ao demonstrar que as imperfeições do mercado são também causadas pela falibilidade do comportamento humano[221] e não apenas decorrência de falhas concorrenciais.

A respeito desta aproximação, marcante foi a posterior contribuição dos psicologistas Daniel Kahneman e Amos Tversky[222] para o desenvolvimento da economia comportamental, a ponto de se dividir a referida vertente em antes e depois da contribuição dos referidos psicologistas.[223]

Kahneman e Tversky publicaram o artigo *Judgment Under Uncertainty: Heuristics and Biases*, no qual expuseram os chamados atalhos simplificadores do pensamento intuitivo e explicaram vieses como

---

[217] BIANCHI, Mariana. The unsatisfactoriness of satisficing: from bounded rationality to inovative rationality. LOASBY, Brian J. Herbert Simon's Human Rationality. *In*: EARL, Peter E. (Ed.). *The Legacy of Herbert Simon in Economic Analysis*. Vol. 1. Northampton: Edward Elgar Publishing, 2001, p. 451/.

[218] Acerca do tema, profunda é a análise feita em AUMANN, Robert. Rationality and Bounded Rationality. *In*: EARL, Peter E. (Ed.). *The Legacy of Herbert Simon in Economic Analysis*. Vol. 1. Northampton: Edward Elgar Publishing, 2001, p. 199-211.

[219] BERGERON, Henri; CASTEL, Patrick; QUELLIER, Sophie; LAZARUS, Jeanne; NOUGUEZ, Étienne; PILMIS, Olivier. *Le biais comportementaliste*. Paris: Presses de Sciences Po, 2018, p. 34

[220] CAMERER, C.; LOWENSTEIN, G. Behavioral Economics: past, present, future. *In*: CAMERER, C.; LOEWENSTEIN, G.; RABIN, M. (Org.). *Advances in Behavioral Economics*. New Jersey: Princeton University Press, p. 3, p. 3-52.

[221] HEUKELOM, Floris. *Behavioral Economics*: a history. Cambridge: Cambridge University Press, 2014, p.1.

[222] HEUKELOM, Floris. *Behavioral Economics*: a history. Cambridge: Cambridge University Press, 2014, p. 1.

[223] HEUKELOM, Floris. *Behavioral Economics*: a history. Cambridge: Cambridge University Press, 2014, p. 6. Também neste sentido BERGERON, Henri; CASTEL, Patrick; QUELLIER, Sophie; LAZARUS, Jeanne; NOUGUEZ, Étienne; PILMIS, Olivier. *Le biais comportementaliste*. Paris: Presses de Sciences Po, 2018, p. 21. Igualmente, DHAMI, Sanjit. *The foundations of behavioral economic analysis*. Oxford: Oxford University Press, 2016, p. 26.

efeitos dessas heurísticas.[224] Os autores, tal qual Simon, pautaram suas análises na compreensão da limitação de racionalidade humana[225] e desenvolveram suas teorias em como o ser humano se desvia daquilo que é correto ou verdadeiro em muitos de seus processos decisórios.[226]

Os mencionados psicologistas não propugnaram pela necessidade de a economia abandonar completamente as teorias pautadas na racionalidade e na otimização, sugerindo, ao revés, o aperfeiçoamento da análise econômica com a inserção de novos elementos provenientes da psicologia.[227]

No supracitado artigo, os autores identificaram uma série de heurísticas comumente utilizadas pelos indivíduos para simplificar decisões complexas, de modo que, por vezes, elas conduzem a decisões corretas, mas, em muitas oportunidades, conduzem a erros sistemáticos (vieses) e previsíveis.[228]

Rieskamp, Hertwig e Todd afirmam que as noções de heurísticas e vieses são as mais influenciadoras no âmbito da racionalidade humana, dos julgamentos e das decisões tomadas nas últimas décadas.[229]

As heurísticas são atalhos mentais que o ser humano adota quando é exposto a um problema.[230] A função da heurística é a de simplificar e reorganizar o problema decisório, de modo a ficar manejável por parte de

---

[224] DHAMI, Sanjit. *The foundations of behavioral economic analysis*. Oxford: Oxford University Press, 2016, p. 1342. Também se encontra a referência em KAHNEMAN, Daniel. *Rápido e Devagar*: duas formas de pensar. Rio de Janeiro: Objetiva, 2012, p. 15-16. O texto original se encontra no apêndice do referido livro de Kahneman nas páginas 524-539.

[225] VANE, Howard; MULHEARN, Chris. *James M. Buchanan, Gary S. Becker, Daniel Kahneman and Vernon L. Smith*. Northampton: Edward Elgar Publishing Inc, 2012, p. 295.

[226] HEUKELOM, Floris. *Behavioral Economics*: a history. Cambridge: Cambridge University Press, 2014, p. 107.

[227] HEUKELOM, Floris. *Behavioral Economics*: a history. Cambridge: Cambridge University Press, 2014, p. 127.

[228] VANE, Howard; MULHEARN, Chris. *James M. Buchanan, Gary S. Becker, Daniel Kahneman and Vernon L. Smith*. Northampton: Edward Elgar Publishing Inc., 2012, p. 296. No mesmo sentido: RIESKAMP, Jorg; HERTWIG, Ralph; TODD, Peter M. Bounded Rationality: two interpretations from psychology. *In*: ALTMAN, Morris (Coord.). *Handbook of Contemporary Behavioral Economics*: foundations and developments. New York: M.E. Sharpe, 2006, p. 230-231 e SUNSTEIN, Cass. Introduction. *In*: SUNSTEIN, Cass R. (Org.). *Behavioral Law & Economics*. New York: Cambridge Press, 2007, p. 3.

[229] RIESKAMP, Jorg; HERTWIG, Ralph; TODD, Peter M. Bounded Rationality: two interpretations from psychology. *In*: ALTMAN, Morris (Coord.). *Handbook of Contemporary Behavioral Economics*: foundations and developments. New York: M.E. Sharpe, 2006, p. 219.

[230] AVILA, Marcos Gonçalves ; FARIAS, Paula Fogacci de. A Heurística do Afeto e o Conceito de "Avaliabilidade": Experimentos no Contexto Brasileiro. *Revista Brasileira de Marketing – REMark*, São Paulo, v. 12, n. 2, p. 29-48, abr./jun. 2013, p. 32.

um tomador de decisões.[231] Thaler e Sunstein explicam que a heurística ajuda a compreender e explicar as condutas humanas em situações que envolvam riscos,[232] destacando sua importância para aquilatar como pode influenciar (*nudge*) a preparação e a resposta dos agentes econômicos a crises e a escolhas negociais.[233] Nessa possibilidade de a heurística influenciar comportamentos se encontra um elemento-chave para a psicologia, de que se vale a economia comportamental.[234]

A complexidade da vida e a quantidade de compromissos fazem com que as pessoas não tenham tempo (nem interesse) em pensar e analisar profundamente antes de tomar cada decisão.[235] Assim, as pessoas se utilizam de tais atalhos (heurísticas) para poder decidir. As principais heurísticas indicadas por Kahneman e Tversky são: (i) heurística da disponibilidade, (ii) heurística da ancoragem e (iii) heurística da representatividade.[236]

A heurística da disponibilidade é aquela que se relaciona ao fato de que muitas decisões são tomadas pelo atalho de vir ou não facilmente à mente da pessoa a ocorrência de um fato anterior que se relacione ao que é analisado.[237] Assim, as escolhas são frequentemente baseadas em quão fácil se torna possível pensar em eventos relevantes,[238] o que, não raramente, leva a decisões equivocadas, já que, por exemplo, a lembrança de eventos recentes impacta na conduta humana mais do que a existência de acontecimentos antigos.[239]

Entender a predisposição dos agentes econômicos (i) a certas condutas, (ii) a pressupor certas informações e (iii) a não tomar determinadas cautelas pode ser explicado a partir da heurística da disponibilidade. Afinal, a lembrança de algum evento recente ou

---

[231] HEUKELOM, Floris. *Behavioral Economics*: a history. Cambridge: Cambridge University Press, 2014, p. 117.
[232] THALER, Richard; SUNSTEIN, Cass. *NUDGE*: improving decisions about health, wealth and happiness. London: Penguin Books, 2009, p. 28.
[233] THALER, Richard; SUNSTEIN, Cass. *NUDGE*: improving decisions about health, wealth and happiness. London: Penguin Books, 2009, p. 28.
[234] SERRA, Daniel. Économie Comportementale. Paris: Economica, 2017, p. 9-10.
[235] THALER, Richard; SUNSTEIN, Cass. *NUDGE*: improving decisions about health, wealth and happiness. London: Penguin Books, 2009, p. 24.
[236] THALER, Richard; SUNSTEIN, Cass. *NUDGE*: improving decisions about health, wealth and happiness. London: Penguin Books, 2009, p. 22-25.
[237] KAHNEMAN, Daniel. *Rápido e Devagar*: duas formas de pensar. Rio de Janeiro: Objetiva, 2012, p. 166.
[238] KURAN, Timur; SUNSTEIN, Cass R. Controlling Availability Cascades. In: SUNSTEIN, Cass R. (Org.) *Behavioral Law & Economics*. New York: Cambridge Press, 2007, p. 374.
[239] THALER, Richard; SUNSTEIN, Cass. *NUDGE*: improving decisions about health, wealth and happiness. London: Penguin Books, 2009, p. 28.

marcante tende a influenciar na cognição do tomador de decisão, podendo levá-lo ao erro.

A segunda heurística mencionada por Kahneman e Tversky é a da ancoragem. Ela se refere à constatação de que as pessoas tendem a decidir com base em um valor inicial (âncora) que não necessariamente trará um discernimento correto para a análise que será realizada.[240] Thaler e Sunstein explicam que a ancoragem ocorre quando o tomador de decisão inicia a interpretação com alguma referência (âncora) e a ajusta na direção que o agente considera apropriada,[241] conduzindo a uma decisão, não raramente, equivocada.

Kahneman explica que a ancoragem acontece quando "as pessoas consideram um valor particular para uma quantidade desconhecida antes de estimar essa quantidade".[242] Trata-se do valor de referência e sua influência sobre a tomada de decisão do agente. Para Thaler e Sunstein, as âncoras podem servir como incentivo necessário para que uma determinada decisão seja tomada.[243] A ancoragem demonstra que as escolhas dos agentes não são indiferentes aos contextos em que se apresentam,[244] afastando-se da ideia maximizadora pura não influenciável por outros critérios que não a busca pelo resultado mais eficiente.

A heurística de representatividade, por sua vez, refere-se à simplificação do raciocínio do agente ao optar por algo a partir de semelhanças que o tomador da decisão verifica em objetos, eventos ou processos[245] que não necessariamente são adequados ou mesmo condizentes com a situação analisada no momento.[246] Trata-se de decisões tomadas a partir da similaridade encontrada.[247] A título exemplificativo, estereótipos

---

[240] SUNSTEIN, Cass. Introduction. *In:* SUNSTEIN, Cass R. (Org.). *Behavioral Law & Economics.* New York: Cambridge Press, 2007, p. 5.

[241] THALER, Richard; SUNSTEIN, Cass. *NUDGE:* improving decisions about health, wealth and happiness. London: Penguin Books, 2009, p. 25-26.

[242] KAHNEMAN, Daniel. *Rápido e Devagar:* duas formas de pensar. Rio de Janeiro: Objetiva, 2012, p. 152.

[243] THALER, Richard; SUNSTEIN, Cass. *NUDGE:* improving decisions about health, wealth and happiness. London: Penguin Books, 2009, p. 26.

[244] ZAMIR, Eyal; TEICHMAN, Doron. *Behavioral Law and Economics.* Oxford: Oxford University Press, 2018, p. 76

[245] VANE, Howard; MULHEARN, Chris. *James M. Buchanan, Gary S. Becker, Daniel Kahneman and Vernon L. Smith.* Northampton: Edward Elgar Publishing Inc, 2012, p. 296.

[246] A respeito do tema, cita-se SUNSTEIN, Cass; MARGALIT, Edna Ullman. Second-Order Decisions. *In:* SUNSTEIN, Cass R. (Org.). *Behavioral Law & Economics.* New York: Cambridge Press, 2007, p. 187-208.

[247] THALER, Richard; SUNSTEIN, Cass. *NUDGE:* improving decisions about health, wealth and happiness. London: Penguin Books, 2009, p. 29.

como um escritório bonito de uma empresa com itens luxuosos podem levar a pessoa a, mesmo sem informações detalhadas, acreditar que se trata de um lugar em que encontrará uma ótima prestação de serviços e bons resultados econômicos.

As heurísticas, como atalhos mentais, evidenciam que as decisões humanas não são tão racionais ou perfeitas como esperavam os pensadores da economia neoclássica, acarretando, por vezes, erros na escolha do sujeito.[248] Também vão além da análise neoinstitucionalista, evidenciando fatores que prejudicam a racionalidade plena.

Kahneman explica que os vieses são os erros sistemáticos cometidos pelos seres humanos nas tomadas de decisões,[249] os quais são favorecidos quando uma heurística é adotada. O mencionado psicólogo e Tversky foram os primeiros a identificar que os atalhos simplificadores utilizados pelas pessoas podem levar a esses erros sistemáticos (vieses).[250]

Com base na obra de Kahneman e Tversky, Sunstein classifica os vieses em quatro categorias: viés de aversão ao extremo, viés de retrospectiva, viés de otimismo e viés do *status quo*.[251]

A aversão ao extremo indica que as pessoas tendem a optar por alternativas que não sejam as mais radicais.[252] Trata-se do chamado efeito do compromisso e se refere ao fato de que a pessoa tende a considerar uma alternativa como a melhor opção quando a percebe como uma alternativa intermediária.[253] Este viés de aversão ao extremo rompe um postulado da economia neoclássica de que as alternativas não escolhidas são irrelevantes.[254]

---

[248] HEUKELOM, Floris. *Behavioral Economics*: a history. Cambridge: Cambridge University Press, 2014, p. 98.
[249] KAHNEMAN, Daniel. *Rápido e Devagar*: duas formas de pensar. Rio de Janeiro: Objetiva, 2012, p. 10.
[250] THALER, Richard; SUNSTEIN, Cass. *NUDGE*: improving decisions about health, wealth and happiness. London: Penguin Books, 2009, p. 25.
[251] SUNSTEIN, Cass. Introduction. *In*: SUNSTEIN, Cass R. (Org.). *Behavioral Law & Economics*. New York: Cambridge Press, 2007, p. 4-5.
[252] SUNSTEIN, Cass. Introduction. *In*: SUNSTEIN, Cass R. (Org.). *Behavioral Law & Economics*. New York: Cambridge Press, 2007, p. 3.
[253] KELMAN, Mark; ROTTENSTREICH, Yuval; TVERSKY, Amos. Context-Dependence in Legal Decision Making. *In*: SUNSTEIN, Cass R. (Org.). *Behavioral Law & Economics*. New York: Cambridge Press, 2007, p. 61.
[254] SUNSTEIN, Cass. Introduction. *In*: SUNSTEIN, Cass R. (Org.). *Behavioral Law & Economics*. New York: Cambridge Press, 2007. p. 3-4.

Uma consequência decorrente do viés da aversão ao extremo é o chamado efeito contraste,[255] o qual ocorre quando uma mesma opção é avaliada mais favoravelmente na presença de opções claramente inferiores.[256] Para a economia comportamental, as alternativas (e não somente a melhor opção) são importantes, vez que influenciam na escolha que o agente tomará.[257]

O viés da retrospectiva é conduzido pela máxima de que saber como a história termina tende a transmitir que os resultados eram inevitáveis e que a percepção do que ocorreria era óbvia, distorcendo a percepção acerca do que poderia ou não ter sido previsto à época dos fatos.[258] Para Kahneman, uma limitação da mente humana está na reconstrução de estados passados de conhecimento depois que já houve o resultado.[259]

O viés do excessivo otimismo se refere à crença de que os riscos são menos materializáveis para a própria pessoa do que para as outras.[260] Tal viés é representado pela tendência de a pessoa superestimar sua capacidade ou qualidades[261] e resulta em falsas representações da realidade, inclusive quando se considera a decisão empresarial de alterar o porte da empresa ou da sua produção.

O quarto e último viés é o do *status quo*, representativo do fato de que as pessoas tendem a gostar da forma como as coisas estão e é elevado o ônus de retirar a pessoa deste estado.[262]

---

[255] KELMAN, Mark; ROTTENSTREICH, Yuval; TVERSKY, Amos. Context-Dependence in Legal Decision Making. *In:* SUNSTEIN, Cass R. (Org.). *Behavioral Law & Economics*. New York: Cambridge Press, 2007, p. 61.

[256] KELMAN, Mark; ROTTENSTREICH, Yuval; TVERSKY, Amos. Context-Dependence in Legal Decision Making. *In:* SUNSTEIN, Cass R. (Org.). *Behavioral Law & Economics*. New York: Cambridge Press, 2007, p. 61.

[257] KELMAN, Mark; ROTTENSTREICH, Yuval; TVERSKY, Amos. Context-Dependence in Legal Decision Making. *In:* SUNSTEIN, Cass R. (Org.). *Behavioral Law & Economics*. New York: Cambridge Press, 2007, p. 61-76.

[258] RACHLINSKI, Jeffrey J. A Positive Psychological Theory of Judging in Hindsight. *In:* SUNSTEIN, Cass R. (Org.) *Behavioral Law & Economics*. New York: Cambridge Press, 2007, p. 95.

[259] KAHNEMAN, Daniel. *Rápido e Devagar*: duas formas de pensar. Rio de Janeiro: Objetiva, 2012, p. 253.

[260] SUNSTEIN, Cass. Introduction. *In:* SUNSTEIN, Cass R. (Org.). *Behavioral Law & Economics*. New York: Cambridge Press, 2007, p. 4. No mesmo sentido: FORGIONI, Paula Andrea. *Contratos Empresariais*: teoria geral e aplicação. São Paulo: Revista dos Tribunais, 2015, p. 104.

[261] LANGEVOORT, Donald C. Organized Illusions: A Behavioral Theory of Why Corporations Mislead Stock Market Investors (and Cause Other Social Harms). *In:* SUNSTEIN, Cass R. (Org.). *Behavioral Law & Economics*. New York: Cambridge Press, 2007, p. 149.

[262] SUNSTEIN, Cass. Introduction. *In:* SUNSTEIN, Cass R. (Org.). *Behavioral Law & Economics*. New York: Cambridge Press, 2007. p. 3-4.

Os vieses reforçam que as escolhas humanas não são perfeitas ou plenamente racionais, o que se estende aos contratos e às condutas dos agentes econômicos.[263] O que busca a economia comportamental é aperfeiçoar a compreensão do comportamento humano a partir da apreciação de como as pessoas sistematicamente se equivocam em suas interpretações,[264] o que é feito a partir de uma análise atrelada ao comportamento humano real.

A economia comportamental não divide o comportamento em racional e irracional, como se extremos fossem e pudessem dar conta da compreensão da realidade.[265] No mesmo sentido, reitera-se, a economia comportamental não sustenta que as decisões humanas são sempre equivocadas ou irracionais.

A vertente comportamentalista explica que há dois sistemas de pensamento (sistemas cognitivos): um que é intuitivo e automático, outro que é reflexivo e racional.[266] O sistema automático é rápido e não envolve uma reflexão do tomador de decisão,[267] tratando-se das decisões instintivas, caracterizadas por elementos como a inexistência de esforço, associação com algo e rapidez.[268]

Por outro lado, o sistema reflexivo é caracterizado pelo esforço, dedução e por ser mais lento, já que exige um processo de tomada de decisão mais elaborado.[269] As heurísticas e os vieses são reflexos da interação entre os sistemas automático e reflexivo.[270]

---

[263] KOROBKIN, Russel. Behavioral Economics, Contract Formation, and Contract Law. In: SUNSTEIN, Cass R. (Org.) *Behavioral Law & Economics*. New York: Cambridge Press, 2007, p. 118.

[264] THALER, Richard; SUNSTEIN, Cass. *NUDGE*: improving decisions about health, wealth and happiness. London: Penguin Books, 2009, p. 21.

[265] ALBANESE, Paul. Inside Economic Man: behavioral economics and consumer behavior. In: ALTMAN, Morris (Coord.). *Handbook of Contemporary Behavioral Economics*: foundations and developments. New York: M.E. Sharpe, 2006, p. 17.

[266] THALER, Richard; SUNSTEIN, Cass. *NUDGE*: improving decisions about health, wealth and happiness. London: Penguin Books, 2009, p. 21. Também, SERRA, Daniel. Économie Comportementale. Paris: Economica, 2017, p. 22.23 e KAHNEMAN, Daniel. *Rápido e Devagar*: duas formas de pensar. Rio de Janeiro: Objetiva, 2012, p. 27-126.

[267] THALER, Richard; SUNSTEIN, Cass. *NUDGE*: improving decisions about health, wealth and happiness. London: Penguin Books, 2009, p. 21. A respeito da explicação sobre o funcionamento do sistema ver BERGERON, Henri; CASTEL, Patrick; QUELLIER, Sophie; LAZARUS, Jeanne; NOUGUEZ, Étienne; PILMIS, Olivier. *Le biais comportementaliste*. Paris: Presses de Sciences Po, 2018, p. 22-23.

[268] THALER, Richard; SUNSTEIN, Cass. *NUDGE*: improving decisions about health, wealth and happiness. London: Penguin Books, 2009, p. 22.

[269] THALER, Richard; SUNSTEIN, Cass. *NUDGE*: improving decisions about health, wealth and happiness. London: Penguin Books, 2009, p. 21.

[270] THALER, Richard; SUNSTEIN, Cass. *NUDGE*: improving decisions about health, wealth and happiness. London: Penguin Books, 2009, p. 25. No mesmo sentido: HEUKELOM, Floris. *Behavioral Economics*: a history. Cambridge: Cambridge University Press, 2014, p. 176.

Finalmente, a noção de *nudge* é fundamental para os estudos comportamentalistas, representando os diferentes estímulos que podem ser conferidos para incentivar que determinadas condutas sejam adotadas ao invés de outras.[271] São mecanismos não coercitivos, mas que buscam estimular ou desestimular comportamentos.

A título meramente ilustrativo, menciona-se que a economia comportamental vem se expandindo não apenas academicamente (desde 1980 há bastante produção científica na área[272]) como também nas decisões políticas ligadas à economia, vide os trabalhos realizados por Richard Thaler no governo do Primeiro Ministro David Cameron no Reino Unido,[273] por Cass Sunstein durante o mandato do Presidente Barack Obama nos Estados Unidos da América[274] e por Jean Michel Blanquer durante o governo de Emmanuel Macron na França.[275]

1.3 Bases para a aplicação da economia comportamental aos estudos de compra e venda de empresas

Compreendidos os fundamentos que pautam as construções teóricas da nova economia institucional e da economia comportamental, para que seja possível uma proposta de aplicação desta última, tornam-se essenciais ponderações sobre as teorias estudadas e a tomada de decisão empresarial.

As principais ferramentas tratadas nos dois subcapítulos antecedentes foram: (i) custos de transação (NEI); (ii) especificidade do ativo (NEI); (iii) estruturas de governança (NEI); (iv) instituições (NEI); (v) racionalidade limitada do sujeito (NEI e EC); (vi) heurísticas (EC); (vii) vieses (EC) e (viii) *nudges* (EC).

Com efeito, a identificação dos fatores que levam à formação ou ao crescimento de uma empresa e suas respectivas consequências

---

[271] ZAMIR, Eyal; TEICHMAN, Doron. *Behavioral Law and Economics*. Oxford: Oxford University Press, 2018, p. 178-179.

[272] A respeito: HEUKELOM, Floris. *Behavioral Economics*: a history. Cambridge: Cambridge University Press, 2014, p. 173-192. Também SERVET, Jean-Michel. *L'Économie Comportementale en Question*. Paris: Charles Léopold Mayer Éditions, 2018, p. 27-72 e p.115-158.

[273] BERGERON, Henri; CASTEL, Patrick; QUELLIER, Sophie; LAZARUS, Jeanne; NOUGUEZ, Étienne; PILMIS, Olivier. *Le biais comportementaliste*. Paris: Presses de Sciences Po, 2018, p. 7.

[274] SERVET, Jean-Michel. *L'Économie Comportementale en Question*. Paris: Charles Léopold Mayer Éditions, 2018, p. 38.

[275] BERGERON, Henri; CASTEL, Patrick; QUELLIER, Sophie; LAZARUS, Jeanne; NOUGUEZ, Étienne; PILMIS, Olivier. *Le biais comportementaliste*. Paris: Presses de Sciences Po, 2018, p. 7-8.

não se restringe aos trabalhos na área econômica. A literatura jurídica nacional[276] e estrangeira[277] também busca explicar que são variadas as motivações que levam uma empresa a se reorganizar, não excepcionalmente fazendo uso de algumas das ferramentas da nova economia institucional que foram mencionadas anteriormente, tais como a limitação de racionalidade,[278] o oportunismo,[279] os custos de transação,[280] a assimetria informacional[281] e a especialização do ativo.[282]

No âmbito nacional, a título exemplificativo, Muniz destaca que algumas das principais razões que conduzem a uma operação de compra e venda de empresa são o foco no *core business*, a terceirização de atividades industriais e a separação de algum segmento da sociedade que não apresenta rentabilidade.[283] Todos esses fatores podem ser relacionados com as ferramentas da nova economia institucional mencionadas.

---

[276] Salomão Filho, por exemplo, aplica diretamente postulados na nova economia institucional na análise do mercado em SALOMÃO FILHO, Calixto. *Regulação e Concorrência* (estudos e pareceres). São Paulo: Malheiros, 2002, p. 58-59. De maneira implícita se verifica também a adoção de ferramentas da NEI por BOTREL, Sérgio. *Fusões e Aquisições*. 4. ed. São Paulo: Saraiva, 2016, p. 21-30 e MUNIZ, Ian. *Fusões e Aquisições*: aspectos fiscais e societários. 2. ed. São Paulo: Quartier Latin, 2011, p. 27-29. Paula Forgioni elenca que os motivos para a concentração englobam o arrefecimento da concorrência entre os agentes econômicos, o desejo de assumir patentes e direitos de propriedade intelectual, economias de escala e melhor aproveitamento dos recursos disponíveis, entrada do agente econômico em um novo mercado, preservação das atividades e economia tributária. FORGIONI, Paula. *Fundamentos do Antitruste*. 7. ed. São Paulo: Revista dos Tribunais, 2014, p. 406-408. Referida autora também se utiliza de fundamentos de neoinstitucionalistas como Coase e Williamson.

[277] Cf. MASQUELIER, Frédéric; KERGUNIC, Nicolas Simon de; BRANCALEONI, Emmanuel; CALLÈDE, Pierre. *Transmission et cession d'entreprise*: préparation, modalités, aides. 5. ed. Paris: Éditions Delmas, 2008, p. 18; RAYNAUD, Benoît. *Droit de l'ingénerie sociétaire*. Paris: Lextenso éditions, 2014, P. 21-74; DUNNE, Patrick. Strategy. *In*: DUNNE, Patrick (Coord.). *Company Acquisitions Handbook*. 10. ed. Kent: Bloomsbury Professional, 2011, p. 10-11; HAUCAP, Justus. Bounded Rationality and competition policy. *In*: DREXL, Josef; KERBER, Wolfgang; PODSZUN, Rupprecht (Ed.). *Competition Policy and the Economic Approach*: foundations and limitations. Northampton: Edward Elgar, 2011, p. 218.

[278] HAUCAP, Justus. Bounded Rationality and competition policy. *In*: DREXL, Josef; KERBER, Wolfgang; PODSZUN, Rupprecht (Ed.). *Competition Policy and the Economic Approach*: foundations and limitations. Northampton: Edward Elgar, 2011, p. 220-223.

[279] SALOMÃO FILHO, Calixto. *Regulação e Concorrência* (estudos e pareceres). São Paulo: Malheiros, 2002, p. 60.

[280] BOTREL, Sérgio. *Fusões & Aquisições*. 4. ed. São Paulo: Saraiva, 2016, p. 30.

[281] MEIER, Olivier; SCHIER, Guillaume. *Fusions, Aquisitions*: stratégie – finance – management. 4. ed. Paris: DUNOD, 2012, p. 15.

[282] MUNIZ, Ian. *Fusões e Aquisições*: aspectos fiscais e societários. 2. ed. São Paulo: Quartier Latin, 2011, p. 27-29.

[283] MUNIZ, Ian. *Fusões e Aquisições*: aspectos fiscais e societários. 2. ed. São Paulo: Quartier Latin, 2011, p. 27-29.

A respeito do foco no *core business*, por exemplo, Muniz explica que ao longo da existência da empresa é possível que esta acabe desenvolvendo atividades distintas de seu foco principal, podendo até mesmo acontecer que um negócio alternativo se torne o principal em detrimento do originário.[284] Trata-se, ainda que não expressamente, de uma análise derivada da especificidade do ativo, abordada na NEI por Williamson e retratada no item 1.1. Também reflete a essência dos custos de transação, uma vez que envolve a ponderação acerca da conveniência ou não de se internalizar (ou deixar de) determinada atividade pelo empresário.

Quanto à terceirização de atividades, igualmente, a análise que se faz quanto ao custo de internalizar ou não remete à reflexão quanto à pertinência de se buscar o serviço ou produto objeto da atividade empresarial no mercado ou optar pela estrutura hierárquica e trazer para o âmbito interno da empresa. Assim, também este elemento revela inspiração na nova economia institucional. Indo além, os dois fatores elencados por Muniz podem ser identificados como questões que envolvem os mecanismos de governança, trabalhados na NEI especialmente por Williamson.[285]

Em análise convergente com a realizada por Muniz, também na doutrina jurídica nacional especializada acerca das operações de compra e venda de empresas, Botrel afirma que as aquisições costumam ser motivadas por (i) economia de escala; (ii) custos de transação e (iii) economia de escopo.[286]

A economia de escala é aquela que ocorre quando é possível aumentar a produção com a queda do custo unitário para produzir.[287] Basicamente, tal economia é alcançada quando se consegue reduzir os custos fixos de produção e, mesmo com a redução de despesas, aumentar a produtividade.[288] Veja-se que a despeito da divisão do autor, trata-se de uma simples derivação da análise acerca dos custos de transação e dos mecanismos de governança, ambos trabalhados pela nova economia institucional.

---

[284] MUNIZ, Ian. *Fusões e Aquisições*: aspectos fiscais e societários. 2. ed. São Paulo: Quartier Latin, 2011, p. 27.
[285] Vide item 1.1.
[286] BOTREL, Sérgio. *Fusões & Aquisições*. 4. ed. São Paulo: Saraiva, 2016, p. 30.
[287] SZWARCFITER, Cláudio; DALCOL, Paulo Roberto T. Economias de escala e de escopo: desmistificando alguns aspectos da transição. *Prod.*, São Paulo, v. 7, n. 2, p. 117-129, dez. 1997. Disponível em: http://www.scielo.br/scielo.php?script=sci_arttext&pid=S0103-65131997000200001&lng=en&nrm=iso. Acesso em: 26 jun. 2019.
[288] BOTREL, Sérgio. *Fusões & Aquisições*. 4. ed. São Paulo: Saraiva, 2016, p. 31.

Botrel explica que "[a] economia de custos de transação consiste na redução do custo médio de produção derivada da eliminação de valores referentes às negociações com fornecedores, distribuidores e demais terceiros que se relacionam, recorrentemente, com a empresa".[289] Ao se unirem, empresas podem reduzir drasticamente suas despesas, aumentando sua eficiência econômica e tendo maiores condições de prevalecer no mercado. Novamente, trata-se da utilização de ferramenta típica da nova economia institucional.

A economia de escopo, por sua vez, é descrita pelo autor como aquela que acontece quando a união de negócios possibilita o oferecimento de um rol maior de produtos ou serviços aos clientes da sociedade.[290] Duas sociedades, por exemplo, que exercem atividades distintas, ao se unirem, ampliarão a gama de produtos ou serviços disponibilizados, trazendo potencial maior interesse do público consumidor. Aqui, mais uma vez, tem-se a influência da nova economia institucional, especialmente da noção de especificidade de ativo.

Da mesma forma como acontece com as ferramentas da NEI e anteriormente evidenciado, muitos poderiam ser os enfoques para a aplicação da economia comportamental sobre os assuntos que, direta ou indiretamente, se relacionam com o tema central do livro. A compreensão acerca do controle da concorrência realizado pelos agentes da autoridade antitruste brasileira, efeitos sobre o mercado decorrentes de concentrações na atividade empresarial, atos de infração à ordem econômica e válvulas de escape que autorizam concentrações que potencialmente infrinjam a concorrência podem ser estudados a partir de postulados da economia comportamental.

A opção do trabalho será de aplicar as ferramentas comportamentalistas unicamente na análise das condutas dos agentes econômicos envolvidos nas operações de compra e venda de empresas.

Antes mesmo das contribuições de Kahneman e Tversky, Cyert e March desenvolveram análise precursora sob a perspectiva comportamentalista a respeito da firma, buscando compreender como o empresário toma as suas decisões econômicas.[291] Nada obstante, os referidos autores não chegaram a criar uma teoria da firma propriamente

---

[289] BOTREL, Sérgio. *Fusões & Aquisições*. 4. ed. São Paulo: Saraiva, 2016, p. 32.
[290] BOTREL, Sérgio. *Fusões & Aquisições*. 4. ed. São Paulo: Saraiva, 2016, p. 31.
[291] BERNARDO, Evelyn Gomes; FORESTO, Alberto de Matos; RIBEIRO, Ivano. A Behavioral Theory of the Firm: uma análise crítica. *Revista Ibero-Americana de Estratégia*, vol. 16, n. 2, p. 143, abr./jun. 2017.

dita,[292] restringindo-se a formular críticas à teoria econômica até então prevalecente e formulando sugestões para o seu aperfeiçoamento. Na mesma esteira, também não discorreram especificamente sobre as decisões que envolvem a compra e venda de empresas.

Cyert e March explicitaram que, para compreender as tomadas de decisões econômicas, tão importante quanto analisar os fatores de mercado é examinar os aspectos internos da empresa, tais como os efeitos da estrutura organizacional no desenvolvimento dos objetivos, a formação de expectativas e a execução das escolhas.[293]

Pontuaram que não é somente o mercado que determina as escolhas comportamentais da firma, sendo os atributos internos da organização fundamentais para a compreensão das escolhas.[294] Os referidos autores buscaram construir uma teoria que pudesse prever decisões reais, não simplesmente modelos distantes da realidade e, para isso, deram ênfase ao estudo empírico.[295] Trouxeram importante contribuição para a ampliação da análise econômica a respeito das tomadas de decisões na atividade empresarial.

Ao analisar a obra de Cyert e March, Greve explica que, ainda que não expressamente, muitos autores, posteriormente, adotaram premissas e ferramentas que foram fixadas pelos mencionados economistas, especialmente no que se refere à análise da multiplicidade de fatores que influenciam os comportamentos na realidade empresarial.[296]

Miner comenta, também, que a incompletude do texto de Cyert e March foi proposital, deixando múltiplas portas abertas para a utilização de ferramentas lançadas.[297] O objetivo não foi de criar uma teoria propriamente dita, mas de alertar para a necessidade de ampliação dos aspectos que deveriam ser analisados na compreensão da empresa.

Cyert e March não se preocuparam em fazer uma obra com base na economia comportamental, seja por não fixarem as premissas para o desenvolvimento de tal análise, seja pela referida vertente ainda não estar

---

[292] ARGOTE, Linda; Greve, Henrich R. A Behavioral Theory of the Firm – 40 years and counting: introduction and impact. *Organization Science*, vol. 18, n. 3, p. 337, may/june 2007.
[293] CYERT, Richard; MARCH, James G. *A Behavioral Theory of the Firm*. New Jersey: Prentice Hall, 1963, p. 1.
[294] CYERT, Richard; MARCH, James G. *A Behavioral Theory of the Firm*. New Jersey: Prentice Hall, 1963, p. 10.
[295] CYERT, Richard; MARCH, James G. *A Behavioral Theory of the Firm*. New Jersey: Prentice Hall, 1963, p. 2.
[296] GREVE, Henrich R. The building of the behavioral theory of the firm continues. *Journal of Management Inquiry*, v. 24 (3), p. 334, 2015.
[297] MINER, Anne S. The Fecundity of Authentic But Incomplete Designs and the Future of The Behavioral Theory of the Firm. *Journal of Management inquiry*, vol. 24(3), p. 329, 2015.

sequer estabelecida à época da produção. Tal constatação fica evidente se adotado o entendimento majoritário da doutrina econômica, no sentido de que a economia comportamental estabeleceu suas premissas apenas em 1980.[298] Nada obstante, é irrefutável o reconhecimento de que trouxeram elementos que hoje estão contemplados pela referida escola, principalmente a necessidade de ampliação do campo de análise para compreensão das atitudes dos agentes econômicos nas decisões que envolvem a empresa.

Acerca desta ampliação do enfoque e sua permanente influência, contemporaneamente autores elencam diversificadas e amplas razões para a realização de uma operação de compra e venda de empresas, no que é possível verificar uma aproximação com um modelo comportamental, destacando-se: a criação de sinergias; o aumento do poder de mercado e as consequências derivadas da assimetria informacional.[299]

Como exemplo desta abordagem, Meier e Schier explicam que a criação de sinergias traz um valor suplementar para a empresa graças à reestruturação empresarial derivada da compra e venda e que não ocorreria sem ela.[300] Também a respeito do papel central das sinergias na motivação para uma operação de compra e venda de empresa, Ceddaha explica que são responsáveis diretas pela melhora da performance e pela otimização da utilização dos ativos econômicos (sob o prisma do adquirente).[301]

Estas sinergias são divididas em operacional, financeira e administrativa. A primeira delas diz respeito à otimização das atividades reestruturadas.[302] A sinergia financeira ocorre com a diminuição de custos[303] e a sinergia administrativa corresponde à transferência de conhecimento e de *know-how* (que pode resultar, por exemplo, na

---

[298] São exemplos de autores que consideram que a economia comportamental surgiu apenas após as obras de Kahneman e Tversky: HEUKELOM, Floris. *Behavioral Economics*: a history. Cambridge: Cambridge University Press, 2014, p. 6. BERGERON, Henri; CASTEL, Patrick; QUELLIER, Sophie; LAZARUS, Jeanne; NOUGUEZ, Étienne; PILMIS, Olivier. *Le biais comportementaliste*. Paris: Presses de Sciences Po, 2018, p. 21. VILLEVAL, Marie Claire. *L'économie comportementale du marché du travail*. Paris: Presses de Sciences Po, 2016, p.11.
[299] A título de exemplo: MEIER, Olivier; SCHIER, Guillaume. *Fusions, Aquisitions*: stratégie – finance – management. 4. ed. Paris: DUNOD, 2012, p. 13-17.
[300] MEIER, Olivier; SCHIER, Guillaume. *Fusions, Aquisitions*: stratégie – finance – management. 4. ed. Paris: DUNOD, 2012, p. 13.
[301] CEDDAHA, Franck. *Fusions, Aquisitions, Scissions*. 4. ed. Paris: Economica, 2013, p. 13.
[302] MEIER, Olivier; SCHIER, Guillaume. *Fusions, Aquisitions*: stratégie – finance – management. 4. ed. Paris: DUNOD, 2012, p. 13.
[303] MEIER, Olivier; SCHIER, Guillaume. *Fusions, Aquisitions*: stratégie – finance – management. 4. ed. Paris: DUNOD, 2012, p. 14.

internalização de certas atividades).[304] Veja-se que considerar aspectos psicológicos derivados de sinergias, indubitavelmente, representa uma majoração da análise ortodoxa da economia sobre as operações, aproximando-se do objeto da economia comportamental.

Também neste sentido, Meier e Schier discorrem sobre a assimetria informacional,[305] colocando-a como uma importante motivação para a realização das operações de compra e venda de empresas. A assimetria se revelaria em dois aspectos principais: (i) no valor intrínseco do negócio e (ii) no valor intrínseco de uma política global do adquirente.[306]

No primeiro aspecto, a motivação seria decorrente dos dirigentes de uma das empresas considerarem que têm informações que estimam que o negócio é mais vantajoso para a sua empresa do que a outra parte dimensiona.[307] Trata-se de acreditar em uma mais-valia econômica na operação por meio de um desalinhamento de informações acerca do negócio. É claro o componente psicológico derivado de tal compreensão, inclusive no que se refere ao otimismo quanto à própria capacidade de avaliação do potencial do negócio.

No segundo aspecto, de modo inverso, a motivação para a operação de compra e venda de empresa se apoia em uma visão estratégica com a perspectiva de criação de valor potencial das diferentes ações associadas à política geral.[308] Os autores exemplificam citando o caso de uma pessoa jurídica que já tenha atuação consolidada em determinado país em que a possível compradora deseja iniciar atividades.[309] A compra e venda poderá trazer à adquirente um bem superior ao valor da empresa adquirida se analisada de maneira autônoma.

Outros autores contemporâneos como Andrews, Loasby, Lowe e Shaw aplicaram os fundamentos da economia comportamental em assuntos ligados ao exercício da atividade empresarial, específica e

---

[304] MEIER, Olivier; SCHIER, Guillaume. *Fusions, Aquisitions*: stratégie – finance – management. 4. ed. Paris: DUNOD, 2012, p. 14.

[305] A assimetria informacional nas operações de compra e venda de empresas será explorada no segundo capítulo, após fixadas as premissas para aplicação da economia comportamental e compreendidos os mecanismos no direito brasileiro que configuram a compra e venda de empresa.

[306] MEIER, Olivier; SCHIER, Guillaume. *Fusions, Aquisitions*: stratégie – finance – management. 4. ed. Paris: DUNOD, 2012, p. 15.

[307] MEIER, Olivier; SCHIER, Guillaume. *Fusions, Aquisitions*: stratégie – finance – management. 4. ed. Paris: DUNOD, 2012, p. 15.

[308] MEIER, Olivier; SCHIER, Guillaume. *Fusions, Aquisitions*: stratégie – finance – management. 4. ed. Paris: DUNOD, 2012, p. 15.

[309] MEIER, Olivier; SCHIER, Guillaume. *Fusions, Aquisitions*: stratégie – finance – management. 4. ed. Paris: DUNOD, 2012, p. 15.

respectivamente sobre a análise de custos,[310] determinação de preços,[311] processo de tomada de decisões administrativas na empresa,[312] erros sistemáticos cometidos nos processos de definição de orçamentos das corporações[313] e falhas no mercado de ações decorrentes de atitudes realizadas nas companhias.[314]

Na mesma esteira, há marcante contribuição da economia comportamental na área do Direito Concorrencial, com diversas obras que expressamente adotam premissas e ferramentas comportamentalistas na compreensão da competição entre agentes econômicos.[315]

Nesse livro, por sua vez, propõe-se a aplicação das ferramentas comportamentalistas às operações de compra e venda de empresas na realidade brasileira, a partir: (i) da atuação dos advogados e das partes na identificação de problemas frequentes; (ii) na construção dos contratos; e (iii) na interpretação dos instrumentos.

Ciente da dificuldade metodológica que viabilize a aplicação da economia comportamental sobre as operações de compra e venda de empresas, Langevoort elenca quatro grandes passos para que a análise tenha consistência científica.[316]

O primeiro passo é a exigência de ser feita uma robusta análise sobre o tomador de decisão e da situação para fins de se compreender

---

[310] ANDREWS, P.W.S. A reconsideration of the Theory of the Individual Business. *Oxford Economic Papers*, 1, p. 54-89.

[311] CYERT, R. M.; MARCH, J.G. Organization Factors in the Theory of Organization. *Quartely Journal of Economics*, 70, p. 44-64.

[312] LOASBY, B.J. Managerial Decision Processes. *Scottish Hournal of Political Economy*, 14, p. 243-255.

[313] LOWE, E.A.; SHAW, R.W. Na Analysis of Managerial Biasing: Evidence from a Company's Budgeting Process. *Journal of Management Studies*, 5, p. 304-315.

[314] LANGEVOORT, Donald C. Organized Illusions: A Behavioral Theory of Why Corporations Mislead Stock Market Investors (and Cause Other Social Harms). In: SUNSTEIN, Cass R. (Org.). *Behavioral Law & Economics*. New York: Cambridge Press, 2007, p. 144-167.

[315] Isso é reconhecido por LANGEVOORT, Donald C. The Behavioral Economics of Mergers and Acquisitions. *Georgetown Business, Economics & Regulatory Law Research Paper*, n. 10-17, October 2010, p. 6. Sobre a contribuição da economia comportamental nas análises antitruste se destacam também HAUCAP, Justus. Bounded Rationality and competition policy. In: DREXL, Josef; KERBER, Wolfgang; PODSZUN, Rupprecht (Ed.). *Competition Policy and the Economic Approach*: foundations and limitations. Northampton: Edward Elgar, 2011, p. 217-229; WILSON, Bart J. Using experimental economics to understand competition. In: DREXL, Josef; KERBER, Wolfgang; PODSZUN, Rupprecht (Ed.). *Competition Policy and the Economic Approach*: foundations and limitations. Northampton: Edward Elgar, 2011, p. 230-244; AKERLOF, George. Animal Spirits. How Human Psychology Drives the Economy, and Why it Matters for Global Capitalism. *Princeton (N.J.)*, Princenton University Press, 2009.

[316] LANGEVOORT, Donald C. The Behavioral Economics of Mergers and Acquisitions. *Georgetown Business, Economics & Regulatory Law Research Paper*, n. 10-17, p. 2-5, October 2010.

com profundidade as opções feitas por um agente econômico.[317] Para que seja possível aquilatar eventuais atalhos mentais (heurísticas), falhas de racionalidade e erros sistemáticos (vieses) por parte de quem decide empresarialmente, necessário é, de acordo com referido autor, um amplo espectro sobre o contexto envolvido e sobre o próprio agente.

O segundo passo é verificar como heurísticas e vieses podem ser identificados em agentes essencialmente racionais, vez que a racionalidade costuma ser uma das grandes características de quem exerce liderança na atividade empresarial.[318] O autor afirma que para a aplicação da economia comportamental na compreensão das decisões empresariais é preciso superar o questionamento sobre a possibilidade de haver desvios na utilização da razão, levando-se em consideração a essência racionalista daquele que conduz a firma.

O terceiro passo indicado por Langevoort é de ordem organizacional. O autor afirma que, mesmo que algumas heurísticas possam afetar as decisões de um agente no exercício da atividade empresarial, isso não significa que a empresa será afetada negativamente por tais atalhos mentais e que, por conta disso, possa incorrer em erros sistemáticos.[319] Assim, o ponto a ser elucidado para que haja coerência na aplicação é se a economia comportamental pode ser aplicada às decisões da empresa que podem decorrer de um colegiado (Conselho de Administração, deliberação de diretoria, assembleia ou reunião de sócios) e não somente de um indivíduo singularmente observado. A preocupação é que a firma, em si considerada, não adota atalhos mentais ou comete erros sistemáticos, o que poderia levar a uma impossibilidade de reflexão com base na teoria econômica comportamentalista.

O quarto passo[320] é a definição das consequências derivadas do reconhecimento de que erros sistemáticos (vieses) são provocados por atalhos de pensamentos (heurísticas) ou pela limitação de racionalidade (incapacidade de plena convicção) no exercício da atividade empresarial. Assim, em verdade, trata-se de uma consequência da aplicação da economia comportamental e não um pressuposto de aplicação imediato

---

[317] LANGEVOORT, Donald C. The Behavioral Economics of Mergers and Acquisitions. *Georgetown Business, Economics & Regulatory Law Research Paper*, n. 10-17, p. 2-3, October 2010.

[318] LANGEVOORT, Donald C. The Behavioral Economics of Mergers and Acquisitions. *Georgetown Business, Economics & Regulatory Law Research Paper*, n. 10-17, p. 3, October 2010.

[319] LANGEVOORT, Donald C. The Behavioral Economics of Mergers and Acquisitions. *Georgetown Business, Economics & Regulatory Law Research Paper*, n. 10-17, p. 3, October 2010.

[320] LANGEVOORT, Donald C. The Behavioral Economics of Mergers and Acquisitions. *Georgetown Business, Economics & Regulatory Law Research Paper*, n. 10-17, p. 5, October 2010.

Seguindo os parâmetros sugeridos pelo mencionado autor, a primeira medida para a compreensão das operações de compra e venda de empresas a partir da economia comportamental está na aproximação radical entre a teoria e a prática, já que apenas desta maneira haveria possibilidade de amplo conhecimento acerca do contexto em que foram tomadas as decisões e sobre o agente que decidiu.

Nesse quesito, não são poucas as obras que se valem de casos para explicar aquilo que ocorre em compra e venda de empresas,[321] entretanto, seria precipitado afirmar que houve uma aplicação da economia comportamental, especialmente porque esta não é a única vertente que se vale de análises de casos[322] para atingir seus objetivos.

Sob um enfoque crítico à primeira premissa sugerida para aplicação da teoria comportamentalista, é importante notar que o estudo empírico sobre as decisões empresariais possui uma série de obstáculos, o que, potencialmente, ou levaria à impossibilidade de análise por meio da vertente comportamentalista ou eliminaria o pressuposto erigido por Langevoort.

A respeito de tais obstáculos, Fanto destaca que a interação direta com membros do conselho de administração, diretores e sócios de uma empresa para identificar, isoladamente, os fatores psicológicos que

---

[321] Restringindo a análise aos autores do Direito brasileiro que escrevem sobre os motivos que levam à concentração por meio de operações de compra e venda de empresa e que foram citados, Rodrigo Rocha Monteiro de Castro abordou a concentração horizontal e a formação de conglomerados se valendo amplamente de casos práticos. Especificamente se valeu dos casos Multiner-Blognesi, Saraiva-Editora Érica e Totvs-CiaShop para explicar a concentração horizontal no Brasil e Sonae Sierra- DDR Corp para explicar a concentração internacional. Já no que se refere à conglomeração foram utilizados os casos Contax-Ability, JBS e Grupo X. CASTRO, Rodrigo Rocha Monteiro de. *Regime Jurídico das Reorganizações*: societária, empresarial e associativa. São Paulo: 2016, p. 79-89. Na mesma esteira, Gesner Oliveira e João Grandino Rodas também fazem ampla utilização de análise de casos ao discorrer sobre as concentrações horizontais e verticais. OLIVEIRA, Gesner; RODAS, João Grandino. *Direito e Economia da Concorrência*. 2. ed. rev. e atual. de acordo com a Lei 12.529/2011. São Paulo: RT, 2013, p. 74-76 (concentrações horizontais) e 84-88 (concentrações verticais). Aqui, ressalva-se que, enquanto Rodrigo Rocha Monteiro Castro teve o foco maior nas situações fáticas em si, Gesner Oliveira e João Grandino Rodas focaram nas decisões do Conselho Administrativo de Defesa Econômica (CADE). Também se valeu da análise de casos para explicar a matéria ARAÚJO, Danilo Borges dos Santos Gomes de. A "De Facto Merger Doctrine" (Doutrina da Fusão de Fato). In: WARDE JR., Walfrido Jorge (Coord.). *Fusão, Cisão, Incorporação e Temas Correlatos*. São Paulo: Quartier Latin, 2009, p. 179-219. Finalmente, Francisco Rohan de Lima durante toda sua obra sobre fusões e aquisições se valeu de múltiplos casos para explicar o assunto em LIMA, Francisco Rohan de. *A Razão Societária*: reflexões sobre fusões & aquisições e governança corporativa no Brasil. Rio de Janeiro: Renovar, 2015.

[322] SERRA, Daniel. *Économie Comportementale*. Paris: Economica, 2017, p. 27.

podem ter influenciado nas decisões seria tarefa hercúlea,[323] sobretudo em razão de sigilo operacional.

Ademais, ainda que fosse possível o amplo contato, as inquirições científicas aconteceriam após os negócios já terem sido realizados e, com isso, os agentes fariam avaliações sobre as suas próprias decisões, muito provavelmente sob o viés da retrospectiva[324] e com a preocupação de manutenção do cargo (viés do *status quo*[325]), comprometendo a higidez do estudo.[326]

Ao analisar obras que se utilizam da economia comportamental, denota-se que costumeiramente se valem de experiências simples e que produzem efeitos limitados e não radicais sobre os agentes. Ocorre que na compra e venda de empresas há séria limitação com os experimentos, por força da complexidade de tal operação e da multiplicidade de efeitos dela decorrentes.

Fanto sugere que o estudo seja realizado por meio de experimentos acadêmicos, como simulações com alunos,[327] contudo dificilmente se conseguiria reproduzir a complexidade, os interesses e a pressão sobre os agentes para que se tivesse uma experiência minimamente próxima da realidade enfrentada na atividade empresarial.

Diante das dificuldades, o caminho adotado pelo livro foi o de realizar uma análise das operações de compra e venda de empresas a partir de ferramentas da economia comportamental, mas sem uma completa vinculação a tal vertente. A opção se dá justamente pela aparente impossibilidade de superação da ausência de experimentos. Tal alternativa se mostra condizente com um trabalho jurídico, afinal, não se deseja substituir o enfoque do Direito pelo econômico, mas acrescentar ao Direito instrumentais que permitam uma melhor compreensão da atividade empresarial,[328] por meio da compreensão de potenciais erros

---

[323] FANTO, James A. Quasi-Rationality in Action: A Study of Psychological Factors in Merger Decision-Making. *Ohio State Law Journal*, 62, 1336 (2001), p. 1348.

[324] Discorrido a respeito no item 1.2.

[325] Também discorrido no item 1.2.

[326] FANTO, James A. Quasi-Rationality in Action: A Study of Psychological Factors in Merger Decision-Making. *Ohio State Law Journal*, 62, 1336 (2001), p. 1348-1349.

[327] FANTO, James A. Quasi-Rationality in Action: A Study of Psychological Factors in Merger Decision-Making. *Ohio State Law Journal*, 62, 1336 (2001), p. 1349.

[328] Neste sentido, Hirsch afirma que a missão de conjugar as teorias econômicas e jurídicas seria muito mais fácil se a eficiência pudesse ser defendida como o único e supremo objetivo, mas que isso não é possível, vez que o Direito vai além da busca pela eficiência, pois, na área jurídica, o mais eficiente nem sempre será o melhor solução, muitas vezes, nem mesmo possível. HIRSCH, Werner Z. *Law and Economics: an introductory analysis*. Nova Iorque e Londres: Academic Press, 1979, p. 4.

na tomada de decisão, e determinar qual o papel do Direito em relação a tais erros.

No que se refere ao segundo passo sugerido por Langevoort (identificação da possibilidade ou não de se encontrar desvios de racionalidade na realidade empresarial), assume-se que, na análise sobre o comportamento do agente econômico na tomada de decisão acerca da conveniência ou não de fazer a compra e venda de uma empresa, é inviável desconsiderar a racionalidade na escolha do sujeito, afinal, é a razão que norteará a opção dos agentes econômicos envolvidos.

Ocorre que a inafastabilidade do elemento racional na análise das operações não significa que o modelo neoclássico da economia tenha que ser prevalecente na compreensão do tema ou que impeça a adoção de ferramentas comportamentalistas. A economia comportamental – e também a nova economia institucional – não sustenta o afastamento absoluto da razão na análise que é feita sobre o comportamento dos agentes.[329] O que se tem é a relativização dos postulados neoclássicos de contextos ideais e da presunção de que o ser humano sempre toma as melhores decisões.

Portanto, subsiste a presunção de que as tomadas de decisão empresariais são racionais, temperada pela constatação de que, mesmo quando o agente busca racionalizar, na prática pode cometer equívocos.[330]

Neste sentido, viável é a análise de decisões dos agentes econômicos sob o viés comportamentalista, não havendo contradição em reconhecer que as motivações para as operações de compra e venda de empresas costumam ser essencialmente racionais. Seria, de fato, equivocado invocar que decisões deste tipo são tomadas com base no sistema automático mencionado por Kahneman.[331] Assim, sempre haverá como pressuposto que as decisões referentes à compra e venda de empresas são tomadas pelo sistema reflexivo,[332] o que não significa que serão, invariavelmente, perfeitas.

Em relação ao terceiro passo (organizacional) proposto por Langevoort, não se identifica um óbice intransponível. A constatação de que as decisões em uma empresa são organizacionais (formalmente são, portanto, da empresa e não das pessoas) não elide o fato de que

---

[329] HAUCAP, Justus. Bounded Rationality and competition policy. *In*: DREXL, Josef; KERBER, Wolfgang; PODSZUN, Rupprecht (Ed.). *Competition Policy and the Economic Approach*: foundations and limitations. Northampton: Edward Elgar, 2011, p. 218.

[330] SIMON, Herbert. *Administrative Behaviour*. 2. ed. New York: Macmillan, 1957, p. XXIV.

[331] Tema abordado no item 1.2.

[332] Também analisado no item 1.2.

são tomadas pelos indivíduos que a compõem. Seja uma decisão isolada de um administrador, seja um ato decisório colegiado (do corpo administrativo ou dos sócios), são, em última análise, pessoas naturais quem as expressam, direta ou indiretamente (quando sócios ou administradores de uma pessoa jurídica que seja sócia de outra tomam uma decisão). Destarte, todos os desvios de comportamentos que podem levar a erros nas decisões que compreendam um indivíduo podem também ocorrer em decisões da própria empresa.

Questionar a tomada de decisão empresarial de compra e venda significa reconhecer que até mesmo em operações de empresas existem atalhos mentais (heurísticas), erros sistemáticos (vieses), compreensão limitada e incorreta de informações (racionalidade limitada). E, como derivação da constatação, questionar também se a potencialidade de falhas de eficiência gera a necessidade de intervenção por parte do Estado para corrigir os possíveis defeitos cognitivos apresentados pelos agentes.

Diante do exposto, para fins de sistematização, fixam-se as seguintes premissas para a aplicação de ferramentas da economia comportamental na análise sobre as operações de compra e venda de empresas:

(i) Primeiramente, ratifica-se que diante da dificuldade (ou até mesmo impossibilidade) de se fazer experimentos com compra e venda de empresas, o livro não aplica de forma estrita a economia comportamental, restringindo-se a invocar algumas de suas ferramentas.

(ii) Em segundo lugar, assume-se não haver contradição na aplicação do alicerce maior da economia comportamental na análise da atividade empresarial: a limitação de racionalidade. Os agentes econômicos optam pela operação de compra e venda de empresas sem ter a completa ciência acerca do que está diante de si e, especialmente, a respeito do que ocorrerá no futuro. Ademais, possuem incompleta capacidade de compreensão sobre os próprios dados já disponíveis. Aqui, salienta-se, não se está a dizer que referidas operações sejam impensadas ou precipitadas, mas, sim, que são fruto da impossibilidade de o ser humano obter todas as informações e processá-las, torna-se natural que não haja uma plena cognição na tomada de decisões.

(iii) O fato de as decisões serem da organização (empresa) e não do sujeito (sócio ou administrador) não retira a possibilidade de análise pelas ferramentas comportamentalistas, vez que são os indivíduos que expressam suas convicções e formam a decisão organizacional.

Compreendidos os fundamentos teóricos, abordaremos agora as operações de compra e venda de empresas à luz do Direito brasileiro para que, ao final do livro, possamos propor ao leitor a alteração ou não do paradigma interpretativo de tais negócios por força da aplicação das ferramentas da economia comportamental.

CAPÍTULO 2

OPERAÇÕES DE COMPRA E VENDA DE EMPRESAS NO DIREITO BRASILEIRO

A concentração econômica[333] se configura em interações cooperativas nas quais são conjugados esforços em busca de um objetivo comum por parte de agentes do mercado.[334] Trata-se de um conjunto orientado de decisões voltado ao desenvolvimento e/ou manutenção de uma vantagem concorrencial,[335] em que há unidade de comando.[336] Representa, portanto, o aumento de poder econômico do agente, o que pode advir tanto de uma compra e venda de empresa como de um acordo.[337]

A concentração pode ser realizada por intermédio de relações de capital e de contratos de sociedades, bem como pela junção de duas ou mais sociedades com unificação de seus patrimônios. Tal concepção é percebida no teor do art. 90 da Lei nº 12.529/2011 (Lei de Defesa da Concorrência ou Lei Antitruste). A lei estabeleceu de maneira genérica que se realiza um ato de concentração[338] quando:

---

[333] A lei não conceitua a expressão concentração econômica conforme notam FRANCESCHINI, José Inácio Gonzaga; BAGNOLI, Vicente. *Direito Concorrencial*. 2. ed. Coleção Tratado de Direito Empresarial, v. 7, Coordenação Modesto Carvalhosa. São Paulo: Thomson Reuters Brasil, 2018, p. 925.

[334] FREIRE, Maria Paula dos Reis Vaz. *Eficiência Econômica e Restrições Verticais*: os argumentos de eficiência e as normas de defesa da concorrência. Lisboa: AAFDL, 2009, p. 269.

[335] FREIRE, Maria Paula dos Reis Vaz. *Eficiência Econômica e Restrições Verticais*: os argumentos de eficiência e as normas de defesa da concorrência. Lisboa: AAFDL, 2009, p. 269.

[336] COMPARATO, Fábio Konder; SALOMÃO FILHO, Calixto. *O Poder de Controle na Sociedade Anônima*. 6. ed. Rio de Janeiro: Forense, 2014, p. 468.

[337] FORGIONI, Paula. *Fundamentos do Antitruste*. 7. ed. São Paulo: Revista dos Tribunais, 2014, p. 400-401.

[338] Sobre a interface econômica e jurídica pretendida, Franceschini e Bagnoli explicam que "[o] conceito de 'ato de concentração' é juridicamente anormal, ou seja, exige o recurso a outra ciência, no caso a Ciência Econômica, mais precisamente, de organização industrial, para o

(i) duas ou mais empresas antes independentes se unem por meio de uma fusão;

(ii) uma ou mais empresas adquirem, direta ou indiretamente, "por compra ou permuta de ações, quotas, títulos ou valores mobiliários conversíveis em ações, ou ativos, tangíveis ou intangíveis, por via contratual ou por qualquer outro meio ou forma, o controle ou partes de uma ou mais empresas";[339]

(iii) uma ou mais empresas incorporam outra ou outras empresas ou, ainda, quando;

(iv) duas ou mais empresas celebram contrato associativo, consórcio ou *joint venture*.

Com base na previsão legislativa citada, Comparato identifica quatro hipóteses de concentrações econômicas: (1) fusão, (2) aquisição de controle, (3) incorporação e (4) formação de *joint* venture, consórcio ou associação.[340]

A partir de tal classificação do teor legal, identifica-se que existem variados graus de integração entre as empresas que podem resultar na configuração de um ato de concentração: desde a fusão ou incorporação, as quais apresentam níveis extremos de integração a ponto de desaparecer uma ou mais pessoas jurídicas,[341] até a *joint venture*, grau muito menos intenso e em que não há o desaparecimento de agente do mercado.[342]

Desta forma, o ato de concentração não implica, necessariamente, eliminação da autonomia de um dos agentes econômicos, vez que ocorre também nas situações em que uma sociedade ou grupo compartilha o poder de controle ou quando uma empresa adquire ativos ou parcela do patrimônio de outra ou outras empresas ou, ainda, quando há acordo entre os agentes.[343]

---

estabelecimento de seus contornos e integração". (FRANCESCHINI, José Inácio Gonzaga; BAGNOLI, Vicente. *Direito Concorrencial*. 2. ed. Coleção Tratado de Direito Empresarial, v. 7, Coordenação Modesto Carvalhosa. São Paulo: Thomson Reuters Brasil, 2018, p. 924).

[339] Redação do artigo 90 da Lei nº 12.529/2011.

[340] COMPARATO, Fábio Konder; SALOMÃO FILHO, Calixto. *O Poder de Controle na Sociedade Anônima*. 6. ed. Rio de Janeiro: Forense, 2014, p. 468.

[341] MUNIZ, Ian. *Fusões e Aquisições*: aspectos fiscais e societários. 2. ed. São Paulo: Quartier Latin, 2011, p. 83.

[342] A respeito dos impactos anticoncorrenciais que podem ser derivados de uma *joint venture*, ver NOGUEIRA, José Carlos da Silva. O contrato de "joint venture" na matéria antitruste. *Revista de Direito Mercantil*: industrial, econômico e financeiro, São Paulo, p. 58-61, jan./mar. 2002.

[343] FORGIONI, Paula. *Fundamentos do Antitruste*. 7. ed. São Paulo: Revista dos Tribunais, 2014, p. 401-402. No mesmo sentido FRANCESCHINI, José Inácio Gonzaga; BAGNOLI, Vicente. *Direito Concorrencial*. 2. ed. Coleção Tratado de Direito Empresarial, v. 7, Coordenação

O que interessa para a legislação antitruste é o efeito concorrencial, não a forma societária ou contratual.[344] Como consequência das diferentes formatações que uma concentração econômica pode assumir, visando a tutelar a concorrência no mercado, o legislador antitruste brasileiro teve a preocupação de designar de maneira ampla a configuração de um ato de concentração.

Nas operações de alienação de controle societário, por exemplo, não ocorre, necessariamente, a compra e venda total das ações ou quotas,[345] podendo, em primeira análise, deixar dúvida se deve ser considerada um ato de concentração. Ocorre que compreendido o efeito decorrente de tal operação parece irrefutável que assim precisa ser qualificada, já que aquele que assumir o controle, via de regra,[346] terá o poder de dispor dos bens sociais e de dirigir a atividade empresarial, como se tivesse havido uma integração total das atividades (perda da autonomia de um dos agentes econômicos).[347]

Bulgarelli explica que, economicamente, há concentração de empresas "sempre que existem liames de natureza econômica entre empresas, acarretando uma unidade maior ou menor, mais ou menos intensa, conforme o grau e a forma de tais liames".[348] É a ligação em

---

Modesto Carvalhosa. São Paulo: Thomson Reuters Brasil, 2018, p. 934; ESPECHE, Félix A. Nazar. *Defensa de la Competencia*. 2. ed. Buenos Aires: Euros Editores, 2016, p. 120.

[344] COMPARATO, Fábio Konder; SALOMÃO FILHO, Calixto. *O Poder de Controle na Sociedade Anônima*. 6. ed. Rio de Janeiro: Forense, 2014, p. 470.

[345] O que há muito foi identificado por Berle e Means. Referidos autores identificam cinco tipos de controles em uma sociedade: (i) o fundado na posse da quase totalidade das ações; (ii) na posse da maioria das ações; (iii) o obtido por meio de expedientes legais; (iv) o minoritário e (v) o gerencial. BERLE, Adolf; MEANSE, Gardiner C. *The modern corporation and private property*. New Brunswick: Transaction Publishers, 1991, p. 3-47.

[346] Não se pode dizer que sempre ocorrerá tal consequência porque aos minoritários ou a um sócio especificamente pode ser assegurado poder de veto (por *golden share*) ou, ainda, o contrato social ou o estatuto pode exigir unanimidade de aprovação para que determinados atos possam ser realizados. A respeito das *golden shares*, ver PELA, Juliana. *As Golden Shares no Direito Brasileiro*. São Paulo: Quartier Latin, 2012. Acerca das previsões contratuais para majorar quóruns ver CORRÊA-LIMA, Osmar Brinca. *Sociedade Limitada*. Rio de Janeiro: Forense, 2006, p. 126.

[347] WALD, Arnoldo; MORAES, Luiza Rangel de; WAISBERG, Ivo. Fusões, incorporações e aquisições – aspectos societários, contratuais e regulatórios. *In*: WARDE JR., Walfrido Jorge (Coord.). *Fusão, Cisão, Incorporação e Temas Correlatos*. São Paulo: Quartier Latin, 2009, p. 36. Sobre o tema, Maria Paula dos Reis Vaz Freire afirma que há atualmente tendência ao "desinvestimento", entendido este como mecanismo de manutenção do controle parcial das atividades cedidas, o que também traz desafios para o controle da concorrência. FREIRE, Maria Paula dos Reis Vaz. *Eficiência Econômica e Restrições Verticais*: os argumentos de eficiência e as normas de defesa da concorrência. Lisboa: AAFDL, 2009, p. 266.

[348] BULGARELLI, Waldírio. A fusão, incorporação e cisão de Sociedades Anônimas, na Lei Nova das Sociedades por Ações. *Revista de Direito Mercantil, Industrial, Econômico e Financeiro*, n. 23, ano XV, 1976, p. 39-52, p. 39.

prol de uma unidade entre as empresas que conduzirá à identificação da concentração.

Para análise mais profunda da questão, observe-se que a doutrina tradicionalmente divide a concentração econômica em três modalidades: horizontal, vertical e conglomerada.[349]

A concentração horizontal ocorre quando concorrentes se unem,[350] ou seja, quando firmas no mesmo mercado relevante[351] se juntam.[352] Verifica-se que tal modalidade afeta diretamente a concorrência,[353]

---

[349] Autores que se utilizam dessa classificação: GLAIS, Michel. *Concentration des enterprises & Droit de la concurrence*. Paris: Economica, 2010, p. 13; SALOMÃO FILHO, Calixto. *Direito Concorrencial*: as estruturas. 3a ed. São Paulo: Malheiros, 2007, p. 300; FORGIONI, Paula. *Fundamentos do Antitruste*. 7. ed. São Paulo: Revista dos Tribunais, 2014, p. 405. Acerca da divisão, ver a diferença de tratamento entre as categoriais em FORGIONI, Paula. *Fundamentos do Antitruste*. 7. ed. São Paulo: Revista dos Tribunais, 2014, p. 336; FORGIONI, Paula A. *Direito Concorrencial e Restrições Verticais*. São Paulo: RT, 2007, p. 21-29; OLIVEIRA, Gesner; RODAS, João Grandino. *Direito e Economia da Concorrência*. 2. ed. rev. e atual. de acordo com a Lei 12.529/2011. São Paulo: RT, 2013, p. 48-53 e 77-88; MEIER, Olivier; SCHIER, Guillaume. *Fusions, Aquisitions*: stratégie – finance – management. 4. ed. Paris: DUNOD, 2012, p. 12-13. Rodrigo Rocha Monteiro de Castro considera insuficiente a divisão nas três categorias acima, adicionando outras duas: reforço de controle e investimentos transitórios. Referido autor explica que a consolidação de controle ocorre quando um membro do grupo controlador aumenta sua participação no bloco, reforçando a posição interna ou passando a ter o controle isoladamente. Veja-se que neste caso não há uma transferência do controle propriamente dita, vez que este já estava com quem reforçou ou aumentou sua participação. Em conclusão, Castro afirma que na mencionada operação não há, no ato em si, uma relação de horizontalidade, verticalidade ou conglomeração, apenas uma concentração oriunda de um movimento interno da sociedade. Os investimentos transitórios são conceituados como os realizados por agentes que não apresentam interesse na perenidade da empresa titulada pela sociedade cuja participação societária se adquire, almejando, tão somente, a oportunidade de investir em sociedades promissoras para que posteriormente possa vender a terceiro interessado (*private equity*). Castro não explica expressamente as razões pelas quais considera que referida concentração não estaria contemplada nas três tradicionalmente apontadas pela doutrina. CASTRO, Rodrigo Rocha Monteiro de. *Regime Jurídico das Reorganizações*: societária, empresarial e associativa. São Paulo: 2016, p. 77-98.

[350] SALOMÃO FILHO, Calixto. *Direito Concorrencial*: as estruturas. 3. ed. São Paulo: Malheiros, 2007, p. 300.

[351] A noção de mercado relevante é complexa e bastante abordada pela doutrina do Direito Concorrencial. Apenas a título de exemplo, Paula Forgioni o define como "aquele em que se travam as relações de concorrência ou atua o agente econômico cujo comportamento é analisado". FORGIONI, Paula. *Fundamentos do Antitruste*. 7. ed. São Paulo: Revista dos Tribunais, 2014, p. 214. Salomão Filho, por sua vez, explica que "[f]irmas no mesmo mercado são consideradas todas aquelas que se incluem na mesma definição de mercado relevante. Assim, todos os fabricantes de produtos substitutos, que em caso de aumento de preços passariam a ser consumidor, devem ser incluídos no mercado". SALOMÃO FILHO, Calixto. *Direito Concorrencial*: as estruturas. 3. ed. São Paulo: Malheiros, 2007, p. 301.

[352] GLAIS, Michel. *Concentration des enterprises & Droit de la concurrence*. Paris: Economica, 2010, p. 13. No mesmo sentido, SALOMÃO FILHO, Calixto. *Direito Concorrencial*: as estruturas. 3. ed. São Paulo: Malheiros, 2007, p. 301.

[353] FORGIONI, Paula. *Fundamentos do Antitruste*. 7. ed. São Paulo: Revista dos Tribunais, 2014, p. 404.

afinal, por intermédio dela, um ou mais agentes que antes figuravam como concorrentes não mais competirão entre si.[354] Como decorrência da eliminação da competição entre os agentes, a concentração horizontal acarreta, potencialmente, ameaça à ordem econômica[355] (que poderá ou não induzir a uma ação interventiva, a depender da opção adotada pela ordem jurídica vigente).

A concentração vertical é a realizada entre agentes econômicos que "desenvolvem suas atividades em mercados relevantes 'a montante' ou 'a jusante', ou seja, concatenados no processo produtivo ou de distribuição do produto".[356] A maior parte dos produtos do mercado é obtida a partir de processos coordenados de várias etapas (níveis) que são tecnicamente separáveis.[357] A concentração vertical ocorre em qualquer destes estágios da estrutura,[358] envolvendo agentes econômicos em um nível diferente da produção ou da cadeia de distribuição.[359] Podem abranger, por exemplo, a união entre produtor e distribuidor ou entre distribuidor e vendedor final. O ponto central para identificação da verticalidade é a colaboração potencial,[360] isto é, a possibilidade de manter relação econômica com o agente situado em outro nível da cadeia.

Diferentemente do que ocorre no tratamento despendido à concentração horizontal, há divergência doutrinária acerca da concentração vertical representar uma modalidade que potencialmente afete a concorrência.[361] Os autores neoclássicos[362] sustentam que o problema

---

[354] CASTRO, Rodrigo Rocha Monteiro de. *Regime Jurídico das Reorganizações*: societária, empresarial e associativa. São Paulo: 2016, p. 78.
[355] SALOMÃO FILHO, Calixto. *Direito Concorrencial:* as estruturas. 3. ed. São Paulo: Malheiros, 2007, p. 300.
[356] FORGIONI, Paula. *Fundamentos do Antitruste*. 7. ed. São Paulo: Revista dos Tribunais, 2014, p. 404.
[357] GLAIS, Michel. *Concentration des enterprises & Droit de la concurrence*. Paris: Economica, 2010, p. 39.
[358] FREIRE, Maria Paula dos Reis Vaz. *Eficiência Econômica e Restrições Verticais*: os argumentos de eficiência e as normas de defesa da concorrência. Lisboa: AAFDL, 2009, p. 263
[359] FREIRE, Maria Paula dos Reis Vaz. *Eficiência Econômica e Restrições Verticais*: os argumentos de eficiência e as normas de defesa da concorrência. Lisboa: AAFDL, 2009, p. 279.
[360] CASTRO, Rodrigo Rocha Monteiro de. *Regime Jurídico das Reorganizações*: societária, empresarial e associativa. São Paulo: 2016, p. 84.
[361] GLAIS, Michel. *Concentration des enterprises & Droit de la concurrence*. Paris: Economica, 2010, p. 39.
[362] Calixto Salomão Filho explica que a concepção neoclássica de não considerar a concentração vertical uma potencial ameaça à concorrência "padece de um vício fundamental de lógica jurídica. Se é verdade que o fundamento do controle das concentrações é o sancionamento de aumento da concentração no mercado horizontalmente considerado (como os próprios neoclássicos proclamam), no caso da concentração vertical nunca haveria nada a controlar, nem no sentido vertical, nem no horizontal. Isso porque em uma contração vertical o poder

no que se refere à competição somente existe se considerada a esfera horizontal.[363] Independentemente disso, para os fins a que se destina o livro é suficiente a constatação de que compra e venda de empresas podem se dar também nesta modalidade.

A concentração conglomerada, por fim, é aquela que envolve empresas que atuam em mercados relevantes apartados[364] ou aquela que não é considerada nem concentração horizontal nem concentração vertical.[365] Na formação do conglomerado, agentes econômicos que não concorrem ou colaboram potencialmente se unem.[366] É a junção de agentes que não possuem relação potencial no plano técnico ou comercial.[367] Da mesma forma como ocorre com a concentração vertical, há em relação aos conglomerados divergência a respeito de afetar ou não a concorrência,[368] mas, novamente, para este autor, suficiente é a verificação da possibilidade de haver compra e venda de empresas neste tipo de concentração.

Na análise das diferentes formatações contratuais e societárias que possibilitam a compra e venda de empresas, apresenta-se um elevado grau de dificuldade teórico no estabelecimento de um conceito, já que abrange diferentes estruturações que podem se pautar sobre as participações societárias e/ou sobre os bens utilizados para o exercício da atividade empresária.

No aspecto prático, a dificuldade também existe, especialmente porque certas concentrações produzem efeitos similares ou iguais aos de uma compra e venda de empresa (exemplo da formação de grupos de fato, *joint ventures* ou mesmo acordo de sócios que resulte em

---

no mercado horizontalmente considerado não se cria nem se aumenta. A intervenção, em consequência, não se justifica com um raciocínio típico da análise de concentrações verticais". SALOMÃO FILHO, Calixto. *Direito Concorrencial:* as estruturas. 3. ed. São Paulo: Malheiros, 2007, p. 308.

[363] SALOMÃO FILHO, Calixto. *Direito Concorrencial:* as estruturas. 3. ed. São Paulo: Malheiros, 2007, p. 307. No mesmo sentido GLAIS, Michel. *Concentration des enterprises & Droit de la concurrence.* Paris: Economica, 2010, p. 39-40.

[364] FORGIONI, Paula. *Fundamentos do Antitruste.* 7. ed. São Paulo: Revista dos Tribunais, 2014, p. 404.

[365] SALOMÃO FILHO, Calixto. *Direito Concorrencial:* as estruturas. 3. ed. São Paulo: Malheiros, 2007, p. 318.

[366] CASTRO, Rodrigo Rocha Monteiro de. *Regime Jurídico das Reorganizações:* societária, empresarial e associativa. São Paulo: 2016, p. 85.

[367] GLAIS, Michel. *Concentration des enterprises & Droit de la concurrence.* Paris: Economica, 2010, p. 53

[368] Acerca do tema ver a síntese dos fundamentos em SALOMÃO FILHO, Calixto. *Direito Concorrencial:* as estruturas. 3. ed. São Paulo: Malheiros, 2007, p. 318-324.

transferência do poder de controle), sem, contudo, ter havido efetivamente qualquer transmissão de bens ou de participações societárias.

Sem que se pretenda exaurir a temática, assume-se que as noções centrais que permitem a compreensão das operações de compra e venda de empresas são: transferência onerosa, poder de controle e empresa. O primeiro termo remete à necessidade de haver transmissão onerosa para que se configure a compra e venda de empresa. Há diversos meios de se transferir uma empresa e mesmo operações que tradicionalmente são onerosas – como a cessão de quotas – podem se dar a título gratuito. Para que se trate de compra e venda de empresa, considera-se indispensável que a transferência seja onerosa.

A noção de poder de controle remete à característica de que como resultado da transferência, o adquirente passará a ter condições de conduzir a atividade econômica organizada de modo profissional para a produção ou circulação de bens ou de serviços, respeitados os limites legais. Nas palavras de Comparato se resumem poder e controle: "[c]ontrolar uma empresa significa poder dispor dos bens que lhe são destinados, de tal arte que o controlador se torna senhor de sua atividade econômica".[369]

O termo empresa, conforme já minuciado, refere-se à atividade econômica organizada, exercida de modo profissional, para a produção ou circulação de bens ou de serviços. Destarte, a despeito da equivocidade de tratamento, não se confunde com as noções de empresário, EIRELI ou sociedade, constituindo-se na atividade em si, não no sujeito que a exerce.[370]

Em conclusão, pode-se propor que uma operação de compra e venda de empresa é aquela que resulta em transferência onerosa de participação societária e/ou de patrimônio que implique mudança de titularidade do poder de controle na empresa desenvolvida por empresário, empresa individual de responsabilidade limitada ou sociedade. Veja-se, assim, que são excluídas as perspectivas do controle externo e gerencial na definição proposta, já que o recorte que se faz é no plano interno da organização.

Neste capítulo se discorre a respeito das modalidades que podem ser adotadas pelos contratantes para operar uma compra e venda de empresa, iniciando pelas estruturas societárias convencionais e

---

[369] COMPARATO, Fábio Konder; SALOMÃO FILHO, Calixto. *O Poder de Controle na Sociedade Anônima*. 6. ed. Rio de Janeiro: Forense, 2014, p. 104.

[370] Por todos: BARRETO FILHO, Oscar. *Teoria do Estabelecimento Comercial*: fundo de comércio ou fazenda mercantil. São Paulo: Max Limonad, 1969, p. 19.

terminando no trespasse. Após, será feita relação entre a racionalidade limitada do sujeito e cláusulas contratuais em operações de compra e venda de empresas.

2.1 Arranjos societários que viabilizam a compra e venda de empresas

Diversos são os mecanismos utilizados para instrumentalizar operações de compra e venda de empresas no âmbito societário.[371] A criatividade dos empresários e dos advogados faz com que as mais variadas formas tentem alcançar os melhores resultados econômicos.

Alguns dos mecanismos societários que permitem, em tese, a aquisição de empresas são: (i) incorporação de sociedade; (ii) incorporação de ações; (iii) alienação de participação societária; e (iv) alienação de controle. Gonçalves Neto acrescenta que mesmo a cisão pode ser uma operação de concentração,[372] vez que a versão do patrimônio da sociedade cindida para outra ou outras já existentes produz efeitos similares. Elementos de cada um desses mecanismos precisam ser compreendidos para a identificação de se tratar ou não de compra e venda de empresa de acordo com a definição proposta.

O *caput* do art. 227 da Lei nº 6.404/76[373] define que, na incorporação de sociedade, uma ou mais sociedades são absorvidas por outra, de modo que a incorporadora sucede a(s) incorporada(s) nos direitos e obrigações. Disposição semelhante é encontrada no art. 1.116 do Código Civil.[374]

A mencionada operação pode se dar entre sociedades de tipos iguais ou diferentes,[375] entretanto, se uma companhia aberta for incorporada, a incorporadora necessariamente deve ser uma sociedade anônima aberta, por determinação expressa de lei.[376]

---

[371] MEIER, Olivier; SCHIER, Guillaume. *Fusions, Aquisitions*: stratégie – finance – management. 4. ed. Paris: DUNOD, 2012, p. 38.

[372] GONÇALVES NETO, Alfredo de Assis. A fusão, a incorporação e a cisão na Lei de Sociedades por Ações. *Revista de Direito Mercantil, Industrial, Econômico e Financeiro*, n. 23, ano XV, 1976, p. 71-82, p. 71.

[373] A redação do artigo é: "Art. 227. A incorporação é a operação pela qual uma ou mais sociedades são absorvidas por outra, que lhes sucede em todos os direitos e obrigações".

[374] "Art. 1.116. Na incorporação, uma ou várias sociedades são absorvidas por outra, que lhes sucede em todos os direitos e obrigações, devendo todas aprová-la, na forma estabelecida para os respectivos tipos".

[375] GONÇALVES NETO, Alfredo de Assis. *Direito de Empresa*: comentários aos arts. 966 a 1.195 do Código Civil Brasileiro. São Paulo: RT, 2018, p. 601. Também BOTREL, Sérgio. *Fusões & Aquisições*. 4. ed. São Paulo: Saraiva, 2016, p. 126.

[376] "Art. 223 (...).§3º Se a incorporação, fusão ou cisão envolverem companhia aberta, as sociedades que a sucederem serão também abertas, devendo obter o respectivo registro e,

Na incorporação ocorre a transmissão total do patrimônio em favor da incorporadora, resultando na extinção da(s) personalidade(s) jurídica(s) da(s) incorporada(s).[377] Assim, tanto os ativos quanto os passivos se tornam de titularidade da incorporadora – inclusive os créditos e débitos que não sejam líquidos e exigíveis (como os que se encontram *sub judice*)[378] – razão pela qual se trata de uma sucessão universal, não se admitindo a existência da incorporação parcial.[379]

Ainda que subsista controvérsia doutrinária, entende-se que não há a dissolução da(s) sociedade(s) incorporada(s), mas sua extinção direta, vez que não ocorre a sucessão de atos característicos da liquidação, com a final partilha do patrimônio líquido entre os sócios.[380]

A incorporação é qualificada como uma operação que se processa pela via de um contrato plurilateral que permite que o patrimônio das sociedades seja reunido,[381] em que não há criação de pessoa jurídica e os sócios não prestam contribuição para a formação,[382] sendo distinta, portanto, do contrato plurilateral de sociedade. A EIRELI pode ser incorporada por uma sociedade, mas o inverso não é possível, haja vista a exigência de aquela ter apenas um titular do capital social.[383]

---

se for o caso, promover a admissão de negociação das novas ações no mercado secundário, no prazo máximo de cento e vinte dias, contados da data da assembleia-geral que aprovou a operação, observando as normas pertinentes baixadas pela Comissão de Valores Mobiliários". A respeito ver CASTRO, Rodrigo Rocha Monteiro de. *Regime Jurídico das Reorganizações*: societária, empresarial e associativa. São Paulo: 2016, p. 231.

[377] Vide art. 227 da Lei das S/A e art. 1.116 do Código Civil, ambos já reproduzidos em nota de rodapé.

[378] ALVIM, Arruda; ALVIM, Eduardo Arruda; Thamay, Rennan Faria Kruger; NEVES, Fernando Crespo Queiroz. *Aspectos Processuais da Incorporação Societária*: em conformidade com o Novo CPC. São Paulo: Revista dos Tribunais, 2015, p. 85.

[379] BOTREL, Sérgio. *Fusões & Aquisições*. 4. ed. São Paulo: Saraiva, 2016, p. 125.

[380] GONÇALVES NETO, Alfredo de Assis. *Manual das Companhias ou Sociedades Anônimas*. 2. ed. São Paulo: Revista dos Tribunais, 2010, p. 278. Também neste sentido BLOK, Marcela. *Reorganizações Societárias, Fusões, Incorporações, Cisões e Outros Eventos Societários*: aspectos legais, negociais e práticos. São Paulo: Quartier Latin, 2014, p. 64; CASTRO, Rodrigo Rocha Monteiro de. *Regime Jurídico das Reorganizações*: societária, empresarial e associativa. São Paulo: 2016, p. 230. Em sentido contrário, afirmando haver dissolução da sociedade: WALD, Arnoldo; MORAES, Luiza Rangel de; WAISBERG, Ivo. Fusões, incorporações e aquisições – aspectos societários, contratuais e regulatórios. WARDE JR., Walfrido Jorge (Coord.). *Fusão, Cisão, Incorporação e Temas Correlatos*. São Paulo: Quartier Latin, 2009, p. 32; CARVALHOSA, Modesto. *Comentários à Lei de Sociedades Anônimas*. Vol. 4. Tomo I. São Paulo: Saraiva, 1998, p. 256.

[381] GONÇALVES NETO, Alfredo de Assis. *Manual das Companhias ou Sociedades Anônimas*. 2. ed. São Paulo: Revista dos Tribunais, 2010, p. 278.

[382] GONÇALVES NETO, Alfredo de Assis. *Direito de Empresa*: comentários aos arts. 966 a 1.195 do Código Civil Brasileiro. São Paulo: RT, 2018, p. 601.

[383] GONÇALVES NETO, Alfredo de Assis. *Direito de Empresa*: comentários aos arts. 966 a 1.195 do Código Civil Brasileiro. São Paulo: RT, 2018, p. 603-604.

Não se admite a incorporação de um empresário individual por uma sociedade, em razão de não haver patrimônio em nome daquele.[384] Já a incorporação de sociedade em liquidação é possível desde que em fase anterior à partilha, vez que permanece com personalidade jurídica até sua extinção, o que somente ocorre com o término da liquidação.[385]

Também é lícita a incorporação de controladora por sua controlada, em razão de inexistir qualquer dispositivo que vede a operação,[386] ainda que o §1º do art. 226 da Lei das S/A[387] mencione apenas a hipótese de a controladora incorporar a controlada.[388] Muniz exemplifica que seria factível que uma subsidiária integral pudesse incorporar a *holding* controladora, em razão da necessidade de permanência da personalidade jurídica da controlada (contrato com Poder Público que exigisse, por exemplo).[389]

Como consequência da incorporação de uma sociedade por outra, aumenta-se o capital social da incorporadora por meio da absorção do patrimônio líquido da(s) incorporada(s), de modo que os sócios da(s) incorporada(s) passam a integrar o quadro societário da incorporadora,[390] caso não exerçam o direito de retirada.[391]

---

[384] GONÇALVES NETO, Alfredo de Assis. *Manual das Companhias ou Sociedades Anônimas*. 2. ed. São Paulo: Revista dos Tribunais, 2010, p. 280. Igualmente: BLOK, Marcela. *Reorganizações Societárias, Fusões, Incorporações, Cisões e Outros Eventos Societários*: aspectos legais, negociais e práticos. São Paulo: Quartier Latin, 2014, p. 75.

[385] GONÇALVES NETO, Alfredo de Assis. *Manual das Companhias ou Sociedades Anônimas*. 2. ed. São Paulo: Revista dos Tribunais, 2010, p. 281. Igualmente: BLOK, Marcela. *Reorganizações Societárias, Fusões, Incorporações, Cisões e Outros Eventos Societários*: aspectos legais, negociais e práticos. São Paulo: Quartier Latin, 2014, p. 75.

[386] BLOK, Marcela. *Reorganizações Societárias, Fusões, Incorporações, Cisões e Outros Eventos Societários*: aspectos legais, negociais e práticos. São Paulo: Quartier Latin, 2014, p. 81-82.

[387] "Art. 226. As operações de incorporação, fusão e cisão somente poderão ser efetivadas nas condições aprovadas se os peritos nomeados determinarem que o valor do patrimônio ou patrimônios líquidos a serem vertidos para a formação de capital social é, ao menos, igual ao montante do capital a realizar.
§1º As ações ou quotas do capital da sociedade a ser incorporada que forem de propriedade da companhia incorporadora poderão, conforme dispuser o protocolo de incorporação, ser extintas, ou substituídas por ações em tesouraria da incorporadora, até o limite dos lucros acumulados e reservas, exceto a legal".

[388] A respeito, MUNIZ, Ian. *Fusões e Aquisições*: aspectos fiscais e societários. 2. ed. São Paulo: Quartier Latin, 2011, p. 121.

[389] MUNIZ, Ian. *Fusões e Aquisições*: aspectos fiscais e societários. 2. ed. São Paulo: Quartier Latin, 2011, p. 122.

[390] KALANSKY, Daniel. *Incorporação de Ações*: estudo de casos e precedentes. São Paulo: Saraiva, 2012, p. 35.

[391] RIBEIRO, Renato Ventura. Incorporação de Companhia Controlada. *In:* WARDE JR., Walfrido Jorge (Coord.). *Fusão, Cisão, Incorporação e Temas Correlatos*. São Paulo: Quartier Latin, 2009, p. 109.

Em razão da incorporação acarretar emissão de novas ações ou quotas da incorporadora que serão subscritas com ações ou quotas da(s) incorporada(s), o legislador[392] demonstra preocupação no que se refere à avaliação das participações societárias, exigindo a apuração por peritos e aprovação nas assembleias gerais.[393]

Este aumento de capital social não ocorrerá somente se o patrimônio líquido da(s) incorporada(s) for zero e quando a incorporação de sociedades envolver a controladora e sua subsidiária integral.[394]

Como consequência destas exceções, pode-se afirmar que a incorporação é o ato de transferência do patrimônio da(s) sociedade(s) incorporada(s) à incorporadora, em que esta, geralmente, retribui aos sócios daquela(s) mediante participação no capital social da incorporadora.[395]

Por outro lado, há restrições legais à incorporação quando se está diante de forma de organização empresarial sujeita a normas que expressamente delimitam a possibilidade de alteração do objeto social que poderá resultar da operação. É o caso, por exemplo, da Empresa Simples de Crédito, que não poderá ser incorporada ou incorporar outra empresa que não possua o mesmo objeto societário.[396] Também

---

[392] "Art. 226. As operações de incorporação, fusão e cisão somente poderão ser efetivadas nas condições aprovadas se os peritos nomeados determinarem que o valor do patrimônio ou patrimônios líquidos a serem vertidos para a formação de capital social é, ao menos, igual ao montante do capital a realizar.
§1º As ações ou quotas do capital da sociedade a ser incorporada que forem de propriedade da companhia incorporadora poderão, conforme dispuser o protocolo de incorporação, ser extintas, ou substituídas por ações em tesouraria da incorporadora, até o limite dos lucros acumulados e reservas, exceto a legal.
§2º O disposto no §1º aplicar-se-á aos casos de fusão, quando uma das sociedades fundidas for proprietária de ações ou quotas de outra, e de cisão com incorporação, quando a companhia que incorporar parcela do patrimônio da cindida for proprietária de ações ou quotas do capital desta.
§3º A Comissão de Valores Mobiliários estabelecerá normas especiais de avaliação e contabilização aplicáveis às operações de fusão, incorporação e cisão que envolvam companhia aberta".

[393] RIBEIRO, Renato Ventura. Incorporação de Companhia Controlada. In: WARDE JR., Walfrido Jorge (Coord.). *Fusão, Cisão, Incorporação e Temas Correlatos*. São Paulo: Quartier Latin, 2009, p. 110.

[394] BOTREL, Sérgio. *Fusões & Aquisições*. 4. ed. São Paulo: Saraiva, 2016, p. 126-127.

[395] BLOK, Marcela. *Reorganizações Societárias, Fusões, Incorporações, Cisões e Outros Eventos Societários*: aspectos legais, negociais e práticos. São Paulo: Quartier Latin, 2014, p. 70.

[396] Art. 2º, *caput*, da Lei Complementar nº 167/2019, *in verbis*: "A ESC deve adotar a forma de empresa individual de responsabilidade limitada (Eireli), empresário individual ou sociedade limitada constituída exclusivamente por pessoas naturais e terá por objeto social exclusivo as atividades enumeradas no art. 1º desta Lei Complementar".

das demais atividades que dependam de licenças específicas, caso das instituições financeiras.

As sociedades estatais, da mesma forma, além de não poderem ser objeto de operação societária sem lei autorizadora, salvo quando se tratar de operação com subsidiária,[397] não poderão estar envolvidas em operações societárias que configurem alguma forma de alteração de seu objeto em dissonância com os termos da Lei que autorizou a sua criação.

Nesta esteira, a partir da proposta de qualificação apresentada, pode-se questionar se a incorporação é efetivamente uma operação de compra e venda de empresa.

De um lado, poder-se-ia afirmar seu enquadramento, em razão de que há transferência do patrimônio da incorporada para a incorporadora, passando esta a ter poder de controle sobre a empresa. Por outro lado, tal transmissão do patrimônio ocorre a título de integralização do capital social (com as ressalvas descritas).[398]

Outra forma de analisar a questão revela, no entanto, que a incorporação de sociedade não resultará necessariamente em transmissão do poder de controle. O fator determinante para a transferência de tal poder é o valor do patrimônio líquido da incorporada e a substituição dos direitos de sócios extintos com a incorporação.[399] Destarte é possível, mas não obrigatório, que a incorporação resulte em transferência do poder de controle da sociedade.

Consequentemente, é possível que a incorporação de sociedade seja uma forma de compra e venda de empresa, entretanto, não será em todas as situações, dependendo de ter havido ou não a transferência do poder de controle por meio da referida operação.

Há problemas conceituais e de classificação não somente no que diz respeito à caracterização sem ressalvas da incorporação como uma operação de compra e venda de empresas. Reorganizações societárias anunciadas como fusões, não raramente, são estruturadas na forma de

---

[397] A Lei das Estatais, Lei nº 13.303/2016, autoriza a alienação de subsidiárias independentemente de lei autorizadora específica, o que foi recentemente chancelado pelo Supremo Tribunal Federal na Ação Direta de Inconstitucionalidade (ADI) nº 5624.
[398] BLOK, Marcela. *Reorganizações Societárias, Fusões, Incorporações, Cisões e Outros Eventos Societários*: aspectos legais, negociais e práticos. São Paulo: Quartier Latin, 2014, p. 309.
[399] BOTREL, Sérgio. *Fusões & Aquisições*. 4. ed. São Paulo: Saraiva, 2016, p. 132.

incorporação,[400] como é o exemplo da concentração horizontal havida entre Sadia e Perdigão.[401]

Tais operações não se confundem no ordenamento jurídico brasileiro, ainda que no Brasil existam normas idênticas aplicáveis aos dois movimentos societários, como as que regulam quórum, direito de retirada e direito dos credores.[402] A incorporadora é uma sociedade já existente, enquanto na fusão uma nova sociedade surge após a extinção das que se fundiram.[403]

Conforme explica Botrel, a fusão traz inconvenientes como a necessidade de constituição de uma nova sociedade (e todos os aspectos burocráticos daí decorrentes) e a perda de prerrogativas fiscais (aproveitamento de prejuízos), o que justifica a baixa opção pelo referido movimento societário.[404]

No aspecto decisório, especialmente relevante para a economia comportamental, constata-se que necessariamente a incorporação de sociedade envolve mais de uma pessoa jurídica, o que traz como decorrência que a operação somente poderá ocorrer se aprovada em deliberação dos sócios da incorporadora e da(s) incorporada(s).[405]

Como é cediço, nas companhias de capital aberto e de capital autorizado, os acionistas, por maioria simples (salvo estipulação estatutária que preveja quórum mais elevado), elegem os membros do conselho de administração (arts. 122, II,[406] e 140[407] da Lei nº 6.404/76).

---

[400] BLOK, Marcela. *Reorganizações Societárias, Fusões, Incorporações, Cisões e Outros Eventos Societários*: aspectos legais, negociais e práticos. São Paulo: Quartier Latin, 2014, p. 309.

[401] CASTRO, Rodrigo Rocha Monteiro de. *Regime Jurídico das Reorganizações*: societária, empresarial e associativa. São Paulo: 2016, p. 230.

[402] GONÇALVES NETO, Alfredo de Assis. A fusão, a incorporação e a cisão na Lei de Sociedades por Ações. *Revista de Direito Mercantil, Industrial, Econômico e Financeiro*, n. 23, ano XV, 1976, p. 71-82, p. 74-75.

[403] GONÇALVES NETO, Alfredo de Assis. *Direito de Empresa*: comentários aos arts. 966 a 1.195 do Código Civil Brasileiro. São Paulo: RT, 2018, p. 602. Também neste sentido: BLOK, Marcela. *Reorganizações Societárias, Fusões, Incorporações, Cisões e Outros Eventos Societários*: aspectos legais, negociais e práticos. São Paulo: Quartier Latin, 2014, p. 65; WALD, Arnoldo; MORAES, Luiza Rangel de; WAISBERG, Ivo. Fusões, incorporações e aquisições – aspectos societários, contratuais e regulatórios. *In*: WARDE JR., Walfrido Jorge (Coord.). *Fusão, Cisão, Incorporação e Temas Correlatos*. São Paulo: Quartier Latin, 2009, p. 32.

[404] BOTREL, Sérgio. *Fusões & Aquisições*. 4. ed. São Paulo: Saraiva, 2016, p. 119.

[405] RIBEIRO, Renato Ventura. Incorporação de Companhia Controlada. *In*: WARDE JR., Walfrido Jorge (Coord.). *Fusão, Cisão, Incorporação e Temas Correlatos*. São Paulo: Quartier Latin, 2009, p. 109.

[406] "Art. 122. Compete privativamente à assembleia geral: (...)
II - eleger ou destituir, a qualquer tempo, os administradores e fiscais da companhia, ressalvado o disposto no inciso II do art. 142".

[407] "Art. 140. O conselho de administração será composto por, no mínimo, 3 (três) membros, eleitos pela assembleia-geral e por ela destituíveis a qualquer tempo, devendo o estatuto estabelecer: (...)

Estes, também por maioria simples (salvo estipulação estatutária em contrário que eleve o quórum), elegem os membros da diretoria (arts. 142, II,[408] e 143[409]). Os diretores, por sua vez, em conjunto com os conselheiros de administração, negociam o Protocolo (art. 224[410]) e elaboram a justificação, os quais serão apresentados em assembleia geral extraordinária para aprovação ou rejeição, mediante quórum qualificado (arts. 225[411] e 252[412]).

Nesta esteira, verifica-se que o processo decisório acerca da incorporação é iniciado pelos administradores e são estes que apresentarão o Protocolo e a justificação para apreciação dos acionistas em assembleia geral.

Desta estrutura procedimental pode resultar que os acionistas controladores aprovem sozinhos tanto a designação dos membros que negociarão o Protocolo (administradores) quanto o próprio instrumento em si.[413]

Nas companhias de capital fechado que optem por não ter conselho de administração e nos demais tipos societários personificados – inclusive nas sociedades limitadas – os diretores são os responsáveis pela negociação do Protocolo e compete aos sócios ou acionistas, em deliberação, aprovar ou rejeitar a incorporação de sociedade.[414]

Nas sociedades simples, em nome coletivo e em comandita simples será necessária a aprovação por todos os sócios em razão do

---

[408] "Art. 142. Compete ao conselho de administração: (...)".
II - eleger e destituir os diretores da companhia e fixar-lhes as atribuições, observado o que a respeito dispuser o estatuto;".

[409] "Art. 143. A Diretoria será composta por 2 (dois) ou mais diretores, eleitos e destituíveis a qualquer tempo pelo conselho de administração, ou, se inexistente, pela assembleia-geral, devendo o estatuto estabelecer: (...)".

[410] "Art. 224. As condições da incorporação, fusão ou cisão com incorporação em sociedade existente constarão de protocolo firmado pelos órgãos de administração ou sócios das sociedades interessadas, que incluirá: (...)".

[411] "Art. 225. As operações de incorporação, fusão e cisão serão submetidas à deliberação da assembleia-geral das companhias interessadas mediante justificação, na qual serão expostos: (...)".

[412] "Art. 252. A incorporação de todas as ações do capital social ao patrimônio de outra companhia brasileira, para convertê-la em subsidiária integral, será submetida à deliberação da assembleia-geral das duas companhias mediante protocolo e justificação, nos termos dos artigos 224 e 225".

[413] RODRIGUES, Ana Carolina. A incorporação de companhia controlada pela companhia controladora em face do art. 264 da Lei n. 6404/76 e o parecer de orientação CVM n. 35. *In:* PRADO, Viviane Muller; CARMO, Lie Uema do. (Org.). *Estudos Empíricos Sobre Temas do Direito Societário*. São Paulo: Saraiva, 2012, p. 126.

[414] RIBEIRO, Renato Ventura. Incorporação de Companhia Controlada. *In:* WARDE JR., Walfrido Jorge (Coord.). *Fusão, Cisão, Incorporação e Temas Correlatos*. São Paulo: Quartier Latin, 2009, p. 111.

quórum previsto no art. 999 do Código Civil.[415] Na sociedade limitada será preciso a concordância de sócios que representem ao menos 3/4 (três quartos) do capital social.[416] Na sociedade cooperativa, por fim, a aprovação é condicionada ao voto de 2/3 (dois terços) dos cooperados presentes à assembleia.[417]

A situação de potencial oposição de interesses entre minoritários e controladores fica ainda mais acentuada se observada a possibilidade de incorporação de sociedade controlada pela controladora. Neste caso, inexistem duas maiorias societárias que deliberem autonomamente sobre a conveniência ou não do ato de concentração, já que a vontade é apenas da controladora.[418] Destarte, justifica-se uma maior cautela legal para essa modalidade específica de incorporação.

A fim de assegurar direitos dos minoritários, o legislador fez previsão específica no que se refere à incorporação de sociedade controlada pela controladora (art. 264[419]), disciplinando que o reembolso

---

[415] Nas sociedades em nome coletivo e em comandita simples, o quórum é identificado pela ausência de previsão no regime próprio e consequente incidência do art. 999 do Código Civil (regime da sociedade simples). "Art. 999. As modificações do contrato social, que tenham por objeto matéria indicada no art. 997, dependem do consentimento de todos os sócios; as demais podem ser decididas por maioria absoluta de votos, se o contrato não determinar a necessidade de deliberação unânime".

[416] "Art. 1.071. Dependem da deliberação dos sócios, além de outras matérias indicadas na lei ou no contrato:
(...)
VI - a incorporação, a fusão e a dissolução da sociedade, ou a cessação do estado de liquidação;
Art. 1.076. Ressalvado o disposto no art. 1.061, as deliberações dos sócios serão tomadas
I - pelos votos correspondentes, no mínimo, a três quartos do capital social, nos casos previstos nos incisos V e VI do art. 1.071;
(...)"

[417] "Art. 46. É da competência exclusiva da Assembleia Geral Extraordinária deliberar sobre os seguintes assuntos:
(...)
II - fusão, incorporação ou desmembramento;
(...)
Parágrafo único. São necessários os votos de 2/3 (dois terços) dos associados presentes, para tornar válidas as deliberações de que trata este artigo".

[418] RIBEIRO, Renato Ventura. Incorporação de Companhia Controlada. In: WARDE JR., Walfrido Jorge (Coord.). Fusão, Cisão, Incorporação e Temas Correlatos. São Paulo: Quartier Latin, 2009, p. 102. Também: RODRIGUES, Ana Carolina. A incorporação de companhia controlada pela companhia controladora em face do art. 264 da Lei n. 6404/76 e o parecer de orientação CVM n. 35. In: PRADO, Viviane Muller; CARMO, Lie Uema do (Org.). Estudos Empíricos Sobre Temas do Direito Societário. São Paulo: Saraiva, 2012, p. 123.

[419] "Art. 264. Na incorporação, pela controladora, de companhia controlada, a justificação, apresentada à assembleia-geral da controlada, deverá conter, além das informações previstas nos arts. 224 e 225, o cálculo das relações de substituição das ações dos acionistas não controladores da controlada com base no valor do patrimônio líquido das ações da controladora e da controlada, avaliados os dois patrimônios segundo os mesmos critérios

possa ser feito mediante o pagamento por critério distinto do previsto no art. 45,[420] qual seja, pelo valor da avaliação do patrimônio líquido a preço de mercado.[421]

No mesmo sentido, a Comissão de Valores Mobiliários (CVM) editou o Parecer de Orientação nº 35 recomendando procedimento próprio a ser seguido pelos administradores nos casos de incorporação de incorporada pela incorporadora, para que efetivamente aqueles que exercem a administração zelem pelo interesse das companhias envolvidas (e não necessariamente dos acionistas controladores),[422] sugerindo cautelas adicionais para que seja assegurada transparência ao negócio.[423] Tanto a previsão legal quanto o Parecer de Orientação

---

e na mesma data, a preços de mercado, ou com base em outro critério aceito pela Comissão de Valores Mobiliários, no caso de companhias abertas".

[420] "Art. 45. O reembolso é a operação pela qual, nos casos previstos em lei, a companhia paga aos acionistas dissidentes de deliberação da assembléia-geral o valor de suas ações.
§1º O estatuto pode estabelecer normas para a determinação do valor de reembolso, que, entretanto, somente poderá ser inferior ao valor de patrimônio líquido constante do último balanço aprovado pela assembleia-geral, observado o disposto no §2º, se estipulado com base no valor econômico da companhia, a ser apurado em avaliação (§§3º e 4º). (...)".

[421] Tal faculdade só subsistirá se preenchida a hipótese do parágrafo terceiro do art. 264 da Lei das S/A. "Art. 264 (...). §3º Se as relações de substituição das ações dos acionistas não controladores, previstas no protocolo da incorporação, forem menos vantajosas que as resultantes da comparação prevista neste artigo, os acionistas dissidentes da deliberação da assembleia-geral da controlada que aprovar a operação, observado o disposto nos arts. 137, II, e 230, poderão optar entre o valor de reembolso fixado nos termos do art. 45 e o valor do patrimônio líquido a preços de mercado".

[422] RODRIGUES, Ana Carolina. A incorporação de companhia controlada pela companhia controladora em face do art. 264 da Lei n. 6404/76 e o parecer de orientação CVM n. 35. In: PRADO, Viviane Muller; CARMO, Lie Uema de (Org.). *Estudos Empíricos sobre Temas do Direito Societário*. São Paulo: Saraiva, 2012, p. 137.

[423] As orientações previstas em referido parecer são:
"i) a relação de troca e demais termos e condições da operação devem ser objeto de negociações efetivas entre as partes na operação;
ii) o início das negociações deve ser divulgado ao mercado imediatamente, como fato relevante, a menos que o interesse social exija que a operação seja mantida em sigilo;
iii) os administradores devem buscar negociar a melhor relação de troca e os melhores termos e condições possíveis para os acionistas da companhia;
iv) os administradores devem obter todas as informações necessárias para desempenhar sua função;
v) os administradores devem ter tempo suficiente para desempenhar sua função;
vi) as deliberações e negociações devem ser devidamente documentadas, para posterior averiguação;
vii) os administradores devem considerar a necessidade ou conveniência de contratar assessores jurídicos e financeiros;
viii) os administradores devem se assegurar de que os assessores contratados sejam independentes em relação ao controlador e remunerados adequadamente, pela companhia;
ix) os trabalhos dos assessores contratados devem ser devidamente supervisionados;
x) eventuais avaliações produzidas pelos assessores devem ser devidamente fundamentadas e os respectivos critérios, especificados;

não são capazes, por si só, de assegurar a lisura do negócio, porém, servem como estímulos para o respeito aos direitos dos minoritários e aos deveres fiduciários dos administradores.

O segundo mecanismo societário que poderia ser qualificado como compra e venda de empresa é a incorporação de ações, movimento distinto da incorporação de sociedade.[424]

A incorporação de ações ocorre quando todas as ações de uma sociedade são transferidas em aumento de capital de outra, tornando-se a sociedade cujas participações societárias foram transferidas em subsidiária integral.[425] Conforme explica Eirizik, trata-se de negócio plurilateral que tem por objetivo a integração da participação societária

---

xi) os administradores devem considerar a possibilidade de adoção de formas alternativas para conclusão da operação, como ofertas de aquisição ou de permuta de ações;
xii) os administradores devem rejeitar a operação caso a relação de troca e os demais termos e condições propostos sejam insatisfatórios;
xiii) a decisão final dos administradores sobre a matéria, depois de analisá-la com lealdade à companhia e com a diligência exigida pela lei, deve ser devidamente fundamentada e documentada; e
xiv) todos os documentos que embasaram a decisão dos administradores devem ser colocados à disposição dos acionistas, na forma do art. 3º da Instrução CVM n. 319, de 3 de dezembro de 1999.
Além disso, seguindo a experiência internacional acerca da interpretação dos deveres fiduciários dos administradores, a CVM recomenda que:
i) um comitê especial independente seja constituído para negociar a operação e submeter suas recomendações ao conselho de administração, observando as orientações contidas no parágrafo anterior; ou
ii) a operação seja condicionada à aprovação da maioria dos acionistas não-controladores, inclusive os titulares de ações sem direito a voto ou com voto restrito.
Na formação do comitê especial independente acima referido, a CVM recomenda a adoção de uma das seguintes alternativas:
i) comitê composto exclusivamente por administradores da companhia, em sua maioria independentes;
ii) comitê composto por não-administradores da companhia, todos independentes e com notória capacidade técnica, desde que o comitê esteja previsto no estatuto, para os fins do art. 160 da Lei nº 6.404, de 1976; ou
iii) comitê composto por: (a) um administrador escolhido pela maioria do conselho de administração; (b) um conselheiro eleito pelos acionistas não controladores; e (c) um terceiro, administrador ou não, escolhido em conjunto pelos outros dois membros".
[424] GONÇALVES NETO, Alfredo de Assis. *Manual das Companhias ou Sociedades Anônimas*. 2. ed. São Paulo: Revista dos Tribunais, 2010, p. 279.
[425] "Art. 252 da Lei das S/A. A incorporação de todas as ações do capital social ao patrimônio de outra companhia brasileira, para convertê-la em subsidiária integral, será submetida à deliberação da assembleia-geral das duas companhias mediante protocolo e justificação, nos termos dos artigos 224 e 225". A respeito: EIZIRIK, Nelson. Incorporação de Ações: aspectos polêmicos. *In*: WARDE JR., Walfrido Jorge (Coord.). *Fusão, Cisão, Incorporação e Temas Correlatos*. São Paulo: Quartier Latin, 2009, p. 78.

por meio da reunião de todas as ações da incorporada ao patrimônio da incorporadora.[426]

A transferência de ações ocorre entre as sociedades, não entre os seus sócios.[427] A lei exige que a incorporadora seja companhia brasileira[428] e não há extinção da participação societária da incorporada, tão somente, as ações se tornam de propriedade exclusiva da incorporadora.[429]

Observe-se que na incorporação de ações não há extinção de qualquer sociedade, o que corrobora com a distinção em relação ao movimento anterior. Na incorporação de ações, a incorporada continua existindo com personalidade jurídica distinta da incorporadora, inclusive permanecendo como titular dos bens e dívidas.[430] Em razão disso, critica-se a utilização pelo legislador do termo incorporação,[431] já que não há a absorção do patrimônio, tratando-se, portanto, de operação radicalmente distinta da incorporação de sociedade.

Há também diferença quanto ao direito de retirada assegurado aos acionistas que tenham sido vencidos na deliberação que aprovou a operação. Na incorporação de ações, os dissidentes da incorporadora e da incorporada poderão se retirar da sociedade mediante reembolso, enquanto na incorporação de sociedade tal direito é assegurado somente aos dissidentes da sociedade incorporada, o que é constatável a partir da leitura dos artigos 136, IV, e 137 da Lei das Sociedades por Ações.[432]

---

[426] EIZIRIK, Nelson. Incorporação de Ações: aspectos polêmicos. *In:* WARDE JR., Walfrido Jorge (Coord.). *Fusão, Cisão, Incorporação e Temas Correlatos.* São Paulo: Quartier Latin, 2009, p. 83.

[427] BOTREL, Sérgio. *Fusões & Aquisições.* 4. ed. São Paulo: Saraiva, 2016, p. 146.

[428] Vide art. 252 da Lei das S/A, acima reproduzido.

[429] KALANSKY, Daniel. *Incorporação de Ações*: estudo de casos e precedentes. São Paulo: Saraiva, 2012, p. 38.

[430] KALANSKY, Daniel. *Incorporação de Ações*: estudo de casos e precedentes. São Paulo: Saraiva, 2012, p. 39.

[431] São críticos da nomenclatura: GONÇALVES NETO, Alfredo de Assis. *Direito de Empresa*: comentários aos arts. 966 a 1.195 do Código Civil Brasileiro. São Paulo: RT, 2018, p. 604; MARTINS, Fran. *Comentários à Lei das Sociedades Anônimas.* v. 3. Rio de Janeiro: Forense, 1978, p. 315; TEIXEIRA, Egberto Lacerda; GUERREIRO, José Alexandre Tavares. *Das sociedades anônimas do direito brasileiro.* São Paulo: Ed. José Bushatsky, 1979, p. 727.

[432] "Art. 136. É necessária a aprovação de acionistas que representem metade, no mínimo, das ações com direito a voto, se maior quórum não for exigido pelo estatuto da companhia cujas ações não estejam admitidas à negociação em bolsa ou no mercado de balcão, para deliberação sobre: (...)
IV - fusão da companhia, ou sua incorporação em outra;
Art. 137. A aprovação das matérias previstas nos incisos I a VI e IX do art. 136 dá ao acionista dissidente o direito de retirar-se da companhia, mediante reembolso do valor das suas ações (art. 45), observadas as seguintes normas: (...).
Interessante observar que ao revés do que é disciplinado no regime das Sociedades por Ações, no regime da sociedade limitada, o recesso é assegurado indistintamente aos sócios

Procedimentalmente, a incorporação de ações também depende de deliberação das duas companhias envolvidas, sendo necessária a apresentação de protocolo e justificação.[433]

Ainda que haja posicionamento em sentido diverso,[434] entende-se que nas incorporações de ações não haverá necessariamente aquisição de controle, vez que o fato da incorporadora assumir a totalidade da participação societária da incorporada não é suficiente para que o controle seja sendo transferido.

Note-se que a incorporada poderia já ser controlada da incorporadora, objetivando esta, tão simplesmente, majorar sua participação societária e transformá-la em subsidiária integral. Por consequência, não ocorrerá obrigatoriamente transferência do poder de controle e, seguindo o critério estabelecido no trabalho, não se pode rotular indistintamente a operação como compra e venda de empresa.

A terceira modalidade analisada é a alienação de participações societárias, a qual abrange tanto a cessão de ações quanto de quotas. A alienação pode se dar a título oneroso ou gratuito e pode ter como contratantes sócios entre si ou alguém que seja sócio com pessoa que não ostente esta condição.[435] A cessão a título oneroso tem como substrato o contrato de compra e venda de empresa ou de permuta, de modo

---

da incorporadora e da incorporada, por força do disposto no art. 1.077 do Código Civil: Art. 1.077. Quando houver modificação do contrato, fusão da sociedade, incorporação de outra, ou dela por outra, terá o sócio que dissentiu o direito de retirar-se da sociedade, nos trinta dias subsequentes à reunião, aplicando-se, no silêncio do contrato social antes vigente, o disposto no art. 1.031".

[433] "Art. 252 (...) §1º A assembleia-geral da companhia incorporadora, se aprovar a operação, deverá autorizar o aumento do capital, a ser realizado com as ações a serem incorporadas e nomear os peritos que as avaliarão; os acionistas não terão direito de preferência para subscrever o aumento de capital, mas os dissidentes poderão retirar-se da companhia, observado o disposto no art. 137, II, mediante o reembolso do valor de suas ações, nos termos do art. 230. §2º A assembleia-geral da companhia cujas ações houverem de ser incorporadas somente poderá aprovar a operação pelo voto de metade, no mínimo, das ações com direito a voto, e se a aprovar, autorizará a diretoria a subscrever o aumento do capital da incorporadora, por conta dos seus acionistas; os dissidentes da deliberação terão direito de retirar-se da companhia, observado o disposto no art. 137, II, mediante o reembolso do valor de suas ações, nos termos do art. 230. §3º Aprovado o laudo de avaliação pela assembleia-geral da incorporadora, efetivar-se-á a incorporação e os titulares das ações incorporadas receberão diretamente da incorporadora as ações que lhes couberem. §4º A Comissão de Valores Mobiliários estabelecerá normas especiais de avaliação e contabilização aplicáveis às operações de incorporação de ações que envolvam companhia aberta".

[434] Para BLOK, necessariamente há transferência de controle, vide BLOK, Marcela. *Reorganizações Societárias, Fusões, Incorporações, Cisões e Outros Eventos Societários*: aspectos legais, negociais e práticos. São Paulo: Quartier Latin, 2014, p. 71.

[435] GONÇALVES NETO, Alfredo de Assis. *Direito de Empresa*: comentários aos arts. 966 a 1.195 do Código Civil Brasileiro. São Paulo: RT, 2018, p. 402.

que incidem as regras de compra e venda no que não estiver regulado pelo contrato de cessão.[436]

Por meio da cessão onerosa de participação societária, o adquirente assume a condição de sócio no lugar do alienante, de modo que lhe são transmitidos tanto os direitos patrimoniais quanto os pessoais de sócio.[437] Como sintetizado por Buschinelli: "[o] cálculo de conveniência do negócio jurídico realizado pelo comprador normalmente é pautado pelos direitos políticos ou econômicos que a participação atribui na sociedade".[438]

Nas sociedades anônimas abertas, a transferência de ações é livre e se trata de característica fundamental.[439] Nas companhias de capital fechado, admite-se que sejam impostas limitações à circulação das ações, desde que sejam minuciosas e taxativas, não impeçam de forma absoluta que o acionista possa alienar as suas ações e não sujeitem o acionista ao arbítrio dos órgãos de administração ou da maioria dos acionistas.[440] Em razão desta previsão específica incidente sobre as sociedades anônimas fechadas, Carvalhosa e Kuyven afirmam que vige "o princípio da transmissibilidade relativa das ações e não mais o da sua livre transmissibilidade".[441]

No regime das sociedades limitadas, observa-se que o art. 1.057[442] prevê que, salvo estipulação contratual em contrário, é permitida a

---

[436] GONÇALVES NETO, Alfredo de Assis; FRANÇA, Erasmo Valladão Azevedo e Novaes. Empresa Individual de Responsabilidade Limitada e Sociedades de Pessoas. In: CARVALHOSA, Modesto (Coord.). Tratado de Direito Empresarial. 2. ed. São Paulo: Thomson Reuters Brasil, 2018, p. 462.

[437] GONÇALVES NETO, Alfredo de Assis. Direito de Empresa: comentários aos arts. 966 a 1.195 do Código Civil Brasileiro. São Paulo: RT, 2018, p. 402. No mesmo sentido: BUSCHINELLI, Gabriel Saad Kik. Compra e Venda de Participações Societárias de Controle. São Paulo: Quartier Latin, 2018, p. 28.

[438] BUSCHINELLI, Gabriel Saad Kik. Compra e Venda de Participações Societárias de Controle. São Paulo: Quartier Latin, 2018, p. 27.

[439] EIZIRIK, Nelson. A Lei das S/A Comentada: arts. 1º a 120. Vol. 1. São Paulo: Quartier Latin, 2011, p. 236-237.

[440] "Art. 36. O estatuto da companhia fechada pode impor limitações à circulação das ações nominativas, contanto que regule minuciosamente tais limitações e não impeça a negociação, nem sujeite o acionista ao arbítrio dos órgãos de administração da companhia ou da maioria dos acionistas.
Parágrafo único. A limitação à circulação criada por alteração estatutária somente se aplicará às ações cujos titulares com ela expressamente concordarem, mediante pedido de averbação no livro de 'Registro de Ações Nominativas'."

[441] CARVALHOSA, Modesto; KUYVEN, Fernando. Sociedades Anônimas. In: CARVALHOSA, Modesto (Coord.). Tratado de Direito Empresarial. 2. ed. São Paulo: Thomson Reuters Brasil, 2018, p. 367.

[442] "Art. 1.057. Na omissão do contrato, o sócio pode ceder sua quota, total ou parcialmente, a quem seja sócio, independentemente de audiência dos outros, ou a estranho, se não houver oposição de titulares de mais de um quarto do capital social".

cessão de quotas entre sócios, sem a necessidade de oitiva dos demais e a terceiros desde que não haja a oposição de titulares de mais de 1/4 (um quarto) do capital social.[443] A incidência da regra inscrita no art. 1.057 traz potencial para a geração de diversos problemas,[444] especialmente porque a possibilidade de transferência entre sócios sem a necessidade de oitiva dos demais pode acarretar desagradáveis surpresas, inclusive podendo gerar desequilíbrio nas participações societárias e, por consequência, nas deliberações.

As transferências podem abranger uma parte das quotas ou ações ou a totalidade delas. Neste sentido, a cessão onerosa de quotas ou ações pode se configurar como uma operação de compra e venda de empresa de acordo com os parâmetros adotados pelo autor. Para isso, basta que ocorra a transferência onerosa de percentual de quotas ou ações suficientes para que o adquirente possa exercer o poder de controle sobre a sociedade adquirida e que quem as adquiriu efetivamente faça uso desse poder.

A delimitação de qual será o percentual dependerá, em primeiro lugar, do tipo societário, já que na sociedade limitada, por exemplo, apenas com três quartos do capital social um sócio ou grupo de sócios teria condições de prevalecer na maior parte das deliberações, inclusive para alterar o contrato social.[445] Diferentemente, na sociedade anônima a maior parte das deliberações é tomada pela maioria dos presentes na deliberação, de modo que não será preciso, necessariamente, que haja a transferência de mais da metade das ações com direito de voto para a configuração da transmissão do poder de controle, em decorrência do teor da disciplina do art. 116 da Lei nº 6.404/76.[446]

---

[443] A respeito: CORRÊA-LIMA, Osmar Brina. *Sociedade Limitada*. Rio de Janeiro: Forense, 2009, p. 49-50.

[444] GONÇALVES NETO, Alfredo de Assis; FRANÇA, Erasmo Valladão Azevedo e Novaes. Empresa Individual de Responsabilidade Limitada e Sociedades de Pessoas. *In*: CARVALHOSA, Modesto (Coord.). *Tratado de Direito Empresarial*. 2. ed. São Paulo: Thomson Reuters Brasil, 2018, p. 464-465.

[445] A respeito especificamente deste quórum de três quartos e a análise das consequências deles: GONÇALVES NETO, Alfredo de Assis; FRANÇA, Erasmo Valladão Azevedo e Novaes. Empresa Individual de Responsabilidade Limitada e Sociedades de Pessoas. *In*: CARVALHOSA, Modesto (Coord.). *Tratado de Direito Empresarial*. 2. ed. São Paulo: Thomson Reuters Brasil, 2018, p. 569-570.

[446] "Art. 116. Entende-se por acionista controlador a pessoa, natural ou jurídica, ou o grupo de pessoas vinculadas por acordo de voto, ou sob controle comum, que:
a) é titular de direitos de sócio que lhe assegurem, de modo permanente, a maioria dos votos nas deliberações da assembleia-geral e o poder de eleger a maioria dos administradores da companhia; e
b) usa efetivamente seu poder para dirigir as atividades sociais e orientar o funcionamento dos órgãos da companhia".

Em segundo lugar, disposições contratuais ou estatutárias específicas podem alterar o percentual considerado suficiente para a caracterização da transferência do controle, já que é possível que existam ações com poderes especiais, como as *golden shares*, capazes de influenciar na definição de quem é o controlador.[447] Sobre as *golden shares*, Salomão Filho as identifica como um eficiente mecanismo de deslocamento do controle.[448] Algo parecido também pode ocorrer nas sociedades que tenham acordo de sócios que disciplinem o exercício do controle.

Desta forma, a alienação de participações societárias pode ser caracterizada como uma operação de compra e venda de empresa, de modo que o fator preponderante será a verificação se houve ou não a transferência do efetivo controle societário.

Petitpierre-Sauvain explica que na compra e venda de ações de controle existiriam dois objetos na contratação: um formal, que consistiria na transferência da propriedade das ações, e um real, que seria o poder de controle que lhe seria subjacente.[449] No mesmo sentido, Comparato conclui que a cessão ordinária de ações possui diversidade qualitativa quanto ao objeto se comparada à alienação de controle.[450]

Nesta esteira, é natural o reconhecimento de que o sócio ou grupo de sócios que tenha participação societária suficiente para eleger a maioria dos administradores e orientar a sociedade na consecução de suas finalidades, ou seja, quem tem o poder de controle na sociedade, possua como algo inerente um sobrevalor no seu conjunto de ações.[451]

Nas companhias abertas, por força da previsão dos arts. 254-A e 256[452] e do 257 ao 263[453] da Lei das S/A, parte das vantagens econômicas

---

[447] Acerca das variantes a serem analisadas para identificar quem é o controlador nas companhias que emitem *golden share* verificar a análise feita em PELA, Juliana Krueger. *As golden shares no direito societário brasileiro* São Paulo: Quartier Latin, 2012, p. 165-172.

[448] SALOMÃO FILHO, Calixto. *O novo direito societário*. São Paulo: Malheiros, 1998, p. 165.

[449] PETITPIERRE-SAUVAIN, Anne. *La cession de controle, mode de cession de l'entreprise*. Genève: Georg, 1977, p. 93.

[450] COMPARATO, Fábio Konder; SALOMÃO FILHO, Calixto. *O Poder de Controle na Sociedade Anônima*. 6. ed. Rio de Janeiro: Ed. Forense, 2014, p. 231.

[451] GONÇALVES NETO, Alfredo de Assis. *Manual das Companhias ou Sociedades Anônimas*. 2. ed. São Paulo: Revista dos Tribunais, 2010, p. 302.

[452] Dentre as principais disposições legais a respeito do tema, destacam-se os seguintes artigos. "Art. 254-A. A alienação, direta ou indireta, do controle de companhia aberta somente poderá ser contratada sob a condição, suspensiva ou resolutiva, de que o adquirente se obrigue a fazer oferta pública de aquisição das ações com direito a voto de propriedade dos demais acionistas da companhia, de modo a lhes assegurar o preço no mínimo igual a 80% (oitenta por cento) do valor pago por ação com direito a voto, integrante do bloco de controle.

conferidas aos sócios que possuem esse sobrevalor deve ser estendida aos acionistas minoritários, por meio da oferta pública de aquisição (OPA). A necessidade de oferta pública de aquisição pode tornar o negócio economicamente desinteressante por conta do custo da operação.[453]

A alienação, direta ou indireta, do controle de sociedade anônima aberta somente pode ocorrer se o adquirente se obrigar a fazer oferta

> §1º Entende-se como alienação de controle a transferência, de forma direta ou indireta, de ações integrantes do bloco de controle, de ações vinculadas a acordos de acionistas e de valores mobiliários conversíveis em ações com direito a voto, cessão de direitos de subscrição de ações e de outros títulos ou direitos relativos a valores mobiliários conversíveis em ações que venham a resultar na alienação de controle acionário da sociedade.
> §2º A Comissão de Valores Mobiliários autorizará a alienação de controle de que trata o caput, desde que verificado que as condições da oferta pública atendem aos requisitos legais.
> §3º Compete à Comissão de Valores Mobiliários estabelecer normas a serem observadas na oferta pública de que trata o caput.
> §4º O adquirente do controle acionário de companhia aberta poderá oferecer aos acionistas minoritários a opção de permanecer na companhia, mediante o pagamento de um prêmio equivalente à diferença entre o valor de mercado das ações e o valor pago por ação integrante do bloco de controle.
> Art. 256. A compra, por companhia aberta, do controle de qualquer sociedade mercantil, dependerá de deliberação da assembleia-geral da compradora, especialmente convocada para conhecer da operação, sempre que:
> I - O preço de compra constituir, para a compradora, investimento relevante (artigo 247, parágrafo único); ou
> II - o preço médio de cada ação ou quota ultrapassar uma vez e meia o maior dos 3 (três) valores a seguir indicados:
> a) cotação média das ações em bolsa ou no mercado de balcão organizado, durante os noventa dias anteriores à data da contratação;
> b) valor de patrimônio líquido (artigo 248) da ação ou quota, avaliado o patrimônio a preços de mercado (artigo 183, §1º);
> c) valor do lucro líquido da ação ou quota, que não poderá ser superior a 15 (quinze) vezes o lucro líquido anual por ação (artigo 187 n. VII) nos 2 (dois) últimos exercícios sociais, atualizado monetariamente.
> §1º A proposta ou o contrato de compra, acompanhado de laudo de avaliação, observado o disposto no art. 8º, §§1º e 6º, será submetido à prévia autorização da assembleia-geral, ou à sua ratificação, sob pena de responsabilidade dos administradores, instruído com todos os elementos necessários à deliberação.
> §2º Se o preço da aquisição ultrapassar uma vez e meia o maior dos três valores de que trata o inciso II do caput, o acionista dissidente da deliberação da assembleia que a aprovar terá o direito de retirar-se da companhia mediante reembolso do valor de suas ações, nos termos do art. 137, observado o disposto em seu inciso II".

[453] COMPARATO, Fábio Konder; SALOMÃO FILHO, Calixto. *O Poder de Controle na Sociedade Anônima*. 6. ed. Rio de Janeiro: Forense, 2014, p. 204. A respeito do tema, os próprios autores descrevem que a maior parte das companhias no Brasil não conta com capital disperso, vide COMPARATO, Fábio Konder; SALOMÃO FILHO, Calixto. *O Poder de Controle na Sociedade Anônima*. 6. ed. Rio de Janeiro: Forense, 2014, p. 215. No mesmo sentido: MUNHOZ, Eduardo Secchi. *Aquisição de Controle na Sociedade Anônima*. São Paulo: Saraiva, 2013, p. 39.

[454] "Art. 257. A oferta pública para aquisição de controle de companhia aberta somente poderá ser feita com a participação de instituição financeira que garanta o cumprimento das obrigações assumidas pelo ofertante.
(...)

pública de aquisição das ações com direito a voto dos demais acionistas, assegurando-lhe preço no mínimo igual a 80% (oitenta por cento) do valor pago por ação com direito a voto do bloco de controle.[455]

O mesmo direito assegurado aos acionistas minoritários com direito a voto pode ser estendido estatutariamente aos acionistas preferenciais sem direito a voto e aos acionistas de companhias fechadas.[456] Também não há impeditivo para que a cláusula *tag along* seja inserida nos demais tipos societários.

A Lei nº 6.404/76 previu dois regimes distintos e excludentes de oferta pública de aquisição para regular a alienação do controle, sendo uma obrigatória e uma voluntária. O art. 254-A (obrigatória) regula a alienação de controle, operação pela qual parte ou o todo das ações do bloco de controle é transferida(o) a terceiro, que passa a deter o poder de controle.[457] Já o art. 257 (voluntária) trata da aquisição de controle de companhia com dispersão acionária.[458]

A diferença se encontra na verificação da companhia já ter ou não um controlador.[459] Observe-se que só é possível falar em alienação de controle se a sociedade já possuir um controlador, distinguindo-se, portanto, de uma simples compra e venda de ações que estão dispersas no mercado e que conduza a uma situação de controle.[460] Não havendo

---

§1º Se a oferta contiver permuta, total ou parcial, dos valores mobiliários, somente poderá ser efetuada após prévio registro na Comissão de Valores Mobiliários.
§2º A oferta deverá ter por objeto ações com direito a voto em número suficiente para assegurar o controle da companhia e será irrevogável.
§3º Se o ofertante já for titular de ações votantes do capital da companhia, a oferta poderá ter por objeto o número de ações necessário para completar o controle, mas o ofertante deverá fazer prova, perante a Comissão de Valores Mobiliários, das ações de sua propriedade.
§4º A Comissão de Valores Mobiliários poderá expedir normas sobre oferta pública de aquisição de controle".

[455] GONÇALVES NETO, Alfredo de Assis. *Manual das Companhias ou Sociedades Anônimas*. 2. ed. São Paulo: Revista dos Tribunais, 2010, p. 302-303.
[456] GONÇALVES NETO, Alfredo de Assis. *Manual das Companhias ou Sociedades Anônimas*. 2. ed. São Paulo: Revista dos Tribunais, 2010, p. 303.
[457] CARVALHOSA, Modesto; KUYVEN, Fernando. Sociedades Anônimas. In: CARVALHOSA, Modesto (Coord.). *Tratado de Direito Empresarial*. 2. ed. São Paulo: Thomson Reuters Brasil, 2018, p. 662.
[458] CARVALHOSA, Modesto; KUYVEN, Fernando. Sociedades Anônimas. In: CARVALHOSA, Modesto (Coord.). *Tratado de Direito Empresarial*. 2. ed. São Paulo: Thomson Reuters Brasil, 2018, p. 662.
[459] MUNHOZ, Eduardo Secchi. *Aquisição de Controle na Sociedade Anônima*. São Paulo: Saraiva, 2013, p. 39.
[460] MUNHOZ, Eduardo Secchi. *Aquisição de Controle na Sociedade Anônima*. São Paulo: Saraiva, 2013, p. 167. A menção aqui se referente à inexistência de controle acionário.

controlador, torna-se despicienda discussão a respeito de divisão do prêmio de controle.[461] Há também a possibilidade de o adquirente oferecer aos minoritários com direito a voto a permanência na sociedade, mediante o pagamento de prêmio equivalente à diferença entre o valor de mercado da ação e aquele pago por ação integrante do bloco de controle.[462]

A alienação de controle se enquadra à concepção de compra e venda de empresa proposta. Tal operação se dá a título oneroso, transferindo, como o próprio nome diz, o poder de controle sobre a empresa.

Observe-se, assim, que a incorporação de sociedades, a incorporação de ações, a alienação de quotas ou ações e a alienação de controle são campos propícios para análises que se utilizem das ferramentas da economia comportamental. As noções de heurísticas e vieses têm potencial para contribuir para a compreensão das atitudes dos diversos agentes envolvidos na operação, especialmente os sócios e administradores das sociedades. Ademais, apresenta-se como assunto que potencialmente atraia a arquitetura de *nudges* como mecanismos de incentivar ou desincentivar comportamentos aos agentes, vez que a operação afeta múltiplos envolvidos, inclusive minoritários, empregados e a própria coletividade, como destaca Comparato.[463]

Nesse campo, o *tag alone*, em sua feição obrigatória, assim como as imposições normativas relacionadas às operações entre controladoras e controladas funcionam como mecanismos de incentivo/desincentivo que afetam as escolhas e podem conduzir a uma tomada de decisão por parte dos administradores e/ou dos sócios. Enquadram-se na arquitetura dos *nudges* por não determinarem ou proibirem operações societárias, mas estabelecerem consequências ou exigências voltadas a minimizar, por exemplo, heurísticas pautadas exclusivamente em dados pretéritos, aptas a conduzir a tomada de decisão, mas que se afastem da busca do sistema jurídico em favor de alguma forma de projeção de ganhos para além das partes envolvidas (como é o caso do direito ao ágio para os acionistas minoritários no caso de alienação do controle).

---

[461] MUNHOZ, Eduardo Secchi. *Aquisição de Controle na Sociedade Anônima*. São Paulo: Saraiva, 2013, p. 170. No mesmo sentido, não há exigência legal que imponha a prévia realização de oferta pública de fechamento de capital dirigida aos acionistas de sociedade cujas ações serão incorporadas.

[462] GONÇALVES NETO, Alfredo de Assis. *Manual das Companhias ou Sociedades Anônimas*. 2. ed. São Paulo: Revista dos Tribunais, 2010, p. 303.

[463] COMPARATO, Fábio Konder; SALOMÃO FILHO, Calixto. *O Poder de Controle na Sociedade Anônima*. 6. ed. Rio de Janeiro: Forense, 2014, p. 226.

2.2 Trespasse

A transferência de uma empresa pode se dar também por vias não societárias, o que pode ocorrer, especialmente, por meio da transmissão da atividade produtiva pela aquisição dos bens que se destinam à empresa, permitindo a sequência da exploração pelo agente econômico que a adquiriu.

O Código Civil brasileiro de 2002 adotou o termo estabelecimento para remeter ao conjunto de bens organizado pelo empresário, pela sociedade empresária ou pela EIRELI[464] para o exercício da empresa.[465] Em outros diplomas normativos a expressão fundo de comércio é utilizada com o mesmo significado.[466]

A instrumentalidade é a característica maior do estabelecimento,[467] já que os bens são direcionados ao exercício da atividade empresarial, o que consta em seu próprio conceito.[468]

A titularidade do estabelecimento traz uma configuração própria no aspecto patrimonial, vez que recai sobre uma universalidade de bens e não necessariamente sobre os bens individualmente analisados. Isto fica claro ao se constatar que é possível que o empresário seja proprietário do estabelecimento, mas não dos bens que o compõem.[469]

---

[464] Lacerda menciona que diante da criação da Empresa Individual de Responsabilidade Limitada não haveria como deixá-la de reconhecer como possível titular do estabelecimento. LACERDA, Maurício Andere von Bruck. O contrato de locação comercial no âmbito da transferência do estabelecimento. In: KOURY, Suzy Elizabeth Cavalcante (Org.). *Direito Empresarial*: os novos enunciados da Justiça Federal. São Paulo: Quartier Latin, 2013, p. 242.

[465] Vide BUSCHINELLI, Gabriel Saad Kik. *Compra e Venda de Participações Societárias de Controle*. São Paulo: Quartier Latin, 2018, p. 281. A noção de estabelecimento é consagrada no art. 1.142 do Código Civil: "Considera-se estabelecimento todo complexo de bens organizado, para exercício da empresa, por empresário, ou por sociedade empresária". A respeito do referido artigo, GONÇALVES NETO, Alfredo de Assis. *Direito de Empresa*: comentários aos arts. 966 a 1.195 do Código Civil Brasileiro. São Paulo: RT, 2018, p. 668.

[466] Antes da entrada em vigor do Código Civil de 2002, Oscar Barreto Filho considerava que estabelecimento e fundo de comércio eram sinônimos e já identificava que os diferentes diplomas normativos no Brasil não faziam distinções entre os termos, vide BARRETO FILHO, Oscar. *Teoria do Estabelecimento Comercial*: fundo de comércio ou fazenda mercantil. São Paulo: Max Limonad, 1969, p. 30 e p. 65. A título de exemplo de leis que usam a nomenclatura fundo de comércio: art. 51 da Lei nº 8.245/1991 (Lei de Locações) e art. 133 do Código Tributário Nacional (CTN).

[467] BARRETO FILHO, Oscar. *Teoria do Estabelecimento Comercial*: fundo de comércio ou fazenda mercantil. São Paulo: Max Limonad, 1969, p. 75.

[468] BECUE, Sabrina. *A alienação de estabelecimento empresarial*: recuperação judicial e a inexistência de sucessão. São Paulo: Quartier Latin, 2018, p. 44-46.

[469] FÉRES, Marcelo Andrade. *Estabelecimento Empresarial*: trespasse e efeitos obrigacionais. São Paulo: Saraiva, 2007, p. 42.

Há divergência quanto à natureza jurídica do estabelecimento, se uma universalidade de fato ou de direito.[470] Para os defensores da primeira linha (universalidade de fato), a articulação dos bens que compõem o estabelecimento é feita exclusivamente pelo empresário (ou sociedade ou EIRELI), assim, seria o sujeito e não a lei que construiria o liame que une os bens[471] e lhes dá o caráter de bem jurídico unitário. De modo inverso, os que defendem se tratar de uma universalidade de direito sustentam que é a lei quem traz a unicidade de tratamento, o que teria sido feito pelo Código Civil brasileiro.[472]

Gonçalves Neto propõe uma perspectiva temperada, fundamentando que "[o] estabelecimento, enquanto integrado por bens móveis, é uma universalidade de fato; universalidade de direito, se envolver, além dos bens, direitos relativos à exploração da atividade (...)",[473] dependendo, assim, do contexto fático a ser analisado.

Também subsiste controvérsia doutrinária quanto ao imóvel ser compreendido ou não pela noção de estabelecimento.[474] Verçosa, por exemplo, afirma que não pode ser superada a constatação de que a tutela do conjunto de bens organizado para o exercício da empresa

---

[470] Os seguintes autores consideram o estabelecimento universalidade de fato à luz dos preceitos do Código Civil de 2002: BOTREL, Sérgio. *Fusões e Aquisições*. 4. ed. São Paulo: Saraiva, 2016, p. 21-30; VERÇOSA, Haroldo Malheiros Duclerc. *Direito Comercial*: teoria geral. 4. ed. São Paulo: Revista dos Tribunais, 2014, p. 248; FÉRES, Marcelo Andrade. *Estabelecimento Empresarial*: trespasse e efeitos obrigacionais. São Paulo: Saraiva, 2007, p. 20; POSTIGLIONE, Marino Luiz. *Direito Empresarial*: o estabelecimento e seus aspectos contratuais. Barueri: Manole, 2006, p. 115; BECUE, Sabrina. *A alienação de estabelecimento empresarial*: recuperação judicial e a inexistência de sucessão. São Paulo: Quartier Latin, 2018, p. 44-46. Em sentido contrário, asseverando ser o estabelecimento uma universalidade de direito: TOKARS, Fábio. *Estabelecimento Empresarial*. São Paulo: LTr, 2006, p. 25-28; IACOMINI, Marcello Pietro. *Da alienação do estabelecimento comercial*. São Paulo: Livraria Paulista, 2004, p. 17. Antes da entrada em vigor do Código Civil de 2002, Barreto Filho afirmou que o estabelecimento seria uma universalidade de fato, vide: BARRETO FILHO, Oscar. *Teoria do Estabelecimento Comercial*: fundo de comércio ou fazenda mercantil. São Paulo: Max Limonad, 1969, p.107.

[471] Dentre todos os citados, ver: FÉRES, Marcelo Andrade. *Estabelecimento Empresarial*: trespasse e efeitos obrigacionais. São Paulo: Saraiva, 2007, p. 20-21.

[472] TOKARS, Fábio. *Estabelecimento Empresarial*. São Paulo: LTr, 2006, p. 25-28.

[473] GONÇALVES NETO, Alfredo de Assis. *Direito de Empresa*: comentários aos arts. 966 a 1.195 do Código Civil Brasileiro. São Paulo: RT, 2018, p. 672.

[474] Dentre os autores citados pelo trabalho, os que afirmam expressamente que o imóvel compõe o estabelecimento são: TOKARS, Fábio. *Estabelecimento Empresarial*. São Paulo: LTr, 2006, p. 106; FÉRES, Marcelo Andrade. *Estabelecimento Empresarial*: trespasse e efeitos obrigacionais. São Paulo: Saraiva, 2007, p. 48-49; BECUE, Sabrina. *A alienação de estabelecimento empresarial*: recuperação judicial e a inexistência de sucessão. São Paulo: Quartier Latin, 2018, p. 44-46; POSTIGLIONE, Marino Luiz. *Direito Empresarial*: o estabelecimento e seus aspectos contratuais. Barueri: Manole, 2006, p. 59-61. Por outro lado, autores que sustentam que o imóvel não compõe o estabelecimento: REQUIÃO, Rubens. *Curso de Direito Comercial*. Vol. I. São Paulo: Saraiva, 1993, p. 213; VERÇOSA, Haroldo Malheiros Duclerc. *Direito Comercial*: teoria geral. 4. ed. São Paulo: Revista dos Tribunais, 2014, p. 255.

não abrange o imóvel, razão pela qual não haveria como considerá-lo parte do estabelecimento.[475] Tokars, por outro lado, sustenta que o imóvel, desde que destinado ao exercício da empresa e, portanto, sendo componente do conjunto de bens organizado pelo empresário com essa destinação, não pode ser excluído da noção de estabelecimento.[476]

Gonçalves Neto aponta que o problema não comporta solução inequívoca, já que se o imóvel estiver integrado à empresa comporá o estabelecimento, sem, no entanto, seguir o regime jurídico incidente sobre o conjunto de bens organizado pelo empresário para o exercício da empresa.[477] Destarte, pode-se identificá-lo como partícipe do estabelecimento, sem que, com isso, atraia para si a incidência do regime deste.

O trespasse é conceituado como a transferência do estabelecimento.[478] Para a configuração da operação é preciso que haja a venda da unidade (estabelecimento), caso contrário estar-se-ia a falar de venda de bens esparsos.[479] Havendo trespasse, é o núcleo econômico[480] que viabiliza a imediata continuidade da empresa, que é passado a terceiro.

A aquisição do estabelecimento pode se dar de maneira originária ou derivada. Ocorre originariamente quando o empresário (em sentido *lato*) seleciona e organiza o conjunto de bens destinado à empresa, ou seja, quando constitui o estabelecimento.[481] A aquisição derivada é a que acontece quando o empresário adquire um estabelecimento já existente.[482] Para que fique configurada a operação de trespasse, é necessário que se esteja tratando de aquisição derivada do estabelecimento, vez que é exigida a transferência, ou seja, uma prévia titularidade de outrem.

---

[475] VERÇOSA, Haroldo Malheiros Duclerc. *Direito Comercial*: teoria geral. 4. ed. São Paulo: Revista dos Tribunais, 2014, p. 255.
[476] TOKARS, Fábio. *Estabelecimento Empresarial*. São Paulo: LTr, 2006, p. 62-65.
[477] GONÇALVES NETO, Alfredo de Assis. *Direito de Empresa*: comentários aos arts. 966 a 1.195 do Código Civil Brasileiro. São Paulo: RT, 2018, p. 672.
[478] IACOMINI, Marcello Pietro. *Da alienação do estabelecimento comercial*. São Paulo: Livraria Paulista, 2004, p. 31. Também ver TOKARS, Fábio. *Estabelecimento Empresarial*. São Paulo: LTr, 2006, p. 15; FILKENSTEIN, Maria Eugênia. Estabelecimento Empresarial, Trespasse e suas Consequências. *In:* KOURY, Suzy Elizabeth Cavalcante (Org.). *Direito Empresarial*: os novos enunciados da Justiça Federal. São Paulo: Quartier Latin, 2013, p. 149.
[479] POSTIGLIONE, Marino Luiz. *Direito Empresarial*: o estabelecimento e seus aspectos contratuais. Barueri: Manole, 2006, p. 112.
[480] BARBOSA, Pedro Marcos Nunes. *E-stabelecimento*: teoria do estabelecimento comercial na internet, aplicativos, websites, segregação patrimonial, *trade dress* eletrônico, concorrência online, ativos intangíveis cibernéticos e negócios jurídicos. São Paulo: Quartier Latin, 2017, p.51.
[481] FÉRES, Marcelo Andrade. *Estabelecimento Empresarial*: trespasse e efeitos obrigacionais. São Paulo: Saraiva, 2007, p. 42-43.
[482] FÉRES, Marcelo Andrade. *Estabelecimento Empresarial*: trespasse e efeitos obrigacionais. São Paulo: Saraiva, 2007, p. 43.

É a própria lei, por meio do art. 1.143 do Código Civil brasileiro, que traz a possibilidade de o estabelecimento ser objeto unitário de negócios,[483] ainda que não mencione expressamente o termo trespasse.[484] A unidade, seja ela considerada universalidade de direito ou de fato, é essencial para que o valor da organização dos bens seja levado em consideração na operação, retirando-lhes o caráter de mera reunião de ativos. Essa unidade gera um valor próprio, dissociável do valor da somatória dos bens corpóreos e incorpóreos reunidos.

O trespasse não se confunde com os movimentos societários, ainda que guarde alguns efeitos semelhantes àqueles da cisão (transferência de bens) e que tenha potencial de produzir efeitos similares à cessão onerosa de quotas ou ações[485] (assumir o controle da atividade empresarial). O trespasse trata da transferência, como dito, de uma universalidade de bens, não de participação societária,[486] aspecto que, por si só, o diferencia das demais operações mencionadas.

Também não se confunde com a cisão porque as operações possuem regimes jurídicos diversos. Veja-se que a cisão produz efeitos societários típicos (como alteração do contrato social ou estatuto), enquanto no trespasse não há necessidade de alteração contratual ou estatutária.

Ademais, a responsabilidade por dívidas é diferente.[487] Na transferência de estabelecimento o trespassário assume apenas os débitos contabilizados[488] e o trespassante continua responsável por eventuais

---

[483] "Art. 1.143. Pode o estabelecimento ser objeto unitário de direitos e de negócios jurídicos, translativos ou constitutivos, que sejam compatíveis com a sua natureza". Esta constatação é feita em IACOMINI, Marcello Pietro. *Da alienação do estabelecimento comercial*. São Paulo: Livraria Paulista, 2004, p. 31. Também em FÉRES, Marcelo Andrade. *Estabelecimento Empresarial*: trespasse e efeitos obrigacionais. São Paulo: Saraiva, 2007, p. 44.

[484] FÉRES, Marcelo Andrade. *Estabelecimento Empresarial*: trespasse e efeitos obrigacionais. São Paulo: Saraiva, 2007, p. 46. O art. 1.144 faz menção ao termo alienação.

[485] FÉRES, Marcelo Andrade. *Estabelecimento Empresarial*: trespasse e efeitos obrigacionais. São Paulo: Saraiva, 2007, p. 173-175.

[486] POSTIGLIONE, Marino Luiz. *Direito Empresarial*: o estabelecimento e seus aspectos contratuais. Barueri: Manole, 2006, p. 115. No mesmo sentido: FILKENSTEIN, Maria Eugênia. Estabelecimento Empresarial, Trespasse e suas Consequências. *In:* KOURY, Suzy Elizabeth Cavalcante (Org.). *Direito Empresarial*: os novos enunciados da Justiça Federal. São Paulo: Quartier Latin, 2013, p. 155. Também: LACERDA, Maurício Andere von Bruck. O contrato de locação comercial no âmbito da transferência do estabelecimento. *In:* KOURY, Suzy Elizabeth Cavalcante (Org.). *Direito Empresarial*: os novos enunciados da Justiça Federal. São Paulo: Quartier Latin, 2013, p. 244.

[487] FÉRES, Marcelo Andrade. *Estabelecimento Empresarial*: trespasse e efeitos obrigacionais. São Paulo: Saraiva, 2007, p. 175.

[488] Por força do art. 1.146 do Código Civil, *in verbis*: "O adquirente do estabelecimento responde pelo pagamento dos débitos anteriores à transferência, desde que regularmente contabilizados, continuando o devedor primitivo solidariamente obrigado pelo prazo de

débitos ocultos, além de responder, solidariamente por um ano, pelos vencidos desde a data da publicação da transferência e pelos vincendos a contar do dia de vencimento.

De modo diverso, na cisão total a(s) cindida(s) responderá(ão) solidariamente por todas as dívidas e na cisão parcial haverá, em regra,[489] responsabilização solidária entre cindenda e cindida(s),[490] salvo definição diversa prevista no protocolo.

Na mesma esteira, ainda que a cessão de quotas ou ações possa produzir funcionalmente efeitos semelhantes aos do trespasse, a estruturação das operações é diversa. Na cessão de participação societária há mudança do sócio/acionista sem que se mude o titular do conjunto de bens organizado para o exercício da empresa, já que a sociedade continua sendo a titular do estabelecimento. Por outro lado, no trespasse é alterado o sujeito de direito titular de tal conjunto de bens,[491] passando-se do alienante para o adquirente.

Aspecto relevante relacionado ao estabelecimento é a clientela (rol de clientes que habitualmente adquire os produtos ou serviços disponibilizados no estabelecimento), a qual constitui um atributo do conjunto de bens organizado para o exercício da empresa por empresário, empresa individual de responsabilidade limitada ou sociedade.

A transferência do estabelecimento não pressupõe que a clientela seja transferida ao adquirente, em razão desta ser uma qualidade atribuída ao referido conjunto de bens[492] – e não um bem em si mesmo[493] –

---

um ano, a partir, quanto aos créditos vencidos, da publicação, e, quanto aos outros, da data do vencimento".

[489] O parágrafo único do art. 233 da Lei das S/A possibilita pactuação que delimite a responsabilização. "Art. 233 (...). Parágrafo único. O ato de cisão parcial poderá estipular que as sociedades que absorverem parcelas do patrimônio da companhia cindida serão responsáveis apenas pelas obrigações que lhes forem transferidas, sem solidariedade entre si ou com a companhia cindida, mas, nesse caso, qualquer credor anterior poderá se opor à estipulação, em relação ao seu crédito, desde que notifique a sociedade no prazo de 90 (noventa) dias a contar da data da publicação dos atos da cisão".

[490] "Art. 233. Na cisão com extinção da companhia cindida, as sociedades que absorverem parcelas do seu patrimônio responderão solidariamente pelas obrigações da companhia extinta. A companhia cindida que subsistir e as que absorverem parcelas do seu patrimônio responderão solidariamente pelas obrigações da primeira anteriores à cisão".

[491] BARBOSA, Pedro Marcos Nunes. *E-stabelecimento*: teoria do estabelecimento comercial na internet, aplicativos, websites, segregação patrimonial, *trade dress* eletrônico, concorrência online, ativos intangíveis cibernéticos e negócios jurídicos. São Paulo: Quartier Latin, 2017, p.51.

[492] POSTIGLIONE, Marino Luiz. *Direito Empresarial*: o estabelecimento e seus aspectos contratuais. Barueri: Manole, 2006, p. 110.

[493] Féres observa que no ordenamento jurídico argentino a clientela é tutelada juridicamente como um bem. FÉRES, Marcelo Andrade. *Estabelecimento Empresarial*: trespasse e efeitos obrigacionais. São Paulo: Saraiva, 2007, p. 36.

e pelo fato de que não é viável que o conjunto de pessoas que frequentemente adquire produtos ou serviços no estabelecimento seja obrigado a acompanhar o destino da operação.[494]

O mesmo raciocínio se aplica ao aviamento, vez que a aptidão do estabelecimento para gerar lucros[495] é atributo que agrega valor ao conjunto de bens, mas não é um bem imaterial em si mesmo[496] que possa ser acrescido formalmente na definição do valor da negociação do trespasse.

Para viabilizar ao adquirente a continuidade na atividade desempenhada por meio do conjunto de bens adquiridos é que o legislador prevê, como regra geral, a manutenção da vigência dos contratos estipulados para a exploração do estabelecimento,[497] uma vez que os contratos integram o estabelecimento, além de figurarem, frequentemente, como ativos relevantes para a ocorrência do trespasse.

Nada obstante – e aqui fica clara a possibilidade de uma definição legal desestimular um negócio que potencialmente fosse interessante – o regime jurídico incidente sobre o trespasse é pouco atrativo aos agentes econômicos[498] e faz com a que a operação não seja a primeira escolha empresarial, sendo frequentemente substituída pelos mecanismos societários.[499]

---

[494] GONÇALVES NETO, Alfredo de Assis. *Direito de Empresa*: comentários aos arts. 966 a 1.195 do Código Civil Brasileiro. São Paulo: RT, 2018, p. 678. Também: TOKARS, Fábio. *Estabelecimento Empresarial*. São Paulo: LTr, 2006, p. 84.

[495] BARBOSA, Pedro Marcos Nunes. *E-stabelecimento*: teoria do estabelecimento comercial na internet, aplicativos, websites, segregação patrimonial, *trade dress* eletrônico, concorrência online, ativos intangíveis cibernéticos e negócios jurídicos. São Paulo: Quartier Latin, 2017, p. 35.

[496] GONÇALVES NETO, Alfredo de Assis. *Direito de Empresa*: comentários aos arts. 966 a 1.195 do Código Civil Brasileiro. São Paulo: RT, 2018, p. 677.

[497] A respeito, veja-se a redação do seguinte artigo do Código Civil brasileiro. "Art. 1.148. Salvo disposição em contrário, a transferência importa a sub-rogação do adquirente nos contratos estipulados para exploração do estabelecimento, se não tiverem caráter pessoal, podendo os terceiros rescindir o contrato em noventa dias a contar da publicação da transferência, se ocorrer justa causa, ressalvada, neste caso, a responsabilidade do alienante".

[498] Acerca da sucessão nas dívidas com o trespasse ver: BRITO, Alexandre Aguiar de. A questão da responsabilidade, por sucessão *"inter vivos"*, no contrato de trespasse. *Revista de Direito Mercantil, industrial, econômico e financeiro*, ano XXXIX, n. 120, p. 128-135, out./dez. 2000. Sobre a diferença com a compra e venda de participações societárias ver: BUSCHINELLI, Gabriel Saad Kik. *Compra e Venda de Participações Societárias de Controle*. São Paulo: Quartier Latin, 2018, p. 281-283. Em sentido contrário, Filkenstein afirma que o regime brasileiro é "claro e adaptado à realidade brasileira" em FILKENSTEIN, Maria Eugênia. Estabelecimento Empresarial, Trespasse e suas Consequências. *In*: KOURY, Suzy Elizabeth Cavalcante (Org.). *Direito Empresarial*: os novos enunciados da Justiça Federal. São Paulo: Quartier Latin, 2013, p. 147.

[499] BARBOSA, Pedro Marcos Nunes. *E-stabelecimento*: teoria do estabelecimento comercial na internet, aplicativos, websites, segregação patrimonial, *trade dress* eletrônico, concorrência

Isto se deve ao confuso regime de responsabilidade pelo passivo,[500] às obrigações formais de publicação em diário oficial e registro perante à junta comercial[501] (exigências que contrastam com a característica do sigilo,[502] própria de uma compra e venda de empresa) e ao impacto fiscal relacionado ao ganho de capital na operação (diferença entre o valor registrado nos livros e o valor de venda), que será tributado em 34% (trinta e quatro por cento), como regra geral.[503]

Muito especialmente, a previsão de que o adquirente responde pelas obrigações contabilizadas gera um problema de inconformidade com o regime jurídico empresarial tomado em suas bases gerais. O titular da obrigação não é o estabelecimento alienado e, sim, a sociedade, a EIRELI ou o empresário alienante, que continua existindo após a operação de trespasse. A situação é ainda mais delicada quando se trata de uma obrigação relacionada não exclusivamente ao estabelecimento alienado, mas que tenha beneficiado outros estabelecimentos que foram mantidos na titularidade originária. Há uma potencialidade de conflitos indesejáveis em termos de segurança para as partes contratantes.

O desenvolvimento dos debates envolvendo a abrangência ou não do imóvel na noção de estabelecimento e a qualificação como universalidade de fato ou de direito se mostram relevante para a identificação do que é contemplado pelo trespasse e do regime jurídico a ser seguido quando da alienação do conjunto dos bens que integram o estabelecimento.

Reforça-se que o trespasse se caracteriza quando o contrato tem por objeto a alienação de bens que sejam suficientes ao desenvolvimento da empresa, sem a necessidade de incrementos por parte do adquirente.[504] Difere da compra e venda de ativos, em que são transferidos

---

online, ativos intangíveis cibernéticos e negócios jurídicos. São Paulo: Quartier Latin, 2017, p. 51. No mesmo sentido: TOKARS, Fábio. *Estabelecimento Empresarial*. São Paulo: LTr, 2006, p. 1578; BOTREL, Sérgio. *Fusões e Aquisições*. 4. ed. São Paulo: Saraiva, 2016, p. 227.

[500] TOKARS, Fábio. *Estabelecimento Empresarial*. São Paulo: LTr, 2006, p. 177.

[501] Vide art. 1.144 do Código Civil. "O contrato que tenha por objeto a alienação, o usufruto ou arrendamento do estabelecimento, só produzirá efeitos quanto a terceiros depois de averbado à margem da inscrição do empresário, ou da sociedade empresária, no Registro Público de Empresas Mercantis, e de publicado na imprensa oficial". A respeito das formalidades de registro quando do trespasse ver TOKARS, Fábio. *Estabelecimento Empresarial*. São Paulo: LTr, 2006, p. 95.

[502] GONÇALVES NETO, Alfredo de Assis. *Direito de Empresa*: comentários aos arts. 966 a 1.195 do Código Civil Brasileiro. São Paulo: RT, 2018, p. 683.

[503] BOTREL, Sérgio. *Fusões e Aquisições*. 4. ed. São Paulo: Saraiva, 2016, p. 228.

[504] TOKARS, Fábio. *Estabelecimento Empresarial*. São Paulo: LTr, 2006, p. 106. No mesmo sentido, Féres afirma que, para que seja configurado o trespasse, necessário é que tenha havido a transferência de bens suficientes à preservação da utilização do estabelecimento como tal.

apenas os bens que interessam ao adquirente.[505] Assim, no trespasse necessariamente há compra de ativos, mas a compra de ativos não configurará obrigatoriamente o trespasse.[506]

A despeito do esforço doutrinário, no aspecto prático é complexa a distinção entre a venda de determinados bens e o trespasse propriamente dito, já que a quantidade de elementos que seja suficiente à continuidade da atividade empresarial é variável e questionável em cada operação.

Em artigo a respeito de decisão proferida pelo Superior Tribunal de Justiça,[507] no qual se discutiu a configuração ou não do trespasse e se a noção de estabelecimento engloba ou não a propriedade imobiliária, Ribeiro analisa caso em que, mediante dois instrumentos contratuais, um posto de gasolina e o respectivo imóvel foram vendidos a terceiro.[508]

Com base na alegação de ter havido inadimplência recíproca, os alienantes propuseram ação de rescisão de compra e venda do posto e do imóvel. Os adquirentes, por sua vez, manejaram ação de rescisão

---

FÉRES, Marcelo Andrade. *Estabelecimento Empresarial*: trespasse e efeitos obrigacionais. São Paulo: Saraiva, 2007, p. 52.

[505] CASTRO, Rodrigo Rocha Monteiro de. *Regime Jurídico das Reorganizações*: societária, empresarial e associativa. São Paulo: 2016, p. 275.

[506] CASTRO, Rodrigo Rocha Monteiro de. *Regime Jurídico das Reorganizações*: societária, empresarial e associativa. São Paulo: 2016, p. 279.

[507] RESP 37.968/SP, Relator Min. Aldir Passarinho Junior. Ementa: "CIVIL E PROCESSUAL. AÇÕES DE RESCISÃO DE CONTRATOS DE COMPRA E VENDA DE ESTABELECIMENTO COMERCIAL E IMÓVEIS. PROCEDÊNCIA DA DEMANDA RESCISÓRIA MOVIDA PELOS COMPRADORES. CONDENAÇÃO EM PERDAS E DANOS. LIQUIDAÇÃO. LIMITAÇÃO DOS PREJUÍZOS APENAS AO COMÉRCIO DE LUBRIFICANTES. COISA JULGADA. VIOLAÇÃO. CPC, ART. 468. DEDUÇÃO DE PERCENTUAL DA INDENIZAÇÃO A TÍTULO DE CÁLCULO DE TRIBUTO. PREQUESTIONAMENTO AUSENTE. SÚMULA N. 211-STJ.
I. Identificado que o acórdão exequendo concluiu pela existência de um único negócio jurídico compreendendo tanto os contratos de compra e venda do estabelecimento comercial, como do imóvel em que edificado, cuja rescisão, por inadimplência dos vendedores, gerou para os compradores direito à indenização por perdas e danos sobre a integralidade da avença, constitui ofensa ao art. 468, do CPC, a decisão proferida em sede de execução que limita o ressarcimento aos prejuízos advindos exclusivamente da diferença entre o volume de combustível realmente vendido e aquele estimado como sendo o potencial do estabelecimento.
II. Procedente, pois, a pretensão de, em atenção à coisa julgada, incluir-se, na condenação, as perdas e danos decorrentes do desfazimento da compra e venda do imóvel respectivo, afastando-se a limitação indevidamente imposta em sede de execução.
III. Ausência de prequestionamento da matéria atinente à dedução determinada pelo acórdão a título de apuração do valor líquido efetivo (Súmula n. 211-STJ).
IV. Recurso especial conhecido em parte e nessa extensão provido.
(REsp 37.968/SP, Rel. Ministro ALDIR PASSARINHO JUNIOR, QUARTA TURMA, julgado em 15.03.2005, DJ 25.04.2005, p. 349)".

[508] RIBEIRO, Marcia Carla Pereira. Causa do Negócio e Causa do Contrato na Compra e Venda de Estabelecimento Empresarial e Imóvel: comentário à jurisprudência. *Revista de Direito Empresarial*, Curitiba, n. 5, p. 145-158, jan./jun. 2006.

unicamente em relação à aquisição do posto de gasolina, alegando que os contratos eram autônomos e os negócios distintos, não havendo interesse em rescindir a compra e venda do imóvel.[509]

Em primeira instância, reconheceu-se a rescisão de ambos os instrumentos e a consequente retomada do imóvel e do estabelecimento pela vendedora. Em segundo grau, o Tribunal de Justiça de São Paulo considerou que embora tenha havido a celebração de dois instrumentos contratuais em separado, o negócio foi único, de modo que o imóvel foi vendido somente em razão da venda do estabelecimento.[510]

O Superior Tribunal de Justiça, em sede de liquidação de sentença, confirmou que o negócio realizado pelas partes compreendia o posto de gasolina e o imóvel, identificando, portanto, que o trespasse (e, por consequência, o estabelecimento) englobava também o imóvel, determinando que ambos fossem considerados quando da apuração das perdas e danos.[511]

Como se não bastasse o interesse das partes na configuração de um negócio como trespasse, tal qual o relatado anteriormente, há também motivação para que terceiros busquem a qualificação da referida operação, vez que estará apta a gerar efeitos de responsabilização tributária, trabalhista e consumerista.[512] Destarte, a compreensão de tais debates é requisito para que as partes e terceiros construam seus fundamentos, na defesa de seus interesses, por meio de elementos jurídicos.

Além das regras comuns incidentes sobre qualquer negócio, o trespasse exige o respeito a disposições que lhe são peculiares[513] (arts. 1144 a 1.148 do Código Civil brasileiro[514]). Destacam-se as previsões

---

[509] RIBEIRO, Marcia Carla Pereira. Causa do Negócio e Causa do Contrato na Compra e Venda de Estabelecimento Empresarial e Imóvel: comentário à jurisprudência. *Revista de Direito Empresarial*, Curitiba, n. 5, p. 146, jan./jun. 2006.

[510] RIBEIRO, Marcia Carla Pereira. Causa do Negócio e Causa do Contrato na Compra e Venda de Estabelecimento Empresarial e Imóvel: comentário à jurisprudência. *Revista de Direito Empresarial*, Curitiba, n. 5, p. 146-147, jan./jun. 2006.

[511] RIBEIRO, Marcia Carla Pereira. Causa do Negócio e Causa do Contrato na Compra e Venda de Estabelecimento Empresarial e Imóvel: comentário à jurisprudência. *Revista de Direito Empresarial*, Curitiba, n. 5, p. 146, jan./jun. 2006.

[512] Acerca das referidas responsabilizações ver: BECUE, Sabrina. *A alienação de estabelecimento empresarial*: recuperação judicial e a inexistência de sucessão. São Paulo: Quartier Latin, 2018, p. 82-92.

[513] GONÇALVES NETO, Alfredo de Assis. *Direito de Empresa*: comentários aos arts. 966 a 1.195 do Código Civil Brasileiro. São Paulo: RT, 2018, p. 685.

[514] Arts. 1.144 e 1.146 foram citados em nota de rodapé anterior. Os demais dispositivos são: "Art. 1.145. Se ao alienante não restarem bens suficientes para solver o seu passivo, a eficácia da alienação do estabelecimento depende do pagamento de todos os credores,

dos arts. 1.144 e 1.145 do Código Civil, que estipulam requisitos para a plena eficácia do negócio,[515] demonstrando preocupação com a tutela de eventuais credores do trespassante.[516]

Depreende-se do primeiro artigo que para o trespasse produzir efeitos perante terceiros será necessária a publicação na imprensa oficial e a averbação na Junta Comercial.[517] O não atendimento das exigências do art. 1.144 não resulta em invalidade do negócio nem em ineficácia entre as partes, porém acarreta a ineficácia perante terceiros.[518]

A redação do art. 1.144, por si só, é equívoca. A um, porque menciona averbação ao invés de arquivamento, havendo imprecisão terminológica.[519] A dois, porque gera dúvida acerca da necessidade de arquivamento com relação aos registros de apenas um dos empresários contratantes ou de ambos.[520] A três, porque, para o caso de sociedade simples, não haveria como exigir que houvesse registro na Junta Comercial, já que os atos registrais não são lá realizados.[521] O mesmo se daria em relação ao empresário rural que optasse por não efetuar o registro na Junta Comercial.[522]

---

ou do consentimento destes, de modo expresso ou tácito, em trinta dias a partir de sua notificação.
Art. 1.147. Não havendo autorização expressa, o alienante do estabelecimento não pode fazer concorrência ao adquirente, nos cinco anos subsequentes à transferência.
Parágrafo único. No caso de arrendamento ou usufruto do estabelecimento, a proibição prevista neste artigo persistirá durante o prazo do contrato.
Art. 1.148. Salvo disposição em contrário, a transferência importa a sub-rogação do adquirente nos contratos estipulados para exploração do estabelecimento, se não tiverem caráter pessoal, podendo os terceiros rescindir o contrato em noventa dias a contar da publicação da transferência, se ocorrer justa causa, ressalvada, neste caso, a responsabilidade do alienante".

[515] O art. 1.144 abrange também outros negócios que não a alienação: o usufruto e o arrendamento do estabelecimento.
[516] TOKARS, Fábio. *Estabelecimento Empresarial*. São Paulo: LTr, 2006, p. 98.
[517] Por força do disposto no art. 1.151, *caput*, e parágrafo primeiro do Código Civil brasileiro, o prazo para se efetuar o registro é de 30 (trinta) dias. "Art. 1.151. O registro dos atos sujeitos à formalidade exigida no artigo antecedente será requerido pela pessoa obrigada em lei, e, no caso de omissão ou demora, pelo sócio ou qualquer interessado.
§1º Os documentos necessários ao registro deverão ser apresentados no prazo de trinta dias, contado da lavratura dos atos respectivos".
[518] TOKARS, Fábio. *Estabelecimento Empresarial*. São Paulo: LTr, 2006, p. 97.
[519] TOKARS, Fábio. *Estabelecimento Empresarial*. São Paulo: LTr, 2006, p. 98.
[520] TOKARS, Fábio. *Estabelecimento Empresarial*. São Paulo: LTr, 2006, p. 97-98.
[521] GONÇALVES NETO, Alfredo de Assis. *Direito de Empresa*: comentários aos arts. 966 a 1.195 do Código Civil Brasileiro. São Paulo: RT, 2018, p. 683.
[522] Faculdade prevista no art. 971 do Código Civil. "O empresário, cuja atividade rural constitua sua principal profissão, pode, observadas as formalidades de que tratam o art. 968 e seus parágrafos, requerer inscrição no Registro Público de Empresas Mercantis da respectiva

Ademais, conforme já mencionado, é pouco crível que os envolvidos em uma compra e venda de estabelecimento consintam na divulgação de dados referentes ao trespasse.

Em relação ao art. 1.145, exige-se que, caso não permaneçam bens ao alienante para satisfazer o seu passivo, a eficácia da alienação do estabelecimento dependerá do pagamento de todos os credores ou do consentimento destes, expresso ou tácito, em trinta dias a partir de sua notificação. A contrário senso, se mantidos bens suficientes ao alienante para garantir os credores, dispensado está de fazer o pagamento de todos eles ou de obter o consentimento exigido no art. 1.145 do Código Civil.[523]

Ainda, a Lei nº 11.101/2005 (Lei de Recuperação e Falências) qualifica o não atendimento ao teor do art. 1.145 do Código Civil como um ato de falência,[524] além de o ato poder ser declarado ineficaz em caso de decretação da falência,[525] mediante pedido revogatório de parte do administrador judicial ou de credor, retornando as partes ao estado original, reintegrando-se o estabelecimento ao patrimônio do alienante, cabendo ressarcimento ao comprador pelos valores pagos.[526]

Com efeito, sobre a legitimidade para decidir pelo trespasse, Botrel defende que, nas sociedades reguladas pelo Código Civil brasileiro, o contrato poderá ser celebrado independentemente de deliberação dos sócios, vez que não se encontra no rol de assuntos que exigem deliberação, salvo se o contrato social ou acordo de sócios definirem em sentido diverso.[527]

---

sede, caso em que, depois de inscrito, ficará equiparado, para todos os efeitos, ao empresário sujeito a registro".

[523] POSTIGLIONE, Marino Luiz. *Direito Empresarial*: o estabelecimento e seus aspectos contratuais. Barueri: Manole, 2006, p. 125.

[524] A disciplina legal é encontrada na Lei nº 11.101/2005: "Art. 94. Será decretada a falência do devedor que: (...). III – pratica qualquer dos seguintes atos, exceto se fizer parte de plano de recuperação judicial: (...) c) transfere estabelecimento a terceiro, credor ou não, sem o consentimento de todos os credores e sem ficar com bens suficientes para solver seu passivo";

[525] "Art. 129. São ineficazes em relação à massa falida, tenha ou não o contratante conhecimento do estado de crise econômico-financeira do devedor, seja ou não intenção deste fraudar credores: (...). VI – a venda ou transferência de estabelecimento feita sem o consentimento expresso ou o pagamento de todos os credores, a esse tempo existentes, não tendo restado ao devedor bens suficientes para solver o seu passivo, salvo se, no prazo de 30 (trinta) dias, não houver oposição dos credores, após serem devidamente notificados, judicialmente ou pelo oficial do registro de títulos e documentos".

[526] VERÇOSA, Haroldo Malheiros Duclerc. *Direito Comercial*: teoria geral. 4. ed. São Paulo: Revista dos Tribunais, 2014, p. 250.

[527] BOTREL, Sérgio. *Fusões e Aquisições*. 4. ed. São Paulo: Saraiva, 2016, p. 228. O artigo da Lei nº 6.404/76 que referenda tal posicionamento assim dispõe: "Art. 142. Compete ao conselho

À luz do regime da Lei nº 6.404/1976, referido autor afirma que nas companhias que tenham Conselho de Administração é necessária a autorização prévia deste órgão para que os diretores possam realizar a operação, enquanto nas sociedades anônimas que não contenham tal órgão, evidentemente, não haveria tal necessidade.[528]

Botrel faz a ressalva que, se o trespasse resultar em alteração do objeto social, será necessária a alteração do estatuto e a consequente aprovação dos acionistas em assembleia geral extraordinária por vontade de, no mínimo, metade das ações com direito de voto.[529] A necessidade de deliberação também se estende às sociedades limitadas quando possa resultar em modificação do objeto social, sendo, nas referidas sociedades, necessária a aprovação de pelo menos 3/4 (três quartos do capital social).[530]

De forma diversa, para este autor, não faria sentido que o administrador pudesse, em regra e indiscriminadamente, alienar os estabelecimentos da sociedade – ainda que fosse possível a manutenção do objeto social – e não pudesse onerar bens imóveis.[531] Em primeiro lugar, porque há consistentes fundamentos para considerar o imóvel como integrante do estabelecimento, assim, necessária se faria a averiguação de integrar ou não para se firmar uma posição. Em segundo lugar, porque é possível imaginar que pelo trespasse, mesmo sem alteração do objeto social, possa ocorrer alteração substancial na atividade principal desenvolvida até aquele momento, não havendo como deixar de equipará-la à incorporação e à necessidade de aprovação dos sócios em deliberação.[532]

---

de administração: (...). VIII – autorizar, se o estatuto não dispuser em contrário, a alienação de bens do ativo não circulante, a constituição de ônus reais e a prestação de garantias a obrigações de terceiros".

[528] BOTREL, Sérgio. *Fusões e Aquisições*. 4. ed. São Paulo: Saraiva, 2016, p. 228.
[529] BOTREL, Sérgio. *Fusões e Aquisições*. 4. ed. São Paulo: Saraiva, 2016, p. 228.
[530] BOTREL, Sérgio. *Fusões e Aquisições*. 4. ed. São Paulo: Saraiva, 2016, p. 228.
[531] Por força do art. 1.015, caput, do Código Civil: "Art. 1.015. No silêncio do contrato, os administradores podem praticar todos os atos pertinentes à gestão da sociedade; não constituindo objeto social, a oneração ou a venda de bens imóveis depende do que a maioria dos sócios decidir".
[532] "Art. 1.071. Dependem da deliberação dos sócios, além de outras matérias indicadas na lei ou no contrato: (...) VI - a incorporação, a fusão e a dissolução da sociedade, ou a cessação do estado de liquidação;". A respeito do tema, Gonçalves Neto afirma que "[d]e toda sorte, penso que o estabelecimento da sociedade e seus desdobramentos (matriz, filial, sucursal ou agência), conquanto considerados bens móveis, devem figurar entre os bens a respeito dos quais os administradores não têm poder de dispor nem de onerar, senão como referendo dos sócios em deliberação majoritária ou mediante autorização prévia constante de cláusula do contrato social". GONÇALVES NETO, Alfredo de Assis. *Direito de Empresa*: comentários aos arts. 966 a 1.195 do Código Civil Brasileiro. São Paulo: RT, 2018, p. 266-267.

Finalmente, a respeito da compreensão do trespasse como um mecanismo de compra e venda de empresa, efetivamente se trata, vez que, mediante transferência onerosa, o adquirente passará a ter o poder de controle sobre a empresa desenvolvida por meio daquele conjunto de bens.

Nada obstante, relembre-se que a titularidade do estabelecimento e a propriedade dos bens podem não recair sobre a mesma pessoa.[533] Féres exemplifica que um empresário que celebra um contrato de franquia na condição de franqueado reúne em seu estabelecimento mercadorias que são de sua propriedade, mas também bens, como a marca, que são de propriedade da franqueadora.[534] Em conclusão, os bens que integram o estabelecimento não serão todos necessariamente de propriedade do titular do conjunto de bens organizado para o exercício da empresa.

Da mesma forma como explanado acerca das operações societárias, identifica-se que as ferramentas comportamentalistas podem contribuir para a compreensão das decisões dos envolvidos na operação de trespasse, seja para identificar atalhos de raciocínio que possam levar a erros sistematicamente cometidos, seja para incentivar ou desincentivar comportamentos pelos *nudges*.

As exigências formais para o trespasse podem ser vistas como estímulos institucionais para que os potenciais interessados na operação, especialmente os credores do empresário alienante, tomem conhecimento do negócio, possam com ele concordar expressa ou tacitamente, ao menos em tese, protegendo-se contra negócios eventualmente prejudiciais à expectativa de cumprimento das obrigações do devedor/alienante.

No mesmo sentido, a forma necessariamente escrita e a força da escrituração contábil em termos de definição das responsabilidades pelas obrigações incidentes sobre o estabelecimento podem auxiliar na oferta de informações de parte a parte com relação às reais condições do negócio, diminuindo a potencialidade de efeitos indesejáveis, decorrentes das distorções associadas às heurísticas e aos vieses.

Ademais, em razão da duvidosa opção legal quanto à definição das responsabilidades pelas obrigações incidentes sobre o estabelecimento alienado, cláusulas contratuais de salvaguarda podem fomentar a opção pelo trespasse (o que, também em tese, vem no sentido de se privilegiar a continuidade do exercício da atividade empresarial

---

[533] TOKARS, Fábio. *Estabelecimento Empresarial*. São Paulo: LTr, 2006, p. 94.
[534] FÉRES, Marcelo Andrade. *Estabelecimento Empresarial*: trespasse e efeitos obrigacionais. São Paulo: Saraiva, 2007, p. 42

associada ao estabelecimento) e induzir à apresentação de dados de escrituração confiáveis, potencial antídoto às falsas representações da realidade que possam afetar a racionalidade das escolhas.

2.3 Racionalidade limitada e reflexos sobre M&A

Não será somente a perspectiva dos resultados que decorrerão da compra e venda da empresa que norteará a decisão do adquirente.[535] A possibilidade de ser atingido por passivos já existentes e vinculados à atividade também produz impactos sobre a decisão empresarial. Esse risco reflete a necessidade de serem tomadas cautelas e estabelecidas salvaguardas contratuais, independentemente da operação realizada.

Os agentes econômicos envolvidos na compra e venda de empresa possuem o direito e o dever de se informarem, vez que os dados serão importantes para que eles próprios possam entabular cláusulas contratuais que determinem, por exemplo, responsabilidades por passivos, possibilidade ou não do alienante fazer concorrência ao adquirente e criar incentivos ou desincentivos para que determinadas condutas sejam adotadas.

Na compra e venda de empresas há uma peculiar relação entre o dever de informação do vendedor e o dever de diligência do comprador.[536] De um lado, seguindo os preceitos da formação de qualquer contrato, espera-se que sejam reveladas ao interessado na aquisição as informações necessárias para a escolha a ser feita.[537] Por outro lado, não é factível esperar do agente econômico que fará a venda outra conduta que não o realçar dos pontos positivos do objeto do negócio e a minimização dos aspectos negativos. Logo, a assimetria informacional é inerente a tais atos jurídicos,

Dificuldades adicionais acompanham essas operações, tais como a transmissão de informações do negócio de natureza sigilosa ou que produzam impacto relevante no exercício da atividade econômica

---

[535] Sobre as diferentes perspectivas e preocupações ver: MEIER, Olivier; SCHIER, Guillaume. *Fusions, Aquisitions*: stratégie – finance – management. 4. ed. Paris: DUNOD, 2012, p. 19-32
[536] A respeito do tema, analisando os contratos empresariais em geral: LUPION, Ricardo. *Boa-fé objetiva nos contratos empresariais*: contornos dogmáticos dos deveres de conduta. Porto Alegre: Livraria do advogado, 2011, p. 155-156.
[537] CEDDAHA, Franck. *Fusions, Aquisitions, Scissions*. 4. ed. Paris: Economica, 2013, p. 225.

(como quando envolvem tecnologia[538]) e o já mencionado risco não negligenciável na fixação de responsabilidades por contingências.

A título exemplificativo da dificuldade de se lidar com o trânsito de informações nas negociações de aquisição de empresas, imagine-se que um concorrente possa se interessar em adquirir outro. Trata-se de tendência natural advinda do exercício da atividade empresarial, já que os agentes econômicos objetivam conseguir os melhores resultados, e a eliminação de um competidor, potencialmente, contribui para esse objetivo.

Para a realização da compra e venda da empresa, o interessado em fazer a aquisição terá o legítimo interesse de se informar a respeito das condições do objeto em análise, especialmente para saber detalhes de seu funcionamento, principais contratos, clientes e potencial geração de resultados.

Ocorre que, após a transmissão destas informações, não se tem a certeza de que o interessado em adquirir efetivamente levará adiante a operação, ou seja, tem-se a chance de que dados relevantes que possam produzir efeitos na própria atuação do agente que a recebeu (concorrente) sejam transmitidos, sem que a compra e venda de empresa se perfectibilize ao final das negociações.

Ainda que no plano teórico seja relativamente simples imaginar que cláusulas que imponham sigilo ou dever de não concorrência possam resolver o problema, na prática há dificuldade em se estabelecer os graus de abertura das informações[539] e de monitoramento da não disputa (pode-se identificar um dos custos de monitoramento a que se refere Williamson[540]).

O interessado em fazer a aquisição tem o interesse em receber a maior quantidade possível de informações sobre o negócio em análise, especialmente para ponderar os riscos envolvidos e a própria viabilidade da empresa analisada. Já o interessado em fazer a venda tem o receio de que a transmissão destas informações e o não fechamento do negócio possam acarretar um dano concorrencial futuro, haja vista que um leque de dados seria exposto ao interessado, no exemplo citado, com o agravante de se tratar de um concorrente.

---

[538] Acerca da complexidade da transferência de tecnologia por meio da troca de informações, ver: AGUSTINHO, Eduardo Oliveira; GARCIA, Evelin Naiara. Inovação, transferência de tecnologia e cooperação. *Revista Direito e Desenvolvimento*, João Pessoa, v. 9, n. 1, p. 223-239, jan./jul. 2018.

[539] DELECOURT, Philippe; FINE, Michèle. *Negocier une entreprise*: comment réussir ses fusions & acquisitions. Paris: Gualino, 2008, p. 122.

[540] Tema abordado no item 1.2.

Veja-se que com o acesso aos dados, o concorrente pode obter informações sobre contratações com terceiros (fornecedores, clientes, colaboradores) que possam influenciar renegociações das suas próprias contratações[541] e, assim, incorporar alguma vantagem competitiva em detrimento da própria empresa que está sendo analisada. Mais do que isso: pode tomar conhecimento de segredos do negócio, "ou seja, aquela informação que, não sendo do conhecimento generalizado, confere à empresa que a detém uma vantagem competitiva sobre os respectivos concorrentes",[542] o que tenderia a prejudicar a empresa objeto da negociação.

As ferramentas neoinstitucionalistas se mostram relevantes instrumentos de análise para a identificação de tais dificuldades, em razão da direta relação com temas como a racionalidade limitada do sujeito, os custos de transação e as instituições, trabalhados na primeira parte do livro.

A simples descrição das variáveis e condicionantes realizada já é capaz de transmitir que, antes mesmo da contratação, vários custos incidem e para ambas as partes (possíveis comprador e vendedor).

Para tornar mais concreta tal assertiva, verifique-se que aquele que deseja fazer a aquisição terá os custos para se informar, compreender os dados transmitidos e de oportunidade, levando-o a optar por uma *due diligence*. O possível vendedor, além dos custos citados, terá que arcar com as despesas relativas à disponibilização dos dados e elaboração de minutas para que tenha o mínimo de proteção na transmissão de informações ao interessado. Incluem, em suma, despesas de organização, pesquisa, negociação e fiscalização.[543]

O reconhecimento da limitação de racionalidade dos sujeitos envolvidos também influenciará decisivamente a negociação. Como possível antídoto à limitação, o agente precavido buscará assessores especializados que sejam capazes de lhe auxiliar na compreensão das informações e dos riscos ligados ao negócio, o que implica mais custos.

Também como reflexo da racionalidade limitada do sujeito é de se esperar que equívocos sejam cometidos desde o momento de definição do procedimento a ser adotado para que as negociações se

---

[541] DELECOURT, Philippe; FINE, Michèle. *Negocier une entreprise*: comment réussir ses fusions & acquisitions. Paris: Gualino, 2008, p. 133.

[542] ROLDÃO, Nuno Moura; TEIXEIRA, Ana Guedes. O processo de auditoria legal. In: CÂMARA, Paulo (Coord.). *Aquisição de Empresas*. Coimbra: Coimbra Editora, 2011, p. 114.

[543] MACKAAY, Ejan; ROUSSEAU, Stéphane. *Análise Econômica do Direito*. Tradução de Rachel Sztajn. 2. ed. São Paulo: Atlas, 2015, p. 672.

desenvolvam, até a celebração do contrato de compra e venda de empresa propriamente dito. Cabe aos agentes buscar diminuir o impacto das falhas de racionalidade, especialmente evitando o excessivo otimismo e a tendência à precipitação.[544]

As instituições, por fim, auxiliarão na modulação dos comportamentos dos agentes envolvidos.[545] A maior ou menor discricionariedade no que diz respeito ao que é contratado (limites à estipulação da cláusula de não concorrência entre alienante e adquirente, por exemplo), a compreensão da responsabilidade por passivos já existentes e a necessidade de prosseguir cumprindo determinados contratos são fatores relevantes, tendo as instituições (formais e informais) papel central nestas fixações. Até mesmo regras processuais, no caso de eventual e indesejável litígio, podem ser negociadas e pactuadas entre as partes, a exemplo da designação de a quem compete o ônus da prova.[546]

Desta forma, a nova economia institucional apresenta elementos de análise capazes de transmitir que as informações não são completas, a assimilação do conteúdo não é perfeita pelos agentes econômicos e que as regrais formais e informais influenciam no comportamento dos sujeitos.

Nesta esteira, inegável que a compra e venda de empresa é um processo complexo[547] e flexível de negociação,[548] em que não é possível a defesa de fórmulas infalíveis e adequadas a toda e qualquer operação. Variantes como a especificidade do ativo, a quantidade de concorrentes no setor, as modalidades de contratos que são celebradas com clientes e fornecedores e o grau de exigência legal incidente acerca da necessidade de publicação de dados influenciam diretamente a forma de estruturação das operações, inclusive as cautelas a serem tomadas.

Não ignorando a complexidade inerente às operações e a flexibilidade nas estruturações, Botrel[549] descreve que se tem por praxe as seguintes etapas em negociações de compra e venda de empresas: (i)

---

[544] MEIER, Olivier; SCHIER, Guillaume. *Fusions, Aquisitions*: stratégie – finance – management. 4. ed. Paris: DUNOD, 2012, p. 255-265.
[545] Tema analisado no item 1.1.
[546] A respeito do tema ver: RIBEIRO, Marcia Carla Pereira; ALVES, Giovani Ribeiro Rodrigues. Negócios Jurídicos Processuais nas Relações Societárias Brasileiras: "quanto custa o ônus da prova"? In: RIBEIRO, Marcia Carla Pereira; CARAMÊS, Guilherme Bonato Campos (Coord.). *Direito Empresarial e o CPC/2015*. 2 ed. Belo Horizonte: Fórum, 2018, p. 227-242.
[547] MEIER, Olivier; SCHIER, Guillaume. *Fusions, Aquisitions*: stratégie – finance – management. 4. ed. Paris: DUNOD, 2012, p. 7-8.
[548] BOTREL, Sérgio. *Fusões & Aquisições*. 4. ed. São Paulo: Saraiva, 2016, p. 241.
[549] BOTREL, Sérgio. *Fusões & Aquisições*. 4. ed. São Paulo: Saraiva, 2016, p. 241-244.

firmas especializadas são contratadas pelo interessado em fazer a venda para prospectar investidores; (ii) um pequeno memorando (*teaser*) apresenta características básicas da empresa objeto de negociação e do modelo de operação prospectada; (iii) havendo interesse do destinatário, assina-se um acordo de confidencialidade para que seja oportunizado ao interessado adquirir acesso ao memorando de informações; (iv) em prosseguindo as tratativas, costuma-se haver uma proposta não vinculante; (v) ato seguinte, realiza-se a *due diligence* e, por fim; (vi) a operação se conclui com a assinatura do contrato definitivo.

Não há exigência legal que imponha esses procedimentos e nesta ordem, o que é salutar, já que as compras e vendas de empresas podem ter por objeto pequenos ou grandes negócios e agentes de diferentes portes econômicos,[550] o que influencia nas decisões de como estruturar a negociação, especialmente em razão dos custos envolvidos (custos de transação *ex ante* e *ex post*).[551]

Neste contexto, três são os temas que ganham relevo para os fins a que se destina este livro, especialmente por evidenciarem a problemática da racionalidade limitada do sujeito e a tentativa de minorar os impactos das falhas na formação do raciocínio em compra e venda de empresas: a *due diligence*, a cláusula *material adverse change* (MAC) e a cláusula *earn-out*.

A *due diligence* se constitui na análise dos registros, documentos e informações da empresa,[552] tratando-se de importante instrumento para redução das assimetrias informacionais.[553] É um procedimento realizado a partir das informações fornecidas pelo vendedor,[554] em que o interessado em fazer a aquisição busca ter a melhor compreensão possível do negócio.[555]

---

[550] A respeito dos procedimentos utilizados por pequenos agentes ver: DELECOURT, Philippe; FINE, Michèle. *Negocier une entreprise*: comment réussir ses fusions & acquisitions. Paris: Gualino, 2008, p. 77-80.

[551] Os custos de transação foram abordados no item 1.1 do trabalho, especialmente quando feita a descrição sobre as obras de Ronald Coase e Oliver Williamson.

[552] LUPION, Ricardo. *Boa-fé objetiva nos contratos empresariais:* contornos dogmáticos dos deveres de conduta. Porto Alegre: Livraria do Advogado, 2011, p. 169.

[553] BLOK, Marcella. *Reorganizações Societárias, Fusões, Incorporações e Outros Eventos Societários*: aspectos legais, negociais e práticos. São Paulo: Quartier Latin, 2014, p. 202.

[554] BLOK, Marcella. *Reorganizações Societárias, Fusões, Incorporações e Outros Eventos Societários*: aspectos legais, negociais e práticos. São Paulo: Quartier Latin, 2014, p. 195.

[555] BOTREL, Sérgio. *Fusões & Aquisições*. 4. ed. São Paulo: Saraiva, 2016, p. 60.

Tem como objetivos aquilatar os riscos que podem advir da aquisição realizada,[556] bem como as oportunidades relacionadas ao negócio.[557] Em geral, abrange aspectos contábeis, financeiros, patrimoniais, societários, contratuais, trabalhistas, fiscais, de propriedade intelectual e regulatórios.[558]

As partes podem optar por limitar o escopo da *due diligence* por diversos motivos, tais como orçamento e tempo.[559] Com efeito, consoante já exposto, a nova economia institucional também ensina que dentre os custos de transação se encontram os de se informar,[560] de modo que não se pode acreditar que a *due diligence* conseguirá abordar todos os aspectos que envolvem a empresa analisada, sob pena de inviabilidade no próprio custo desta etapa. Destarte, mais do que a quantidade, a qualidade das informações transmitidas se mostra fundamental para a análise do potencial adquirente.[561]

A origem do termo *due diligence* vem dos Estados Unidos da América, mais especificamente no *Securities Act* de 1933, servindo como defesa dos intermediários (corretoras) de uma compra e venda de empresa, os quais eram acusados de não transmitir de forma transparente as informações relevantes relativas à sociedade objeto do investimento.[562] Demonstrando que havia sido feita uma *due diligence*, a responsabilidade dos intermediários estaria afastada.[563]

Neste sentido que, fazendo uma aproximação com a realidade brasileira, Lupion afirma que, nos contratos de compra e venda de empresas, o dever de cooperação do vendedor é mitigado pela *due diligence*,[564] ainda que se possa questionar tal assertiva, visto que o

---

[556] BLOK, Marcella. *Reorganizações Societárias, Fusões, Incorporações e Outros Eventos Societários*: aspectos legais, negociais e práticos. São Paulo: Quartier Latin, 2014, p. 192.
[557] CEDDAHA, Franck. *Fusions, Aquisitions, Scissions*. 4. ed. Paris: Economica, 2013, p. 225.
[558] DELECOURT, Philippe; FINE, Michèle. *Negocier une entreprise*: comment réussir ses fusions & acquisitions. Paris: Gualino, 2008, p. 131-133. No mesmo sentido: CEDDAHA, Franck. *Fusions, Aquisitions, Scissions*. 4. ed. Paris: Economica, 2013, p. 226 e; BOTREL, Sérgio. *Fusões & Aquisições*. 4. ed. São Paulo: Saraiva, 2016, p. 245.
[559] WALD, Arnoldo; MORAES, Luiza Rangel de; WAISBERG, Ivo. Fusões, incorporações e aquisições – aspectos societários, contratuais e regulatórios. In: WARDE JR., Walfrido Jorge (Coord.). *Fusão, Cisão, Incorporação e Temas Correlatos*. São Paulo: Quartier Latin, 2009, p. 54.
[560] Vide item 1.1.
[561] CEDDAHA, Franck. *Fusions, Aquisitions, Scissions*. 4. ed. Paris: Economica, 2013, p. 227.
[562] ROLDÃO, Nuno Moura; TEIXEIRA, Ana Guedes. O processo de auditoria legal. *In*: CÂMARA, Paulo (Coord.). *Aquisição de Empresas*. Coimbra: Coimbra Editora, 2011, p. 108.
[563] ROLDÃO, Nuno Moura; TEIXEIRA, Ana Guedes. O processo de auditoria legal. *In*: CÂMARA, Paulo (Coord.). *Aquisição de Empresas*. Coimbra: Coimbra Editora, 2011, p. 108.
[564] LUPION, Ricardo. *Boa-fé objetiva nos contratos empresariais*: contornos dogmáticos dos deveres de conduta. Porto Alegre: Livraria do Advogado, 2011, p. 169.

procedimento depende de algumas informações que são transmitidas pela própria vendedora.

Consoante explica Ceddaha, a *due diligence* desempenha papel fundamental para a aquisição da empresa, já que seus resultados demonstrarão se as perspectivas de rentabilidade e risco compensam o investimento em análise.[565] O procedimento se desenvolve com fundamento na redução de riscos oriundos da assimetria informacional,[566] razão pela qual a problemática envolvendo a transmissão de informações é relevante também nesta etapa.

Ao analisar a *due diligence* no âmbito do trespasse, Féres afirma que o trânsito de informações é o verdadeiro alicerce da operação, em razão dos efeitos obrigacionais derivados do negócio.[567] Conforme verificado no item antecedente, o regime de sucessão nas obrigações no trespasse exige que o adquirente tenha uma completa compreensão acerca das responsabilidades já contraídas na exploração do estabelecimento. A situação vai além, porque também há responsabilidades no que se refere à continuidade nos contratos estipulados para a exploração do estabelecimento,[568] sendo necessária a devida análise dos instrumentos.

Dentre os temas de grande complexidade que envolvem o referido procedimento, destaca-se a questão dos limites e condições para que o potencial vendedor revele informações ao potencial comprador. Imagine-se, por exemplo, que haja previsão de confidencialidade em contratos celebrados entre a empresa que é objeto da negociação de compra e venda e terceiros. Indaga-se se tal contrato pode (ou deve) ser apresentado ao interessado em efetuar a aquisição.

Roldão e Teixeira defendem que não deveria ser facultado acesso a ele, em razão da previsão contratual, sugerindo a preparação de memorandos, com indicação descritiva das principais obrigações e direitos das partes, como forma de suprir a assimetria informacional.[569] Seria uma maneira de mitigar o problema do desalinhamento de informações, sem prejudicar o possível adquirente e sem violar a previsão de sigilo.

---

[565] CEDDAHA, Franck. *Fusions, Aquisitions, Scissions*. 4. ed. Paris: Economica, 2013, p. 225.
[566] ROCHA, Dinir Salvador Rios da Rocha. Visão geral de *due diligence*: breves aspectos teóricos e práticos. *In*: ROCHA, Dinir Salvador Rios da; QUATTRINI, Larissa Teixeira (Coord.). *Fusões, Aquisições, Reorganizações Societárias e Due Diligence*. São Paulo: Saraiva, 2014, p. 45.
[567] FÉRES, Marcelo Andrade. *Estabelecimento Empresarial*: trespasse e efeitos obrigacionais. São Paulo: Saraiva, 2007, p. 50.
[568] Vide subcapítulo 2.2.
[569] ROLDÃO, Nuno Moura; TEIXEIRA, Ana Guedes. O processo de auditoria legal. *In*: CÂMARA, Paulo (Coord.). *Aquisição de Empresas*. Coimbra: Coimbra Editora, 2011, p. 112-113.

Os referidos autores comentam, ainda, hipóteses em que a lei veda a revelação de informações, suscitando o exemplo português da *Lei de Protecção de Dados Pessoais*, que em seu art. 3º[570] veda que dados pessoais sejam transmitidos a terceiros – em tratamento legal semelhante ao recentemente entrado em vigor no Direito brasileiro.[571] Na mesma esteira da conclusão referente aos contratos que tenham cláusula de confidencialidade, sugerem que sejam eliminadas menções a nomes e outros dados pessoais no memorando a ser feito.[572]

Destarte, a *due diligence* é mecanismo importante para a redução da assimetria informacional e, consequentemente, para a tomada de decisão do possível adquirente. Também é importante para aquilatar eventuais prêmios ou reduções após o fechamento do negócio, já que não há impeditivo para que seja realizada em momento posterior à celebração da compra e venda de empresa,[573] o que pode ser importante nos casos em que o contrato estipule responsabilidade por contingências ou quando o pagamento do preço final pela aquisição ficou vinculado a determinadas condições.[574]

Contudo, por mais ampla que seja, a *due diligente* não é suficientemente capaz de apresentar por completo o panorama da empresa objeto da negociação, portanto, certo grau de assimetria continuará existindo, além da suscetibilidade a erros de diagnóstico.

Até mesmo em razão da complexidade e impossibilidade de completude da *due diligence*, buscam-se mecanismos complementares para minimizar os efeitos decorrentes dos possíveis equívocos na contratação e para repartir os riscos existentes a partir da data de assinatura do contrato até a produção dos primeiros resultados pela empresa adquirida.[575]

---

[570] O referido artigo estipula que são dados pessoais "qualquer informação, de qualquer natureza e independentemente do respectivo suporte, incluindo som e imagem, relativa a uma pessoa singular identificada ou identificável".
[571] Vide Lei nº 13.709/2018.
[572] ROLDÃO, Nuno Moura; TEIXEIRA, Ana Guedes. O processo de auditoria legal. *In:* CÂMARA, Paulo (Coord.). *Aquisição de Empresas*. Coimbra: Coimbra Editora, 2011, p. 113-114.
[573] BOTREL, Sérgio. *Fusões & Aquisições*. 4. ed. São Paulo: Saraiva, 2016, p. 244.
[574] ROCHA, Dinir Salvador Rios da Rocha. Visão geral de *due diligence*: breves aspectos teóricos e práticos. *In:* ROCHA, Dinir Salvador Rios da; QUATTRINI, Larissa Teixeira (Coord.). *Fusões, Aquisições, Reorganizações Societárias e Due Diligence*. São Paulo: Saraiva, 2014, p. 55.
[575] BECKER, Philip. *The economic efficiency of material adverse change clauses in private M & A agréments subject to English law*. Master Thesis apresentada na Universiteit van Amsterdam, 2016, Disponível em: http://www.scriptiesonline.uba.uva.nl/615554.

Desde os anos 2000[576] tem se tornado comum a previsão de cláusula de resilição convencional do contrato de compra e venda de empresa denominada *Material Adverse Change* (MAC) ou *Material Adverse Effect* (MAE).[577]

Tal cláusula foi estruturada para prever a existência de eventos ou condições que tragam perdas substanciais na capacidade de receita da empresa adquirida ou no valor do negócio.[578] O objetivo é o de conferir direito a uma das partes signatárias do contrato de denunciá-lo caso eventos alheios à sua vontade produzam efeitos relevantes que prejudiquem as bases da operação.[579] A MAC deve ter um período delimitado, geralmente abrangendo os primeiros meses após a assinatura do instrumento, mas pode ser estendida a alguns anos, dependendo da amplitude da *due diligence* e de eventuais necessidades de aprovação da transação pela autoridade antitruste.[580]

Para que se tenham parâmetros para a incidência da cláusula, é fundamental que o termo de declaração e garantias apresentado no contrato seja suficientemente claro acerca dos principais aspectos ligados à empresa objeto da negociação, sob pena de se tornar disposição excessivamente vaga e que não contribua para evitar litígios.[581] No mesmo sentido, é importante que se tenha uma definição no instrumento acerca

---

[576] CHERTOK, Adam B. Rethinking the U.S. Approach to Material Adverse Change Clauses in Merger Agreements. *University of Miami International and Comparative Law Review*, 99 (2014), p. 100-140, p. 104.

[577] ADAMS, Kenneth A. A Legal-Usage Analysis of "Material Adverse Change" Provisions. *Fordham Journal of Corporate & Financial Law*, v. 10, n. 1, p. 9-53, 2004, p. 9.

[578] WALD, Arnoldo; MORAES, Luiza Rangel de; WAISBERG, Ivo. Fusões, incorporações e aquisições – aspectos societários, contratuais e regulatórios. In: WARDE JR., Walfrido Jorge (Coord.). *Fusão, Cisão, Incorporação e Temas Correlatos*. São Paulo: Quartier Latin, 2009, p. 55.

[579] WALD, Arnoldo; MORAES, Luiza Rangel de; WAISBERG, Ivo. Fusões, incorporações e aquisições – aspectos societários, contratuais e regulatórios. In: WARDE JR., Walfrido Jorge (Coord.). *Fusão, Cisão, Incorporação e Temas Correlatos*. São Paulo: Quartier Latin, 2009, p. 56.

[580] VELASCO, Elisabet Saffouri. *Setting the boundaries between eficient and inefficient drafting practices:* a case study of MAC clauses in private M&A deals in the U.S. and the UK jurisdictions. *Master Thesis* apresentada em 24 de agosto de 2018 na Maastricht University, p. 3. Disponível em: https://www.researchgate.net/profile/Elisabet_Saffouri_Velasco/publication/327468034_Setting_the_boundaries_between_efficient_and_inefficient_drafting_practices_A_case_study_of_MAC_clauses_in_private_MA_deals_in_the_US_and_the_UK_jurisdictions/links/5b9107ad299bf114b7ff78e0/Setting-the-boundaries-between-efficient-and-inefficient-drafting-practices-A-case-study-of-MAC-clauses-in-private-M-A-deals-in-the-US-and-the-UK-jurisdictions.pdf?origin=publication_detail.

[581] CHERTOK, Adam B. Rethinking the U.S. Approach to Material Adverse Change Clauses in Merger Agreements. *University of Miami International and Comparative Law Review*, 99 (2014), p. 100-140, p. 110.

do que é um evento material adverso,[582] sob pena da cláusula poder ser utilizada de maneira indiscriminada e sem base real.

No Direito brasileiro, a inexistência de tal cláusula não impede à parte que se sentir prejudicada de invocar a teoria da imprevisão com a mesma finalidade. Entretanto, para isso terá não somente que comprovar todos os requisitos previstos no art. 478 do Código Civil,[583] como também superar os postulados que sustentam a teoria geral dos contratos empresariais, dentre os quais a vocação de tais contratos ao risco e a inexistência de hipossuficiência na relação.

Também como reflexo da dificuldade em se ter precisão quando do momento de assinatura de um contrato de compra e venda de empresa, é frequente a estipulação de cláusulas de determinação contingente ou variável de preço, em que se deixa a determinação do valor de aquisição para momento posterior ao da celebração do contrato, objetivando que as partes entendam melhor a empresa adquirida na medida em que o tempo passe.[584]

Um exemplo comum deste tipo de estipulação é o das cláusulas *earn-out*, as quais condicionam o pagamento de quantias a que determinados resultados sejam atingidos.[585] Trata-se de um mecanismo de comprador e vendedor partilharem o risco,[586] sendo possível estabelecer tanto um aumento do preço de aquisição quanto uma redução,[587] conferindo certo grau de flexibilidade no período que vai da assinatura do contrato até a conclusão do pagamento da compra e venda da empresa.[588]

---

[582] BOTREL, Sérgio. *Fusões & Aquisições*. 4. ed. São Paulo: Saraiva, 2016, p. 297.

[583] Dispõe referido artigo "Art. 478. Nos contratos de execução continuada ou diferida, se a prestação de uma das partes se tornar excessivamente onerosa, com extrema vantagem para a outra, em virtude de acontecimentos extraordinários e imprevisíveis, poderá o devedor pedir a resolução do contrato. Os efeitos da sentença que a decretar retroagirão à data da citação".

[584] SÁ, Fernando Oliveira e. A determinação contingente do preço de aquisição de uma empresa através de cláusulas *earn-out*. In: CÂMARA, Paulo (Coord.). *Aquisição de Empresas*. Coimbra: Coimbra Editora, 2011, p. 401-402.

[585] SÁ, Fernando Oliveira e. A determinação contingente do preço de aquisição de uma empresa através de cláusulas *earn-out*. In: CÂMARA, Paulo (Coord.). *Aquisição de Empresas*. Coimbra: Coimbra Editora, 2011, p. 402.

[586] CHERTOK, Adam B. Rethinking the U.S. Approach to Material Adverse Change Clauses in Merger Agreements. *University of Miami International and Comparative Law Review*, 99 (2014), p. 100-140, p. 100-101.

[587] SÁ, Fernando Oliveira e. A determinação contingente do preço de aquisição de uma empresa através de cláusulas *earn-out*. In: CÂMARA, Paulo (Coord.). *Aquisição de Empresas*. Coimbra: Coimbra Editora, 2011, p. 403-404.

[588] CHERTOK, Adam B. Rethinking the U.S. Approach to Material Adverse Change Clauses in Merger Agreements. *University of Miami International and Comparative Law Review*, 99 (2014), p. 100-140, p. 101.

Quando da elaboração dos critérios, as partes devem ter a cautela para verificar quais eventos poderão interferir na apuração do valor, o procedimento para o acompanhamento de tais eventos e a forma de pagamento.[589]

Neste contexto e também como reflexo da limitação de racionalidade dos agentes na formatação contratual das operações de compra e venda de empresas, são costumeiramente previstas garantias contratuais, destacando-se a (i) retenção de parcelas vincendas e a (ii) conta de depósito (*escrow account*).

Uma das razões para que o pagamento do preço pela aquisição de empresa ocorra de maneira diferida é por conta da existência de contingências (possivelmente constatadas na *due diligence*) que possam atingir o adquirente.[590] Um método eficiente para lidar com isso é por meio da estipulação da possibilidade de reter parcelas vincendas em caso das contingências se transformarem em dívidas. A dificuldade está na definição exata de quais são as contingências e quais os valores que podem ser retidos.

Outro método utilizado para lidar com a dificuldade na determinação do valor final a ser pago é o da conta depósito. Por este mecanismo, o adquirente faz o depósito de determinada quantia em conta bancária de movimentação restrita, estabelecendo-se que apenas quando preenchidas determinadas condições poderá haver pelo vendedor a retirada ou transferência dos valores lá depositados.[591] A exata estipulação acerca das condições a serem preenchidas para a liberação do dinheiro se mostra desafiadora, vez que a conta somente poderá ser movimentada se demonstrado seu estrito preenchimento.

Longe de pretender solucionar os impasses das duas usuais garantias referidas, reafirmamos que, por mais racional que se façam os agentes, é impossível o preenchimento de todas as lacunas de informação ou de racionalidade. Isso não significa que os envolvidos não devam ser diligentes, ao contrário, apenas reforça a necessidade de se precaverem para que as lacunas sejam reduzidas, cuidando-se, entretanto, para que um excessivo racionalismo não impeça a formação de um negócio.[592]

A partir da descrição das dificuldades da *due diligence*, da possibilidade de que eventos alheios à vontade possam acarretar o

---

[589] BOTREL, Sérgio. *Fusões & Aquisições*. 4. ed. São Paulo: Saraiva, 2016, p. 289.
[590] BOTREL, Sérgio. *Fusões & Aquisições*. 4. ed. São Paulo: Saraiva, 2016, p. 313.
[591] BOTREL, Sérgio. *Fusões & Aquisições*. 4. ed. São Paulo: Saraiva, 2016, p. 314-315.
[592] MEIER, Olivier; SCHIER, Guillaume. *Fusions, Aquisitions*: stratégie – finance – management. 4. ed. Paris: DUNOD, 2012, p. 7-8.

desfazimento do negócio (cláusula MAC) e de que acontecimentos futuros influenciem no valor final da transação, logo se observa que por mais cauteloso que seja o empresário existirão diversos pontos de indeterminação.

Novamente, fica clara a relação entre a limitação de racionalidade do sujeito, os custos de transação e as instituições: a tendência é de que quanto maiores forem as cautelas, maiores serão os custos para suas previsões e menores as chances de insucesso na contratação. Quanto mais clara forem as estipulações, menores os custos e menos difícil a ponderação acerca dos riscos envolvidos nas operações. A compreensão das premissas da economia comportamental adiciona um passo nessa percepção.

CAPÍTULO 3

REINTERPRETAÇÃO DAS OPERAÇÕES DE M&A PELA ECONOMIA COMPORTAMENTAL

Na primeira parte do livro, foram descritas características de dois movimentos que romperam com o pensamento neoclássico da economia e que propuseram novas formas de se analisar o comportamento humano: a nova economia institucional[593] e a economia comportamental.[594] Verificou-se que a segunda vertente se valeu de premissas estabelecidas pela primeira – especialmente do reconhecimento da limitação de racionalidade do sujeito e da identificação de que os contextos em que as opções são exercidas não se apresentam em sua forma ideal – para desenvolver uma linha autônoma de estudo econômico que buscou ampliar a compreensão acerca das tomadas de decisões dos agentes.

Descreveu-se que a economia comportamental aprofundou as críticas dos neoinstitucionalistas em relação à vertente econômica ortodoxa (neoclássica), buscando aquilatar, por meio de pesquisa empírica experimental, o acerto ou não das escolhas dos sujeitos. Este novo enfoque agregou novas categorias de análise (como as heurísticas, os vieses e os *nudges*), bem como evidenciou a possibilidade e a alta previsibilidade de que equívocos sejam cometidos.

Ambas as vertentes trouxeram contribuições relevantes para a compreensão das condutas, o que pode ser estendido àquelas praticadas na atividade empresarial. A nova economia institucional contribuiu, por exemplo, com a inserção dos custos de transação na compreensão da escolha entre internalizar por meio da firma ou buscar o produto ou

---

[593] Item 1.1.
[594] Itens 1.2 e 1.3.

serviço no mercado e com o reconhecimento do ambiente institucional como fator relevante ao desenvolvimento das atividades econômicas. A economia comportamental se revelou importante com a criação de novas categorias de análise, aprofundando o entendimento sobre o que leva os agentes econômicos a errar e de como é possível criar mecanismos que diminuam ou evitem muitos dos equívocos cometidos nas variadas relações humanas.

Na segunda parte, buscou-se descrever quais são as características que configuram uma operação de compra e venda de empresas no Brasil, passando por estratégias societárias (como a cessão onerosa de quotas ou ações) até o trespasse. Argumentou-se que a caracterização acerca do que é a transferência de empresa não é algo simples sob o enfoque jurídico, o que se evidencia pela equivocidade do termo empresa e pela própria elasticidade da definição de ato de concentração realizada pela Lei de Defesa da Concorrência.[595]

A despeito das grandes diferenças havidas entre cada modalidade de operação que vise à transferência da empresa é possível identificar como um dos elementos em comum o fato de se consubstanciarem em instrumentos contratuais celebrados entre agentes econômicos. Nesta esteira, ao aproximar os temas (i) contratos que possuem por objeto a transmissão da empresa e (ii) racionalidade limitada do sujeito, logo se realçam as perspectivas de que erros possam ser cometidos pelos agentes nestas modalidades de contratação.

Como consequência da aproximação entre os temas, se a economia comportamental ensina que é previsível que o agente econômico cometa erros e se isto é aplicável também aos contratos de transmissão de empresas, destaca-se a relevância de se identificar como o operador do Direito pode contribuir para reduzir as chances de que litígios ocorram e qual é o papel que cabe ao Poder Judiciário ao analisá-los quando instaurados.

O escopo deste capítulo é propor uma análise de problemas comumente identificados em determinados instrumentos contratuais, a partir de ferramentas da economia comportamental que venham a contribuir para as interpretações jurídicas que serão aplicadas aos negócios.

Entende-se que a compreensão dos atalhos de pensamento e dos vieses na formação dos contratos seja um importante passo para uma

---

[595] Ressalva-se, novamente, que a noção de ato de concentração abrange um número maior de operações, não ficando restrita às operações de compra e venda de empresas.

interpretação jurídica que seja condizente com as peculiaridades dessas transações, até mesmo para que mecanismos indutores de comportamentos (*nudges*) possam auxiliar no aperfeiçoamento dos instrumentos, com a potencial redução de conflitos comumente verificados.

A análise jurídica a ser feita neste momento se vale do resgate dos conceitos de heurísticas, vieses e *nudges*, típicos da economia comportamental e apresentados quando da descrição inicial sobre a vertente comportamentalista.[596]

Após ser feita a aproximação teórico e prática entre heurísticas, vieses e *nudges* com condutas havidas no âmbito empresarial, trabalharemos casos concretos em que contratos de transmissão de empresas foram questionados judicialmente, relacionando os problemas contratuais discutidos entre as partes litigantes e os comportamentos apresentados.

Serão apresentados três casos que tramitaram (ou tramitam) no Poder Judiciário, excluindo-se, portanto, as discussões travadas em via arbitral[597] ou de mediação, até mesmo pelo sigilo característico destas últimas.[598] Trata-se, assim, de uma análise qualitativa, por entender que as demandas espelham aspectos relevantes e comuns ocorridos em operações de compra e venda de empresas.

Não se pretende resumir a interpretação das escolhas dos agentes econômicos aos enquadramentos sugeridos na economia comportamental. Reconhece-se que os comportamentos dos agentes nos casos selecionados poderiam ser enquadrados em diferentes heurísticas ou vieses, sendo que a menção a cada um deles se dará a título meramente exemplificativo. O intuito é de acrescentar ferramentas desta vertente econômica à compreensão das escolhas efetuadas pelas partes contratantes nas compras e vendas de empresas, o que não é usual na literatura jurídica.

---

[596] Item 1.2 do trabalho.

[597] A respeito, interessante notar que recente levantamento publicado apontou que nas Câmaras de Arbitragem AMCHAM Brasil, Câmara de Arbitragem do Mercado (CAM B3), Câmara de Arbitragem Empresarial Brasil (CAMARB), Câmara de Conciliação, Mediação e Arbitragem (CCMA CIESP/FIESP), Centro de Arbitragem e Mediação da Câmara de Comércio Brasil-Canadá (CAM-CCBC) e Corte Internacional de Arbitragem da Câmara de Comércio Internacional (CCI) os conflitos societários mais comuns são ligados às operações de compra e venda de empresas. Disponível em: https://www.conjur.com.br/dl/levantamento-arbitragens-conflitos.pdf. Acesso em: 1º mar. 2019.

[598] ARAÚJO NETO, Pedro Irineu de Moura. A confidencialidade do procedimento arbitral e o princípio da publicidade. *Revista de Informação Legislativa*, 53, n. 212, p. 139-154, out./dez. 2016, p. 140-141.

Ao final do capítulo, concluir-se-á acerca dos efeitos decorrentes da incorporação das ferramentas heurísticas e vieses na análise dos contratos de transferência de empresas, bem como será feito o cotejo entre a noção de *nudge* e o chamado paternalismo libertário[599] para que se identifique o papel do Poder Judiciário na interpretação de tais contratos.

3.1 Heurísticas e vieses na atividade empresarial e no investimento

Nas decisões ligadas ao exercício da atividade empresarial não é difícil identificar a presença de heurísticas e de vieses, sem que para isso seja necessário sustentar uma irracionalidade plena do sujeito.[600] Já se afastou no capítulo inicial qualquer radicalismo que defendesse tal irracionalidade completa do agente, vez que não faria sentido quando se trata de uma análise de comportamentos em que o profissionalismo é a marca essencial (a começar pelo próprio conceito de empresário[601]) e a racionalidade é o fator esperado e exigido nas escolhas empresariais.

As heurísticas foram apresentadas previamente[602] como os atalhos de pensamento que o ser humano utiliza para tornar menos complexas as decisões do dia a dia.[603] A economia comportamental defende que tais atalhos não levam necessariamente a decisões erradas, mas acabam contribuindo para que equívocos aconteçam,[604] já que a diminuição

---

[599] A noção que posteriormente será minuciada se encontra em THALER, Richard; SUNSTEIN, Cass. *NUDGE*: improving decisions about health, wealth and happiness. London: Penguin Books, 2009, p. 235.

[600] O pressuposto da racionalidade nas decisões dos agentes econômicos continua sendo importante nas análises jurídicas e econômicas no que se refere à análise dos comportamentos de agentes no mercado, conforme notado por LANGEVOORT, Donald C. Organized Illusions: A Behavioral Theory of Why Corporations Mislead Stock Market Investors (and Cause Other Social Harms). *In:* SUNSTEIN, Cass R. (Org.). *Behavioral Law & Economics*. New York: Cambridge Press, 2007, 144.

[601] Art. 966 do Código Civil. "Considera-se empresário quem exerce profissionalmente atividade econômica organizada para a produção ou a circulação de bens ou de serviços". A respeito do tema ver: LUPION, Ricardo. *Boa-fé Objetiva nos Contratos Empresariais* contornos dogmáticos dos deveres de conduta. Porto Alegre: Livraria do Advogado, 2011, p. 142.

[602] Item 1.2.

[603] PLOUS, Scott. *The psychology of judgment and decision making*. New York: 1993, McGraw-Hill, Inc., p. 109.

[604] PLOUS, Scott. *The psychology of judgment and decision making*. New York: 1993, McGraw-Hill, Inc., p. 109.

da complexidade das decisões vem por meio da redução de variáveis levadas em consideração para as escolhas que são feitas.[605] Como consequência da diminuição dos fatores analisados para decidir, torna-se possível que o agente ignore aspectos que deveriam ser analisados para a melhor escolha, o que é factível também no âmbito das decisões empresariais. É despiciendo narrar que é impossível a qualquer agente ponderar acerca de todas as variantes ligadas à opção a ser realizada,[606] sob pena de inviabilizar a própria concretização do negócio, notadamente por conta da velocidade exigida em tais operações,[607] o que demonstra que é até mesmo previsível que atalhos de pensamento sejam adotados.

Neste contexto, vários são os atalhos cognitivos dos quais os agentes econômicos se valem para decidir e, seguindo a metodologia característica da economia comportamental, far-se-á utilização de exemplos para o delineamento geral da compreensão de heurísticas no contexto da atividade empresarial.

O primeiro ponto a ser compreendido é o próprio funcionamento de uma heurística a partir da evidenciação de como ela se manifesta em assuntos relacionados à empresa. Para isso, um mecanismo válido é a análise sobre o comportamento dos agentes no mercado de valores mobiliários, tanto em razão da relevância das pessoas jurídicas listadas em bolsa quanto pela possibilidade de se valer de estudos realizados em outros países,[608] o que não seria possível se tomados como referência

---

[605] BOUSSAIDI, Ramzi. Representativeness Heuristic, Investor Sentiment and Overreaction to Accounting Earnings: The Case of The Tunisian Stock Market. *Procedia – Social and Behavioral Sciences*, v. 81, p. 10, 2013.

[606] GONÇALVES, Oksandro; FRANÇA, Luiz Alberto Fontana. Cláusulas contratuais gerais: interpretação dos contratos massificados à luz dos princípios contratuais e da análise econômica do direito. *Revista Jurídica Luso-Brasileira*, ano 3, n. 4, p. 1.017-1.054, 2017, p. 1.042-1.043.

[607] ASCARELLI, Tullio. *Lezioni di Diritto Commerciale*. Milano: Dott. Antonino Giuffré Editore, 1955, p. 4.

[608] Acerca da incidência de heurísticas do mercado acionário ver: THALER, Richard; SUNSTEIN, Cass. *NUDGE*: improving decisions about health, wealth and happiness. London: Penguin Books, 2009, 128-139; LANGEVOORT, Donald C. Organized Illusions: A Behavioral Theory of Why Corporations Mislead Stock Market Investors (and Cause Other Social Harms). In: SUNSTEIN, Cass R. (Org.). *Behavioral Law & Economics*. New York: Cambridge Press, 2007, p. 144-167; THALER, Richard. *Misbehaving*: a construção da economia comportamental. Rio de Janeiro: Intrínseca, 2019, p. 227-235; GONZALEZ, Ricardo Alonso; BRUNI, Adriano Leal. Heurísticas Afetivas no Mercado de Ações Brasileiro: um estudo quase-experimental com investidores. *Revista Enanpad*, vol. 1, Rio de Janeiro, 2012, p. 1-15; BOUSSAIDI, Ramzi. Representativeness Heuristic, Investor Sentiment and Overreaction to Accounting Earnings: The Case of The Tunisian Stock Market. *Procedia – Social and Behavioral Sciences*, v. 81, 2013, p. 9-21; MENG, Sijia. *Availability Heuristic Will Affect Decision-making and Result in Bias*. 3rd International Conference on Management Science and Innovative Education, 2017,

outros tipos societários que não possuem paralelos em outros ordenamentos jurídicos.

Comumente se tem a reprodução da assertiva de que os investimentos a longo prazo em ações na bolsa de valores trazem melhores resultados se comparados aos mais conservadores (como poupança, renda fixa e títulos do tesouro).[609] Contudo, o tamanho da diferença é pouco discutido, o que acaba levando a uma superficialidade do debate – já que não embasado em comprovação empírica – e até mesmo a dúvidas sobre a veracidade da afirmação.

Thaler e Sunstein lidaram com a complexidade de se efetuar a análise da diferença entre os mencionados rendimentos e fizeram a comparação dos resultados advindos em oitenta anos no mercado norte-americano (1925-2005),[610] em processo inverso ao de uma heurística, vez que aumentaram as variáveis e a complexidade da análise realizada, ao invés de reduzi-las pela via de um atalho de pensamento.

Os mencionados economistas compararam os ganhos proporcionados pela média dos títulos do tesouro emitidos pelo governo dos Estados Unidos da América com os resultados advindos da média dos fundos de ações que contemplam as maiores companhias com sede no referido país.[611]

O resultado foi que enquanto o investimento conservador (títulos do tesouro) rendeu em média 3,7% (três vírgula sete por cento) ao ano, o retorno dos fundos de ações das grandes sociedades anônimas foi de 10,4% (dez vírgula quatro por cento), em média, no mesmo período.[612]

Nesse caso, portanto, pode-se dizer que a heurística levava os analistas à afirmação geral correta acerca do melhor desempenho das

---

p. 267-272; KHAN, Habib Hussain; NAZ, Iram; QURESHI, Fiza; GHAFOOR, Abdul. Heuristics and stock buying decision: Evidence from Malaysian and Pakistani stock markets. *Borsa Instanbul Review*, 17-2, 2017, p. 97-110; HUSSAIN, M.; SHAH, S. Z. A.; LATIF, K.; BASHIR, U.; YASIR, M. Hindsight bias and investment decisions making empirical evidence from an emerging financial market. *International Journal of Research Studies in Management*, 2013, october, v. 2, n. 2, p. 77-88.

[609] THALER, Richard; SUNSTEIN, Cass. *NUDGE*: improving decisions about health, wealth and happiness. London: Penguin Books, 2009, p. 129.

[610] THALER, Richard; SUNSTEIN, Cass. *NUDGE*: improving decisions about health, wealth and happiness. London: Penguin Books, 2009, p. 129-130.

[611] Os autores mencionam que mesmo pessoas com alta formação técnica em Economia acabam caindo em heurísticas que prejudicam os rendimentos, exemplificando que o economista financeiro Harry Markowitz confessou que era excessivamente conservador em seus investimentos e que deveria ter alocado melhor os seus recursos. THALER, Richard; SUNSTEIN, Cass. *NUDGE*: improving decisions about health, wealth and happiness. London: Penguin Books, 2009, p.133.

[612] THALER, Richard; SUNSTEIN, Cass. *NUDGE*: improving decisions about health, wealth and happiness. London: Penguin Books, 2009, p. 129-130.

ações no longo prazo, em comparação aos investimentos conservadores, notadamente no que diz respeito à conclusão.

Por outro lado, a partir do mesmo exemplo, é possível admitir que, caso os investidores tivessem acesso aos dados que demonstram a enorme disparidade nos rendimentos, a representatividade de investimentos em ações teria sido muito maior do que a registrada.[613] Consequentemente, mesmo levando a uma conclusão geral correta, a heurística contribuiu para que dados que poderiam levar os agentes a decisões diferentes das que tomaram não fossem levados em consideração, prejudicando o processo decisório.

O mencionado exemplo transmite não somente o déficit informacional resultante da adoção da heurística, como a própria razão dos agentes dela se utilizarem. Afinal, é pouco razoável esperar que um pequeno investidor opte por fazer análise tão ampla temporalmente e com tamanho grau de detalhamento antes de decidir qual investimento fará. Pode-se questionar, inclusive, se os custos de transação para efetuar tal análise compensariam.

Por outro lado, caso se trate de um investidor que faça do aporte de capital na bolsa de valores sua profissão habitual, é de se esperar um grau de zelo e de conhecimento maior, o que tende a se refletir nas decisões ligadas ao mercado acionário, razão pela qual não seria de se estranhar análises tão ou mais profundas quanto a realizada pelos economistas supracitados.

Ainda a respeito do funcionamento da heurística, mesmo optando por aumentar a complexidade e fugir do atalho usualmente adotado para se abordar o tema, Thaler e Sunstein também não abrangeram todas as variáveis possíveis, incorrendo, assim, em heurísticas.

A título exemplificativo, poderia ser questionado se a mesma conclusão obtida seria válida para investidores que aportaram seu capital em empresas que não eram de grande porte. Igualmente, o recorte de 80 (oitenta) anos não poderia ser substituído por outro, até mesmo porque é pouco provável que um investidor comum deixasse seu dinheiro na mesma aplicação por tão longo período. Finalmente, se no Brasil, em que até pouco tempo os títulos de renda fixa ofereciam

---

[613] Os autores mencionam que mesmo pessoas com alta formação técnica em economia acabam incorrendo em heurísticas que prejudicam os rendimentos, exemplificando que o economista financeiro Harry Markowitz confessou que era excessivamente conservador em seus investimentos e que deveria ter alocado melhor os seus recursos. THALER, Richard; SUNSTEIN, Cass. *NUDGE*: improving decisions about health, wealth and happiness. London: Penguin Books, 2009, p. 133.

excelente retorno e o mercado de ações é marcadamente especulativo,[614] a lógica sobre o retorno dos investimentos seria a mesma identificada na pesquisa.

Toda decisão humana, inclusive as empresariais (e as acadêmicas[615]), se vale de heurísticas, tanto em razão da limitação de racionalidade quanto em virtude da impossibilidade temporal de se aquilatar todas as variáveis em qualquer decisão a ser tomada. Por mais que se busque avaliar todos os aspectos necessários para se decidir, atalhos de pensamento são adotados, consciente ou inconscientemente.[616]

Compreendido o funcionamento da heurística em exemplo aplicável aos investimentos, retoma-se que três foram os atalhos de pensamento apresentados originalmente por Kahneman e Tversky: (i) a heurística da disponibilidade; (ii) a heurística da ancoragem e (iii) a heurística da representatividade.[617]

A heurística da disponibilidade foi apresentada como aquela que remete à incompleta assimilação de informações, com a especificidade de que o agente tende a decidir com base na velocidade com que se recorda de certos eventos passados que se relacionam com a situação que se está a analisar.[618]

Esta heurística, assim como as demais, funciona adequadamente para muitas das decisões, contudo, pode levar a equívocos, já que não é raro que a pessoa se recorde de algo não por conta da frequência ou da probabilidade de que ocorra, mas em razão de fatores como a temporalidade (recente) ou a forte carga emocional que trouxe consigo.[619]

No que se refere ao mercado acionário, a lembrança de ganhos extraordinários ou de perdas expressivas tende a afetar a decisão de um agente econômico na escolha por efetuar ou não um negócio que envolva as ações. Ocorre que não necessariamente esta recordação será fidedigna para a análise econômica pretendida, já que a variação pode

---

[614] Isso se deu especialmente até os anos 2000, como explica MUNHOZ, Eduardo Secchi. *Aquisição de Controle na Sociedade Anônima*. São Paulo: Saraiva, 2013, p. 39-42.

[615] Dhami aponta, por exemplo, que mesmo as pesquisas estatísticas se valem das heurísticas. DHAMI, Sanjit. *The foundations of behavioral economic analysis*. Oxford: Oxford University Press, 2016, p. 1.342.

[616] MENG, Sijia. *Availability Heuristic Will Affect Decision-making and Result in Bias*. 3rd International Conference on Management Science and Innovative Education, 2017, p. 267-272, p. 267.

[617] Item 1.2.

[618] PLOUS, Scott. *The psychology of judgment and decision making*. New York: 1993, McGraw-Hill, Inc., p. 121.

[619] PLOUS, Scott. *The psychology of judgment and decision making*. New York: 1993, McGraw-Hill, Inc., p. 121.

ter sido resultado de um fator específico que trouxe ganhos ou perdas atípicos em determinado momento.[620]

Como exemplo da incidência da heurística da disponibilidade na atuação de agentes econômicos no mercado de valores mobiliários, Khan *et al.* expõem que os investidores tendem a aportar capital em ações de companhias que gastam mais recursos com publicidade, por serem mais lembradas pelo tomador de decisões em comparação a outras companhias.[621] Interessante a constatação de que a lembrança da imagem da empresa a partir de sua publicidade acaba sendo preponderante para a opção a ser feita pelo agente econômico, prevalecendo até mesmo sobre a variável que indique qual companhia trouxe os melhores resultados nos últimos anos.

No âmbito da compra e venda de empresas, potencialmente, a heurística da disponibilidade pode ser determinante na opção que um agente tem de adquirir ou de vender tendo como referência recentes notícias que indiquem sucesso em operações similares e deixando de observar se a situação concreta em análise possui elementos que denotem similitude fática. Trata-se da força das lembranças, capazes de preponderar sobre vias mais racionais de pensamento, servindo como um atalho que simplifica as decisões.

Destarte, mesmo na atividade econômica a heurística da disponibilidade se manifesta, potencialmente prejudicando as opções que são feitas, por meio da diminuição de variantes analisadas para se tomar a decisão. Cabe aos agentes que fazem as escolhas ter o discernimento de que cada operação possui um conjunto próprio de características, havendo de se ter a cautela no que diz respeito a uma precipitada opção que logo vincule o caso presente a outro que venha à mente.

A segunda heurística apresentada no trabalho foi a da ancoragem. Explicou-se que tal atalho de pensamento se faz presente quando as pessoas tomam como referência um valor para uma quantidade desconhecida.[622] A partir de experimentos práticos, Kahneman concluiu

---

[620] THALER, Richard; SUNSTEIN, Cass. *NUDGE*: improving decisions about health, wealth and happiness. London: Penguin Books, 2009, p. 128-139.

[621] KHAN, Habib Hussain; NAZ, Iram; QURESHI, Fiza; GHAFOOR, Abdul. Heuristics and stock buying decision: Evidence from Malaysian and Pakistani stock markets. *Borsa Instanbul Review*, 17-2, p. 97-110, 2017, p. 106.

[622] KAHNEMAN, Daniel. *Rápido e Devagar*: duas formas de pensar. Rio de Janeiro: Objetiva, 2012, p. 152.

que mesmo âncoras aleatoriamente fixadas são capazes de influenciar as decisões tomadas pelo agente.[623]

Nas palavras dos próprios criadores da categoria pode se resumir a supracitada heurística: "diferentes pontos de partida produzem diferentes estimativas, que são viesadas na direção dos valores iniciais. Chamamos isso de fenômeno da ancoragem".[624] É o indevido vincular do raciocínio a um número previamente estipulado, não necessariamente condizente com a realidade.[625]

A respeito da heurística da ancoragem e da vinculação com a atividade empresarial, Chang, Luo e Ren analisaram como o efeito da âncora influencia o mercado acionário, especificamente no que se refere às empresas que, após terem feito a abertura de capital (IPO)[626] em determinado país, estavam em vias de abrir em outro mercado de ações.[627]

Com vasto estudo empírico, os autores concluíram que os agentes tendem a prestar muita atenção ao valor originário que fora fixado quando do IPO e que não costumam fazer os necessários ajustes na análise para a nova realidade, o que resulta no fato de o segundo valor ficar indevidamente enviesado ao primeiro (eis o efeito da âncora).[628]

A respeito da incidência da referida heurística na compra e venda de empresas, Milanez aponta que não raramente se pagam preços acima do valor de mercado para comprar[629] e que o principal fator que

---

[623] KAHNEMAN, Daniel. *Rápido e Devagar*: duas formas de pensar. Rio de Janeiro: Objetiva, 2012, p. 160. A mesma conclusão foi também de THALER, Richard; SUNSTEIN, Cass. *NUDGE*: improving decisions about health, wealth and happiness. London: Penguin Books, 2009, p. 26.

[624] TVERSKY, Amos; KAHNEMAN, Daniel. Julgamento sob incerteza: heurísticas e vieses. *In*: KAHNEMAN, Daniel. *Rápido e Devagar*: duas formas de pensar. Rio de Janeiro: Objetiva, 2012, p. 533.

[625] ZAMIR, Eyal; TEICHMAN, Doron. *Behavioral Law and Economics*. Oxford: Oxford University Press, 2018, p. 79.

[626] Sigla de Initial Public Offering (oferta pública inicial, em tradução livre).

[627] CHANG, Eric C.; LUO, Yan; REN, Jinjuan. Cross-listing and pricing efficiency: the informational and anchoring role played by the reference price. *Journal of Banking and Finance*, v. 37, n. 11, p. 4449-4464, 2013. Kansal e Sing fizeram a sistematização dos estudos que trabalham como o efeito da ancoragem influencia as decisões relacionadas a investimentos em KANSAL, Priya; SING, Seema. Anchoring Effect in Investment Decision Making – A Systematic Literature Review. *Asia Pacific Journal of Research*, vol. I, n. XXXII, p. 17, out. 2015.

[628] CHANG, Eric C.; LUO, Yan; REN, Jinjuan. Cross-listing and pricing efficiency: the informational and anchoring role played by the reference price. *Journal of Banking and Finance*, v. 37, n. 11, p. 4449-4464, 2013.

[629] MILANEZ, Daniel Yabe. *Finanças Comportamentais no Brasil*. Tese de Doutoramento. Universidade de São Paulo. Faculdade de Economia, Administração e Contabilidade. 2003, p. 14.

leva a tal equívoco é que a compradora faz uma avaliação acerca de quanto uma eventual sinergia entre as empresas acrescentaria para a adquirente, criando-se um valor de referência (âncora) superior ao valor de mercado da adquirida.[630]

Observe-se que, ao fixar determinado valor aprioristicamente, a oferta para a aquisição de uma empresa pode rapidamente se apresentar como boa ou ruim para o tomador da decisão, sem que isso seja confiável. Trata-se do atalho da âncora, em que um montante previamente estabelecido molda as expectativas da parte desde a sua fixação, tendo capacidade de influenciar na decisão final a ser tomada pelo agente econômico.

Além de afetar a própria parte em uma negociação de compra e venda de empresa, a ancoragem equivocada pode afetar o julgamento por um terceiro (juiz ou árbitro), vez que o tomador de decisão também pode ser influenciado por um valor que o conduza a julgar de determinada maneira (a sua própria remuneração, por exemplo), não necessariamente justa e condizente com o caso concreto que se está a analisar.

Destarte, considerando a previsibilidade de que seja influenciado por um indevido número, cabe ao julgador ter a cautela de se desvincular de valores quantitativos que possam servir de âncora para a análise do caso concreto. Da mesma forma, cabe aos agentes ter o discernimento e a atenção necessários para evitar que uma âncora conduza a conclusões precipitadas quanto ao negócio a ser celebrado.

A terceira heurística mencionada por Kahneman e Tversky é a da representatividade. Trata-se do atalho segundo o qual o agente decide com base na percepção da probabilidade de ocorrer algo a partir da identificação de representar um determinado tipo de situação.[631]

Se um agente econômico toma como fundamento para a decisão de abrir um novo negócio as suas percepções pessoais, tende a optar pela resposta (alternativa) que melhor se adapte a essas percepções que já possui, independentemente de, no caso concreto, haver peculiaridades que efetivamente demonstrem ser aquela a melhor decisão. É o indevido enquadramento de uma situação como se representasse (ou espelhasse) alguma já ocorrida.

---

[630] MILANEZ, Daniel Yabe. *Finanças Comportamentais no Brasil*. Tese de Doutoramento. Universidade de São Paulo. Faculdade de Economia, Administração e Contabilidade. 2003, p. 14.
[631] TVERSKY, Amos; KAHNEMAN, Daniel. Julgamento sob incerteza: heurísticas e vieses. *In*: KAHNEMAN, Daniel. *Rápido e Devagar*: duas formas de pensar. Rio de Janeiro: Objetiva, 2012, p. 525-530.

Ao fazer estudo de casos envolvendo o mercado de valores mobiliários, Boussaidi constatou que a heurística da representatividade se manifesta nos agentes quando interpretam as performances pretéritas da companhia como representativas de um desempenho geral que continuaria no futuro[632] (seja ele positivo ou negativo).

O referido autor concluiu, a partir dos dados coletados, que tal heurística é frequente no mercado de ações[633] em decorrência de precipitados enquadramentos de situações como se espelhassem outras. Ainda que com um leque menor de empresas analisadas, Saturnino e Lucena chegaram a conclusões similares ao abordar o comportamento de agentes no mercado brasileiro.[634]

Em análise convergente, Meng expõe que, após a crise do *subprime* no mercado norte-americano, diversos investidores e analistas observaram que algumas das características pré-crise estavam se repetindo em outros mercados, concluindo, com isso, que uma crise semelhante estaria prestes a ocorrer.[635] Entretanto, as esperadas novas crises não se concretizaram, tendo havido uma precipitada análise a partir da lembrança da que ocorrera nos Estados Unidos da América na primeira década dos anos 2000.[636] Trata-se, mais uma vez, da incidência do atalho da representatividade.

A referida heurística também pode se fazer presente no que diz respeito a uma operação de compra e venda de empresa, seja por uma análise tomada a partir de uma falsa representação gerada pelo aspecto estrutural da empresa a ser adquirida, seja pela falsa imagem produzida por um equivocado balanço ou por uma *due diligence*[637]

---

[632] BOUSSAIDI, Ramzi. Representativeness Heuristic, Investor Sentiment and Overreaction to Accounting Earnings: The Case of The Tunisian Stock Market. *Procedia* – Social and Behavioral Sciences, v. 81, 2013, p. 9-21.

[633] BOUSSAIDI, Ramzi. Representativeness Heuristic, Investor Sentiment and Overreaction to Accounting Earnings: The Case of The Tunisian Stock Market. *Procedia* – Social and Behavioral Sciences, v. 81, 2013, p. 18.

[634] SATURNINO, Odilon; LUCENA, Pierre. *Valor da Ação e Sentimento do Investidor no Brasil:* o afeto sobrepuja a razão? Disponível em: http://sbfin.org.br/files/investimentos-artigo-xv-ebfin-5048.pdf, acesso em: 3 jul. 2019.

[635] MENG, Sijia. *Availability Heuristic Will Affect Decision-making and Result in Bias.* 3rd International Conference on Management Science and Innovative Education, 2017, p. 267-272, p. 271.

[636] NG, Sijia. *Availability Heuristic Will Affect Decision-making and Result in Bias.* 3rd International Conference on Management Science and Innovative Education, 2017, p. 267-272, p. 271.

[637] Trata-se de procedimento de coleta de informações, revisão e análise que objetiva analisar jurídica e economicamente a sociedade envolvida no negócio, de acordo com a definição de WALD, Arnoldo; MORAES, Luiza Rangel de; WAISBERG, Ivo. Fusões, incorporações e aquisições – aspectos societários, contratuais e regulatórios. In: WARDE JR., Walfrido Jorge (Coord.). *Fusão, Cisão, Incorporação e Temas Correlatos.* São Paulo: Quartier Latin, 2009, p. 53.

precipitadamente realizada. Assemelha-se aos estereótipos[638] que nos levam a determinadas conclusões, não raramente erradas.

Tomando os conceitos e exemplos citados, identifica-se que todas as heurísticas têm em comum o fato de se constituírem em vias de se reduzir a complexidade nas decisões a serem tomadas. E, ao se analisar o grande número de fatores que podem afetar uma compra e venda de empresas, não é de se surpreender que atalhos sejam adotados pelos agentes, por mais racionais que busquem ser em seus julgamentos empresariais.

Em razão da natureza e da relevância das decisões referentes às transferências de empresas seria precipitado afirmar que o agente se valeria unicamente de certas lembranças (heurística da disponibilidade), da vinculação a certo número (heurística da ancoragem) ou da semelhança de determinada situação com outra (heurística da representatividade) para optar ou não pela transação. Nada obstante, justamente por conta da complexidade do raciocínio humano, os referidos atalhos podem se constituir em fatores que influenciam na opção a ser tomada, sendo possível, a partir da compreensão deles, criar mecanismos indutores de comportamento que os evitem ou diminuam seus efeitos.

Prosseguindo a análise a partir das categorias propostas pela economia comportamental, retoma-se que as heurísticas contribuem para que os vieses ocorram.[639] A noção de viés foi apresentada como o erro sistematicamente cometido pelo tomador de decisão.[640]

Neste sentido, os quatro vieses apresentados (excessivo otimismo, retrospectiva, *status quo* e aversão ao extremo[641]) também podem ser ferramentas úteis de análise para melhor entender equívocos ocorridos nas decisões vinculadas às atividades da empresa.

O viés da aversão ao extremo foi apresentado como o erro sistematicamente cometido quando as pessoas tendem a optar por alternativas que não sejam as extremas,[642] deixando de observar que, por vezes, as opções mais radicais podem ser as melhores decisões.

A aversão ao extremo ajuda a compreender a forte rejeição que as pessoas têm no que se refere às perdas no mercado de valores mobiliários. A partir de experimentos práticos, Thaler e Sunstein afirmam

---

[638] KAHNEMAN, Daniel. *Rápido e Devagar*: duas formas de pensar. Rio de Janeiro: Objetiva, 2012, p. 192.
[639] Vide item 1.2.
[640] Tema trabalhado no item 1.2.
[641] Assunto verificado no item 1.2.
[642] Analisado no item 1.2.

que o agente econômico atribui às perdas peso desproporcional.[643] Ao rejeitar a perda, o agente econômico deixa de investir recursos na bolsa de valores, mesmo que os números demonstrem ser este o melhor investimento a longo prazo. Ganha-se menos (ou se deixa de ganhar) para evitar uma perda.

Tal viés é útil para explicar desde o relativo pequeno número de investidores que aportam seu dinheiro na bolsa[644] até para perquirir as razões pelas quais se insiste em vender as ações em período de baixa,[645] mesmo sendo manifestamente equivocada a estratégia. Trata-se da dificuldade do ser humano lidar com o extremo, especialmente pela barreira de lidar com as perdas.[646]

No âmbito de compra e venda de empresas, o viés da aversão ao extremo pode se manifestar tanto nas negociações realizadas pelos agentes econômicos – ao não aceitar nem a proposta originalmente formulada por um lado nem a contraproposta original do outro – quanto na decisão a ser tomada pelo terceiro que analisa eventual conflito entre as partes, ao não decidir nem de modo totalmente favorável a um lado nem ao outro. O viés da aversão ao extremo auxilia na compreensão de que há uma natural inclinação pela alternativa que não represente nem o anseio pleno de uma parte nem o de outra.

O viés da retrospectiva, por sua vez, foi apresentado como o erro de considerar no futuro que determinado resultado seria óbvio quando se passaram os fatos.[647] Em outras palavras, trata-se de pensar que uma situação fatalmente ocorreria (após visto o resultado), enquanto, antes de ter ocorrido, tal obviedade inexistia.

Aproximando o viés da retrospectiva da realidade empresarial, Hussain *et al.* afirmam que se trata do erro sistematicamente cometido pelo investidor de considerar, após verificada a performance (ganhos ou perdas) da ação adquirida, que o resultado seria óbvio.[648] Ao ter uma nova informação, isto é, o resultado propriamente dito, o agente

---

[643] THALER, Richard; SUNSTEIN, Cass. *NUDGE*: improving decisions about health, wealth and happiness. London: Penguin Books, 2009, p. 131.
[644] THALER, Richard; SUNSTEIN, Cass. *NUDGE*: improving decisions about health, wealth and happiness. London: Penguin Books, 2009, p. 131.
[645] THALER, Richard; SUNSTEIN, Cass. *NUDGE*: improving decisions about health, wealth and happiness. London: Penguin Books, 2009, p. 132-133.
[646] A respeito THALER, Richard H. *Comportamento Inadequado*. Coimbra: Actual, 2015, p. 356.
[647] Explicado no item 1.2.
[648] HUSSAIN, M.; SHAH, S. Z. A.; LATIF, K.; BASHIR, U.; YASIR, M. Hindsight bias and investment decisions making empirical evidence from an emerging financial market. *International Journal of Research Studies in Management*, v. 2, n. 2, p. 77-88, October 2013.

econômico tende a estruturar o pensamento como se essa informação já existisse ou fosse presumível à época da celebração do negócio, acarretando o erro de pensar que haveria obviedade no resultado.

Por outro lado, a compreensão do referido viés se mostra especialmente importante na análise de como o Poder Judiciário tende a analisar um litígio que envolva uma operação de compra e venda de empresa. Quando os casos vão a julgamento, a realidade já se passou e os resultados já se apresentaram.[649] Assim, ao fazer o julgamento, tende-se a achar que os efeitos decorrentes das decisões tomadas à época dos fatos eram mais previsíveis do que efetivamente eram, o que influencia a forma como o julgador analisa o caso.[650]

Em relação às operações de compra e venda de empresas, concluir, após ter ocorrido o negócio, que um determinado agente foi imprevidente ou que sabia que haveria um prejuízo à outra parte, pode parecer óbvio depois do resultado, mas não necessariamente o era à época em que a negociação foi realizada. Destarte, especialmente sob a perspectiva do julgador, deve-se ter o discernimento para não incorrer neste erro sistematicamente cometido, capaz de induzir a uma equivocada percepção acerca de vícios no consentimento que pudessem resultar em intervenção judicial sobre o contrato.

O terceiro viés abordado – do excessivo otimismo – é aquele que representa a crença do indivíduo de que com ele próprio a situação será mais benéfica do que foi com outro agente.[651] Constitui-se na superestimação da capacidade de atuação da própria pessoa, acreditando que resultados benéficos invariavelmente serão produzidos com ela, mesmo que com outros não tenha ocorrido o mesmo.[652] No âmbito da compra e venda de empresas, estima-se que de 60% (sessenta por cento) a 70% (setenta por cento) das operações fracassam,[653] o que pode ser compreendido em parte pelo viés do excessivo otimismo.

Kahneman explica que os empresários acreditam que são prudentes, mesmo quando não o são,[654] o que, como consequência,

---

[649] A análise é feita em DHAMI, Sanjit. *The foundations of behavioural economic analysis*. Oxford: Oxford University Press, 2016, p. 1346.
[650] PLOUS, Scott. *The psychology of judgment and decision making*. New York: 1993, McGraw-Hill, Inc., p. 35.
[651] FORGIONI, Paula Andrea. *Contratos Empresariais*: teoria geral e aplicação. São Paulo: Revista dos Tribunais, 2015, p. 104.
[652] Explicado no item 1.2.
[653] BOTREL, Sérgio. *Fusões & Aquisições*. 4. ed. São Paulo: Saraiva, 2016, p. 46.
[654] KAHNEMAN, Daniel. *Rápido e Devagar*: duas formas de pensar. Rio de Janeiro: Objetiva, 2012, p. 320.

conduz a más tomadas de decisões[655] na atividade empresarial, no que se incluem as operações de compra e venda de empresas.

O viés do excessivo otimismo acaba trazendo efeitos como a menor precaução no processamento de dados e de análise em geral, tais como salvaguardas contratuais, já que se presume que com a própria pessoa não ocorrerá o problema que se passou com outras anteriormente.

Thaler e Sunstein exemplificam que, em pesquisa realizada com empresários que estavam iniciando um negócio, foi questionado a cada um deles (a) qual a chance de sucesso no ramo de negócio em que estava ingressando e (b) qual a chance dele próprio obter sucesso em sua empreitada.[656]

Enquanto a resposta mais comum para a primeira pergunta foi o percentual de 50% (cinquenta por cento), para o segundo questionamento foi de 90% (noventa por cento),[657] em flagrante demonstração de extrema autoconfiança e de um excessivo otimismo no que se refere ao próprio sujeito.

Racionalmente, não há o que sustente a crença de que a própria pessoa teria maior probabilidade de êxito em sua atividade do que ela estima que os outros terão no mesmo ramo econômico. A explicação se dá a partir da compreensão do viés do excessivo otimismo, ou seja, na superestimação da própria capacidade da pessoa.

Em outro exemplo de incidência do referido viés na atividade empresarial, Bortoli[658] analisou as companhias de capital aberto listadas na B3 (à época em que se chamava BM&F BOVESPA), no período que compreendeu os anos de 2011 a 2015, tendo por objeto específico de estudo as operações de compra de ações por parte dos executivos das companhias brasileiras, a fim de verificar possível superestimação acerca da capacidade deles próprios gerarem retornos maiores para a companhia (e consequente subestimação dos riscos).

A análise dos comportamentos demonstrou que os executivos, ao ingressarem em uma companhia nesta condição, tendem a acreditar

---

[655] LANGEVOORT, Donald C. Organized Illusions: A Behavioral Theory of Why Corporations Mislead Stock Market Investors (and Cause Other Social Harms). *In:* SUNSTEIN, Cass R. (Org.). *Behavioral Law & Economics.* New York: Cambridge Press, 2007, p. 149-150.

[656] THALER, Richard; SUNSTEIN, Cass. *NUDGE*: improving decisions about health, wealth and happiness. London: Penguin Books, 2009, p. 35.

[657] THALER, Richard; SUNSTEIN, Cass. *NUDGE*: improving decisions about health, wealth and happiness. London: Penguin Books, 2009, p. 35.

[658] BORTOLI, Cassiana. *A sofisticação financeira dos CEO'S e sua relação com os vieses cognitivos excesso de confiança e otimismo*: um estudo realizado em companhias abertas brasileiras. Dissertação. Universidade Federal do Paraná. Programa de Pós-Graduação em Contabilidade do Setor de Ciências Sociais Aplicadas. Curitiba, 2017.

que as ações estão subavaliadas e que a sua gestão pode contribuir para a valorização.[659] Consequentemente, os executivos acabam adquirindo ações da sociedade acreditando em uma mais-valia futura, confiando no resultado de seu trabalho, desconsiderando fatores objetivos que influenciam na decisão racional de aquisição de participação acionária.[660] Trata-se do viés do excessivo otimismo.

O quarto e último viés abordado no trabalho foi o do *status quo*. É aquele que representa a tendência dos agentes em permanecer no mesmo estado em que atualmente se encontram.[661]

A respeito da influência do viés do *status quo* nas preferências expressas em contratos, Korobkin afirma que as opções dos agentes econômicos na celebração de instrumentos contratuais dependem de como os tomadores de decisões identificam os direitos relativamente ao que entendem ser o atual estado de alocação dos direitos de cada um.[662]

O referido autor explica que a parte tende a valorizar mais determinado item contratual que diga respeito à manutenção da posição em que se encontra do que uma que represente uma mudança no *status quo*.[663] Assim, haveria uma maior disponibilidade para alterar ou ceder em determinadas cláusulas (que não representem mudança no atual estado) em comparação a outras estipulações contratuais.

Todas as conclusões de Korobkin foram pautadas em experimentos que envolviam negociações reais entre as partes.[664] Dentre os resultados apresentados, destaca-se, também, o apontamento de que há uma diferença expressiva quando uma parte faz a primeira minuta do instrumento contratual, representando que alterar o que foi previamente

---

[659] BORTOLI, Cassiana. *A sofisticação financeira dos CEO'S e sua relação com os vieses cognitivos excesso de confiança e otimismo*: um estudo realizado em companhias abertas brasileiras. Dissertação. Universidade Federal do Paraná. Programa de Pós-Graduação em Contabilidade do Setor de Ciências Sociais Aplicadas. Curitiba, 2017, p. 33.

[660] BORTOLI, Cassiana. *A sofisticação financeira dos CEO'S e sua relação com os vieses cognitivos excesso de confiança e otimismo*: um estudo realizado em companhias abertas brasileiras. Dissertação. Universidade Federal do Paraná. Programa de Pós-Graduação em Contabilidade do Setor de Ciências Sociais Aplicadas. Curitiba, 2017, p. 46-85

[661] Explicado no item 1.2.

[662] KOROBKIN, Russel. Behavioral Economics, Contract Formation, and Contract Law. *In:* SUNSTEIN, Cass R. (Org.) *Behavioral Law & Economics*. New York: Cambridge Press, 2007, p. 119.

[663] KOROBKIN, Russel. Behavioral Economics, Contract Formation, and Contract Law. SUNSTEIN, Cass R. (Org.) *Behavioral Law & Economics*. New York: Cambridge Press, 2007, p. 120.

[664] KOROBKIN, Russel. Behavioral Economics, Contract Formation, and Contract Law. SUNSTEIN, Cass R. (Org.). *Behavioral Law & Economics*. New York: Cambridge Press, 2007, p. 116-143.

estabelecido na minuta é muito mais custoso, tendendo o instrumento a ser mais benéfico àquele que elaborou a primeira versão, em razão do viés do *status quo*.[665]

Outro reflexo do referido viés no que se refere às operações de compra e venda de empresas é que uma decisão pode ser motivada pelo medo de administradores de ambas as firmas perderem os seus postos[666] em razão da reorganização. Veja-se que, a partir desta constatação, seria possível o incremento da teoria da agência, analisando-se não somente o conflito de interesses como também a tendência de os administradores desejarem permanecer em seus postos de trabalho, mesmo que isso represente a perda de uma oportunidade para as empresas envolvidas no negócio.

Finalmente, a terceira ferramenta comportamental estudada[667] foi a noção de *nudge*, a qual representa os diferentes estímulos que podem ser dados para incentivar que determinadas condutas sejam adotadas ao invés de outras.[668] Trata-se, portanto, de mecanismos indutores ou inibidores de comportamentos.[669] A percepção dos atalhos de pensamentos e dos erros sistematicamente cometidos na atividade empresarial podem auxiliar a criar *nudges* no sentido de incentivar comportamentos cooperativos entre as partes, por exemplo.

No âmbito do mercado de valores mobiliários, Cai explica que duas são as formas mais utilizadas de *nudges*:[670] (i) meio como as opções de investimento são apresentadas aos interessados e (ii) fornecimento de informações ao público de maneira específica. Ambos os *nudges* se revelam como maneiras de estimular ou desestimular que determinadas alternativas sejam ou deixem de ser escolhidas, intervindo no processo racional de julgamento que o agente econômico adotará.

---

[665] KOROBKIN, Russel. Behavioral Economics, Contract Formation, and Contract Law. *In:* SUNSTEIN, Cass R. (Org.). *Behavioral Law & Economics*. New York: Cambridge Press, 2007, p. 124.

[666] FANTO, James A. Quasi-Rationality in Action: A Study of Psychological Factors in Merger Decision-Making. *Ohio State Law Journal*, 62, 1336 (2001). Também neste sentido CARVALHOSA, Modesto; KUYVEN, Fernando. Sociedades Anônimas. *In:* CARVALHOSA, Modesto (Coord.). *Tratado de Direito Empresarial*. 2. ed. São Paulo: Thomson Reuters Brasil, 2018, p. 663.

[667] Vide item 1.2.

[668] ZAMIR, Eyal; TEICHMAN, Doron. *Behavioral Law and Economics*. Oxford: Oxford University Press, 2018, p. 178-179.

[669] ZAMIR, Eyal; TEICHMAN, Doron. *Behavioral Law and Economics*. Oxford: Oxford University Press, 2018, p. 178-179.

[670] CAI, Cynthia Weiyi. Nudging the financial market? A review of the nudge theory. *Accounting & Finance*, 2019, v.1, p. 1-25, p. 18.

Compreendidos os atalhos de pensamento (heurísticas), os erros sistematicamente cometidos (vieses) e os *nudges* sob a perspectiva da atividade empresarial, torna-se viável a investigação prática de casos levados ao Poder Judiciário nos quais os instrumentos contratuais de compra e venda de empresas foram questionados.

Como será visto, múltiplas são as constatações de heurística e vieses em determinadas transações, por mais racionais que os agentes econômicos busquem ser em suas decisões. A verificação dos atalhos de pensamento e dos erros em tais operações ressaltam a importância do emprego de estímulos para que certos comportamentos sejam ou deixem de ser adotados, o que será evidenciado no derradeiro tópico deste capítulo.

Apresentaremos agora exemplos da utilização de tais ferramentas para a análise dos comportamentos dos agentes refletidos nos instrumentos contratuais vinculados à compra e venda de empresas. Veja-se que muitas das heurísticas, dos vieses e dos *nudges* poderiam ser utilizados para compreender a própria análise dos magistrados ao proferir as decisões, mas, como o foco do livro é sobre aqueles que atuam na atividade empresarial, será respeitada a delimitação.

3.2 Heurísticas e vieses em contratos de M&A discutidos no Poder Judiciário

Inicialmente, relembram-se os fundamentos estabelecidos no item 1.3. para viabilizar a análise de casos a partir das ferramentas da economia comportamental: (i) nos casos analisados, buscar-se-á compreender com profundidade as opções feitas pelos agentes econômicos. Para isso, foram escolhidos casos em que o autor atuou na condição de advogado, reconhecendo que, por outro lado, há parcialidade na análise; (ii) a constatação de que os agentes econômicos se valeram de heurísticas e incorrerem em vieses nas decisões ligadas às operações de compra e venda de empresas não significa que as escolhas tenham sido irracionais; e (iii) o reconhecimento de que as decisões são organizacionais não afasta o fato de que foram tomadas por pessoas (sócios e administradores, por exemplo), sendo, portanto, suscetíveis a heurísticas e vieses.

O primeiro caso analisado diz respeito à interpretação de instrumentos contratuais que apresentavam como objeto a compra e venda de instituição educacional, a qual oferecia ensinos básico, fundamental, médio e superior – bem como a locação do imóvel destinado ao exercício das atividades correspondentes, no interior do Estado do Paraná.

O caso se mostra relevante para análise por representar a complexidade característica de uma operação de compra e venda de empresa. Além dos problemas na interpretação das cláusulas do instrumento principal em si, a operação não ficou restrita à disciplina da transferência das participações societárias, havendo desconformidades também quanto à hermenêutica do pacto acessório celebrado entre as partes.

Um dos polos da relação era composto por uma *holding* que estava em vias de realizar sua primeira aquisição de empresa. O objetivo era de expandir as atividades do grupo, antes concentradas unicamente na capital do estado. Almejava-se o crescimento imediato no número de educandos e a expansão da marca em região antes inexplorada.

O outro polo contratual era composto por duas empresárias (pessoas físicas) que eram as titulares da totalidade das quotas da instituição de ensino objeto da transação – estruturada na modalidade de sociedade limitada – e também proprietárias do imóvel em que a escola e a faculdade estavam situadas e que permaneceriam em funcionamento.

A operação, portanto, consistia na transferência da totalidade das quotas da sociedade limitada para a *holding* por determinado valor, cumulada com a locação, por cinco anos, do imóvel no qual as atividades educacionais já eram exercidas.

No que diz respeito ao aspecto financeiro, as alienantes das quotas receberiam um montante pela cessão onerosa de suas respectivas participações societárias e, adicionalmente, a cada mês, valores referentes à locação da propriedade imobiliária. Sob o enfoque da outra contratante, a *holding* se tornaria a titular exclusiva das quotas da instituição de ensino e poderia exercer os direitos inerentes à condição de locatária do imóvel, com o objetivo de explorar a atividade educacional.

Para que se compreenda adequadamente as questões de fato do litígio, é importante ressaltar que o edifício em que a escola desenvolvia suas atividades era essencial para o negócio, notadamente em razão da escassez de imóveis na cidade que fossem capazes de absorver a grande quantidade de alunos da instituição de ensino, o que foi atestado em juízo pela prova pericial produzida. Consequentemente, foi necessária para a concretização da compra e venda da empresa a locação do prédio, que, repita-se, continuaria de propriedade das cedentes das quotas sociais.

Dentro desse contexto, dois instrumentos contratuais foram celebrados: um que regulamentava a cessão onerosa das quotas, a transferência do acervo e a cessão do direito de uso de marca da instituição de ensino do interior do Estado do Paraná em favor da *holding* adquirente e outro para estabelecer os termos da locação do imóvel, havendo referências recíprocas entre os dois instrumentos contratuais em suas respectivas cláusulas.[671]

Dois anos após a celebração do negócio, a adquirente das quotas foi notificada pela Prefeitura Municipal de Cascavel e pelo Ministério Público do Estado do Paraná para que, imediatamente, realizasse obras substanciais no edifício, sob pena de configuração de exercício irregular de atividade de ensino e perda da autorização para funcionamento.

A obra mais importante a ser feita consistiria na construção de um elevador no prédio, a fim de que fosse garantida a acessibilidade aos deficientes físicos. Tal obra acarretaria pesado ônus financeiro para a adquirente, no patamar de 25% (vinte e cinco por cento) sobre o total pago para a aquisição das quotas, em virtude das características do imóvel em questão, o qual precisaria passar por amplo processo de adaptação estrutural.

O contrato de locação firmado entre as partes previa, genericamente, que a locatária renunciava a toda e qualquer benfeitoria realizada no imóvel.[672] Por outro lado, estipulava que o imóvel seria disponibilizado pelas locadoras em condições para a continuidade da atividade educacional que lá havia,[673] disciplinando, outrossim, que o imóvel não poderia ser destinado a outra finalidade que não ao exercício de referido ramo.[674]

O contrato de cessão onerosa de quotas era omisso a respeito de eventuais necessidades de investimento futuro, não prevendo qualquer tipo de contingência, escalonamento de pagamentos por eventuais passivos ou qualquer mecanismo que possibilitasse ajustes na contrapartida financeira a ser cumprida pela adquirente.

---

[671] Sobre as referências recíprocas havidas entre os instrumentos, colhe-se de exemplo no "Contrato de Compra e Venda de Acervo de Empresa e Compra e Venda de Cotas, do Direito de Exploração de Atividades Educacionais de Permissão de Uso de Marca e Assessoria e Outras Avenças": Cláusula 3.1., parágrafo único: "O contrato de locação referido no *caput* desta cláusula será firmado concomitantemente com o presente instrumento".

[672] Cláusula Quarta, Parágrafo Terceiro, do Contrato de Locação: "(...) As benfeitorias, consertos ou reparos farão parte integrante do imóvel, não assistindo a LOCATÁRIA o direito de retenção ou indenização sobre a mesma".

[673] Cláusula Primeira do Contrato de Locação: "O presente tem como objeto, o EDIFÍCIO COMERCIAL de propriedade das LOCADORAS, compreendendo todo o complexo de salas, auditório, quadras esportivas, pátios e demais dependências, para a continuidade da exploração da atividade de prestação de serviços na área educacional (...)".

[674] Cláusula Quarta do Contrato de Locação: "A presente LOCAÇÃO destina-se exclusivamente ao uso do imóvel para fins comerciais na exploração de atividade de prestação de serviços educacionais, restando proibido à LOCATÁRIA, sublocá-lo ou usá-lo de forma diferente do previsto, sob pena de rescisão contratual".

De acordo com a narrativa da locatária, após uma primeira sinalização verbal positiva por parte das cedentes das quotas no sentido de que arcariam com os custos das obras para adequação do imóvel – por entender que as obras trariam benefícios permanentes ao edifício –, as locadoras, nas vésperas da data aprazada para a realização da reforma, teriam mudado de posicionamento e afirmado que seria responsabilidade exclusiva da locatária o custo das obras, não havendo que se falar em responsabilidade das cedentes das quotas ou de direito a ressarcimento que favorecesse a adquirente.

Não havendo opção que não o atendimento das exigências do Poder Público para que pudesse continuar exercendo a atividade econômica no imóvel, a locatária efetuou o substancial dispêndio, notificando, logo em seguida, as cedentes das quotas para que fizessem a restituição do montante pago.

Diante da recusa das locadoras, a locatária ajuizou ação de ressarcimento, pleiteando a devolução dos valores gastos, sob o fundamentando de que seria, contratualmente, dever das proprietárias do imóvel tê-lo deixado em plenas condições para a exploração comercial.[675]

Afirmou que se o imóvel não estivesse em condições de total e imediata utilização, não teria celebrado o contrato de aquisição das quotas (compra e venda de empresa) e, muito menos, o instrumento de locação do imóvel, o que demonstraria de maneira inequívoca a necessidade de interpretação conjunta dos dois instrumentos firmados entre as partes e a obrigação das cedentes arcarem com os custos de adequação do edifício.

Em suas contestações, as locadoras argumentaram que havia cláusula expressa no instrumento de locação em que a locatária abria mão de ser indenizada por qualquer benfeitoria no imóvel,[676] o que tornaria impossível o atendimento da pretensão autoral, já que livremente teriam estipulado a referida cláusula. Refutaram, também, a alegação de que os instrumentos deveriam ser interpretados de maneira conjunta.

Agravando ainda mais o conflito, pouco tempo depois do oferecimento das respostas, as cedentes/locadoras propuseram ação revisional do contrato de locação, sustentando que desde a celebração do instrumento contratual locatício houve valorização substancial do imóvel e que, em razão disso, o valor pago a título de aluguel deveria ser revisto com expressiva majoração.

---

[675] Vide Cláusula Quarta do Contrato de Locação, reproduzida acima em nota de rodapé.
[676] Vide Cláusula Quarta, Parágrafo Terceiro do Contrato de Locação, reproduzida anteriormente em nota de rodapé.

Em contestação, a locatária (adquirente das quotas) afirmou que não haveria que se falar em revisão do contrato de locação, já que, além do reajuste dos alugueres ter sido estipulado no instrumento contratual, teria sido considerado, na origem da negociação, o fato de também ser objeto de contratação a cessão onerosa das quotas da instituição de ensino.

Segundo o raciocínio, a fixação dos valores para a transferência das quotas e para a locação do imóvel foi um ato conjunto, de modo que se chegou nos montantes de cada um, apenas em razão de se tratar de uma operação unificada. Argumentou-se que caso os valores dos alugueres fossem alterados, haveria que se modificar o montante a ser pago pela aquisição das quotas da sociedade limitada, o que resultaria em necessária modificação das cláusulas do instrumento principal celebrado entre as partes.

Em conclusão, de acordo com a locatária, a coligação contratual[677] deveria ser reconhecida, de modo que não se poderia alterar unicamente o valor de locação, sob pena de desrespeitar o conjunto de estipulações previsto nos dois instrumentos celebrados, cujo objeto central foi a compra e venda da empresa educacional.

Já em estado debilitado de relacionamento entre as contratantes, no quarto ano de vigência do contrato, a instituição de ensino ingressou com ação renovatória buscando a ampliação compulsória do vínculo, para que pudesse permanecer por mais um quinquênio no imóvel.

A adquirente das quotas/locatária fundamentou seu pedido na impossibilidade de obtenção do retorno econômico esperado no período originariamente pactuado, em razão do contexto econômico brasileiro ter sido desfavorável. Também argumentou que faria jus à renovação do vínculo locatício por preencher os requisitos do art. 51 da Lei de Locações[678] e por haver previsão de renovação automática estipulada no

---

[677] A respeito dos contratos coligados ver: LEONARDO, Rodrigo Xavier. Os contratos coligados, os contratos conexos e as redes contratuais. *In*: CARVALHOSA, Modesto (Coord.). *Tratado de Direito Empresarial*, IV: Contratos mercantis. São Paulo: Revista dos Tribunais, 2016, p. 463. Também do referido autor: LEONARDO, Rodrigo Xavier. Os contratos coligados. *In*: BRANDELLI, Leonardo (Coord.). *Estudos em Homenagem à Professora Véra Maria Jacob Fradera*. Porto Alegre: Lejus, 2013.

[678] "Art. 51. Nas locações de imóveis destinados ao comércio, o locatário terá direito a renovação do contrato, por igual prazo, desde que, cumulativamente:
I - o contrato a renovar tenha sido celebrado por escrito e com prazo determinado;
II - o prazo mínimo do contrato a renovar ou a soma dos prazos ininterruptos dos contratos escritos seja de cinco anos;
III - o locatário esteja explorando seu comércio, no mesmo ramo, pelo prazo mínimo e ininterrupto de três anos.

contrato de locação, de modo que seria desnecessário o consentimento da locadora para que houvesse a ampliação do prazo de locação.[679]

Em contestação, as proprietárias do imóvel arguiram descumprimento contratual por parte da locatária (o que fulminaria o direito de renovação) e que a cláusula invocada pelas adquirentes das quotas não asseguraria renovação automática do vínculo locatício. Afirmaram que não haveria que se falar em coligação contratual, por se tratar de instrumentos autônomos.

As múltiplas ações judiciais acarretaram anos de discussões envolvendo a compra e venda da empresa e a locação do imóvel, com decisões em primeiro grau de jurisdição que determinaram o despejo da adquirente das quotas/locatária, a declaração de inexistência de direito ao prolongamento automático do vínculo e a majoração substancial do valor locatício.

Em segunda instância, as decisões referentes ao despejo e à revisão dos alugueres foram, primeiramente, suspensas e, depois, anuladas, inclusive com o reconhecimento da coligação contratual e da consequente impossibilidade de se alterar apenas o contrato de locação, sendo aceito o fundamento de que o valor locatício era vinculado ao previsto para a aquisição das quotas sociais.

Quanto à indenização referente ao valor gasto para implementação do elevador no edifício, tanto em primeira quanto em segunda instância, reconheceu-se que era dever da locadora do imóvel fazer a restituição dos valores despendidos pela locatária, mesmo com a cláusula de renúncia expressa à indenização por benfeitorias, entendendo-se que

---

§1º O direito assegurado neste artigo poderá ser exercido pelos cessionários ou sucessores da locação; no caso de sublocação total do imóvel, o direito a renovação somente poderá ser exercido pelo sublocatário.
§2º Quando o contrato autorizar que o locatário utilize o imóvel para as atividades de sociedade de que faça parte e que a esta passe a pertencer o fundo de comércio, o direito a renovação poderá ser exercido pelo locatário ou pela sociedade.
§3º Dissolvida a sociedade comercial por morte de um dos sócios, o sócio sobrevivente fica sub - rogado no direito a renovação, desde que continue no mesmo ramo.
§4º O direito a renovação do contrato estende - se às locações celebradas por indústrias e sociedades civis com fim lucrativo, regularmente constituídas, desde que ocorrentes os pressupostos previstos neste artigo.
§5º Do direito a renovação decai aquele que não propuser a ação no interregno de um ano, no máximo, até seis meses, no mínimo, anteriores à data da finalização do prazo do contrato em vigor".

[679] "Cláusula Segunda, Parágrafo Primeiro, do Contrato de Locação: Caso a LOCATÁRIA tenha interesse em renovar o presente Contrato, deverá notificar por escrito as LOCADORAS, no mínimo 60 (sessenta) dias antes do término do prazo contratual, manifestando expressamente sua intenção de renovar a locação".

caberia às cedentes das quotas ter deixado o imóvel em plenas condições de funcionamento.

Após oito anos de litígios, as partes firmaram acordo englobando todas as demandas,[680] em que, dentre outras estipulações, pactuaram a ampliação do tempo de locação.

Analisando as diferentes lides que envolveram as partes, pode-se sistematizar os principais pontos de divergência que resultaram nas ações judiciais e que são relevantes para o livro em:

(i) existência ou não de coligação contratual (consistente nos contratos de transferência das quotas – compra e venda de empresa – e de locação do imóvel);

(ii) ter sido considerado ou não no valor da locação, o montante que havia sido pago pela aquisição das quotas da instituição de ensino (e o inverso);

(iii) definição de a quem compete a obrigação pelo ressarcimento dos valores necessários para a adequação do imóvel que possibilitasse a continuidade das atividades educacionais no edifício;

(iv) possibilidade ou não de prorrogação do prazo de locação para exploração da empresa pela adquirente das quotas.

Todos os pontos de controvérsia foram consequências, direta ou indiretamente, de falhas nos instrumentos contratuais originariamente celebrados, vez que as lacunas e contradições existentes contribuíram para a inexistência de estabilização após a realização dos negócios (compra e venda da empresa e locação do imóvel). Tais equívocos são frutos de comportamentos humanos adotados à época da celebração do negócio, os quais podem ser analisados com auxílio das ferramentas trabalhadas anteriormente.

Pela análise dos pontos sistematizados – e aqui assumindo o risco de incorrer no viés da retrospectiva – verifica-se que as divergências interpretativas sobre os contratos poderiam ter sido resolvidas mediante disposições contratuais simples, seja na forma de preliminares (tradicionalmente chamadas de *considerandos*), seja em cláusulas que disciplinassem o conteúdo de maneira detalhada.

Bastariam poucas linhas para deixar claro se os valores fixados para aquisição das quotas e para a locação do imóvel guardavam ou

---

[680] O acordo significou a permanência da adquirente das quotas no imóvel, com uma pequena majoração do valor dos alugueres a partir da data da composição, tendo havido a renúncia pelas locadoras/cedentes das quotas quanto aos alugueres vencidos no período anterior e a renúncia pelas locatárias/adquirentes do direito de restituição dos valores pagos pelo elevador.

não relação entre eles. Já no que se refere à necessidade de adequação estrutural do imóvel e ao prazo de duração do vínculo contratual locatício, os problemas interpretativos foram decorrentes de contradições havidas nos instrumentos, o que poderia ter sido evitado mediante leitura técnica jurídica preventiva.

A respeito do tema, impressiona a constatação de que, mesmo sendo uma operação de relevante porte no plano econômico, os instrumentos contratuais foram formulados diretamente pelos contratantes, com pontuais auxílios de profissionais da contabilidade no que se refere aos aspectos tributários, não contando com a assistência de advogados, o que foi referido pelos dois polos em audiência de instrução.

A observação do comportamento dos agentes à época da celebração dos instrumentos contratuais demonstra ter havido uma provável precipitação na conclusão das operações, o que se deduz a partir da constatação da grande quantidade de cláusulas genéricas e da omissão na abrangência de temas que se fazem fundamentais em qualquer operação de compra e venda de empresa. Foram reduzidas, indevidamente, as cautelas necessárias para o fechamento do negócio, principalmente no que se refere aos termos dos instrumentos contratuais celebrados.

Com efeito, a negociação entre as partes ocorreu no final de 2007, ano em que se iniciou expressivo aumento das transferências de instituições de ensino e que culminou nas 53 (cinquenta e três) compras e vendas de grupos educacionais havidas no ano de 2008, tendo sido, inclusive, o terceiro setor econômico com maior quantidade de operações de transferências de empresas no Brasil.[681] Estava-se, portanto, em período de elevado número de transações na área educacional.

A partir das ferramentas já apresentadas da obra de Kahneman e Tversky, argumenta-se que a lembrança das múltiplas notícias de negócios exitosos de compra e venda de escolas e faculdades (heurísticas da disponibilidade e da representatividade) pode ter contribuído para um ambiente de excessivo otimismo (viés), o que pode ajudar na compreensão das razões (ou falta delas) para as opções tomadas pelos agentes.

A heurística da disponibilidade pode ter contribuído negativamente, já que todos os envolvidos na área educacional à época tinham

---

[681] CARVALHO, Cristina Helena Almeida de. A mercantilização da educação superior brasileira e as estratégias de mercado das instituições lucrativas. *Revista Brasileira de Educação*, v. 18, n. 54, p. 761-801, jul./set. 2013, p. 769.

conhecimento dos múltiplos exemplos, até então recentes, de aquisições de empresas no setor educacional. Vivia-se o auge do setor.

Na mesma esteira, não é improvável que os dois polos tenham imaginado cenários positivos a partir dos elementos que se apresentavam, optando, assim, de maneira inconsciente, pela heurística da representatividade, já que não hesitaram em fechar rapidamente a negociação, sem o auxílio de profissional do Direito.

O grave problema é que tais atalhos de pensamento levam a um trato menos cuidadoso do que aquele que deve ser tomado em uma operação deste tipo, expressos, no caso em análise, na pouco recomendável falta de assistência especializada, bem como nas múltiplas lacunas e contradições havidas nos instrumentos celebrados. Deixou-se de fazer uma avaliação mais cuidadosa dos riscos envolvidos e dos termos estabelecidos, o que, não por acaso, levou a sérios problemas interpretativos quando a relação entre as partes começou a deteriorar.

Esse é o grande perigo dos atalhos de pensamento: ao reduzir a complexidade para facilitar a escolha a ser feita, aumenta-se, reflexamente, a chance de não serem tomadas as cautelas necessárias para a celebração do negócio, majorando a possibilidade de futuros conflitos ou dificultando a resolução quando já instalados por falta de critérios objetivos previstos em contrato.

Neste primeiro exemplo relatado, a consequência de não terem sido tomados maiores cuidados por parte dos contratantes (alienantes das quotas/locadoras e adquirente das quotas/locatária) foi o posterior ajuizamento de ações judiciais discutindo os negócios firmados, o que resultou em elevado custo aos litigantes e em anos de conflitos.

O viés do excessivo otimismo, incidente de maneira frequente nas opções dos empresários,[682] é bem representado e expresso no exemplo e aparece refletido na redução indevida das cautelas para o fechamento do negócio analisado. As partes tendem a não acreditar que com elas próprias ocorrerão problemas que se passaram com outras pessoas, o que contribui para a redução dos cuidados necessários ao fechamento de um negócio.

O segundo caso envolvendo discussão judicial sobre o contrato de compra e venda de empresa será analisado sob o enfoque da incidência da heurística da ancoragem, constituindo-se, portanto, em litígio que envolve a vinculação do raciocínio do contratante sobre suas

---

[682] KAHNEMAN, Daniel. *Rápido e Devagar*: duas formas de pensar. Rio de Janeiro: Objetiva, 2012, p. 320.

condutas a partir da fixação de um certo valor de referência. De maneira similar ao que ocorreu com as heurísticas da representatividade e da disponibilidade referidas, a heurística da ancoragem contribuiu para que determinados comportamentos fossem adotados, acarretando, mais tarde, litígios entre os contratantes. O caso se mostra pertinente para a análise deste livro por representar outra forma de operação de compra e venda de empresa, consubstanciada na transferência da atividade em si e não na transmissão das quotas ou ações.

Dois agentes econômicos celebraram, em abril de 2016, cinco contratos de franquia. A franqueada narra que, apenas quatro meses após a celebração dos instrumentos, a franqueadora iniciou uma forte pressão para que a franqueada desistisse das unidades, especialmente por meio de exigências para reformas nas lojas (o que exigiria grandes investimentos, à época não previstos pela franqueada), não tolerância com os resultados até então atingidos e mudança nas modalidades de oferta dos produtos por alteração da política de vendas da franqueadora, o que esvaziaria em parte o potencial das lojas físicas.

De acordo com a franqueada, após as pressões (que incluíam a ameaça de extinção imediata dos contratos de franquia, já que os contratos eram de prazo indeterminado e não estipulavam qualquer tipo de indenização pela rescisão antecipada) a própria franqueadora apresentou uma interessada em adquirir as franquias, sugerindo que a venda das unidades fosse procedida, evitando, com isso, um prejuízo maior para a franqueada.

A pessoa jurídica interessada na aquisição entrou em contato com a franqueada e, após rodadas de negociações, celebraram um Memorando de Entendimentos (MOU), indicando que o valor previsto para a compra das operações desenvolvidas seria de R$ 4.200.000,00 (quatro milhões e duzentos mil reais).

Tal instrumento foi celebrado com cláusula de não arrependimento e com estipulação de R$ 1.000.000,00 (um milhão de reais) a título de pagamento logo na assinatura do MOU – o que foi concretizado –, antes, portanto, da assinatura do instrumento definitivo de transferência da empresa.

Previu-se que seria iniciada *due diligence* para averiguação detalhada das atividades da promitente vendedora e que, caso fossem identificados passivos relevantes que pudessem atingir a promitente adquirente, as partes readequariam o valor para a compra, abatendo do montante base fixado.

De acordo com a narrativa da franqueada, após a celebração do Memorando de Entendimentos, mais do que a simples realização da *due diligence*, a promitente adquirente assumiu a administração propriamente dita das franqueadas, inclusive fazendo os pagamentos que considerava pertinentes e deixando de fazer os que não considerava prioritários. Também passou a se relacionar diretamente com os empregados e terceiros que tinham vínculo com a franqueada, já anunciando e se portando como nova proprietária do negócio.

Quatro meses após a celebração do Memorando de Entendimentos, foi celebrado aditivo tendo como objeto a retirada da cláusula de não arrependimento sobre a operação. Reformou-se a cláusula por meio de acréscimo na redação no sentido de que não valeria caso fossem encontrados passivos que pudessem atingir a adquirente,[683] ou seja, passou a estipular hipótese de arrependimento da operação de compra e venda de empresa.

De acordo com a promitente vendedora, esta não teve condições de negociar e foi compelida a aceitar os novos termos, sob ameaça de paralização total das atividades na condição de franqueada e de obstar completamente a própria transferência pretendida, pressão que era exercida tanto pela franqueadora quanto pela promitente adquirente.

Descreve a franqueada que dentre os pagamentos que foram realizados pela promitente compradora em sua gestão – a partir do início da *due diligence* – estavam todos aqueles em que a franqueadora figurava como avalista dos contratos. Por outro lado, deixou-se de adimplir, por opção da promitente adquirente, o contrato de locação de *shopping center* em que uma das lojas da promitente vendedora funcionava, o que acarretou o despejo desta loja e a consequente impossibilidade de continuar a operar uma das franquias que estava contemplada no Memorando de Entendimentos como objeto de transferência.

Poucos dias após o despejo, não somente a promitente compradora comunicou que não tinha interesse em prosseguir com a aquisição das lojas franqueadas (valendo-se para isso do aditivo ao Memorando de Entendimentos), como também a franqueadora comunicou a rescisão do contrato de franquia. A promitente compradora alegou que o passivo era maior do que o esperado e que haveria risco de atingir a promitente adquirente, o que justificaria o arrependimento na contratação. Já a franqueadora afirmou que houve o inescusável despejo de uma das lojas

---

[683] A nova redação ficou a seguinte: "Ao assinar o presente compromisso de repasse, as partes declaram ter tomado pleno conhecimento de todas as informações para concretização do negócio, não sendo admitido o arrependimento, a qualquer tempo do presente compromisso, salvo na hipótese [do alienante] não conseguir equalizar o passivo e contingência da operação. Nesta hipótese acordam desde já, que será facultado à [adquirente] a continuidade ou não da negociação e formalização do instrumento definitivo".

da franqueada, o que comprometeria a possiblidade de continuação do contrato, por prejuízo à imagem da franqueadora e descumprimento de dever essencial da franqueada.

Como resultado, a promitente vendedora perdeu seus direitos sobre as unidades franqueadas e a possibilidade de venda do negócio. Infrutíferas as tentativas de acordo, ingressou com ação indenizatória em face da franqueadora e da promitente adquirente, fundamentando que foi vítima de má-fé tanto por parte da promitente compradora quanto da franqueadora, requerendo, a título de indenização, o valor pelo qual seria feita a transação, acrescido de multa e demais cominações legais.[684] A franqueadora, por outro lado, ingressou com demanda para que fosse declarada a legalidade da rescisão do contrato de franquia.

A partir da compreensão da heurística da ancoragem, observa-se que, ao prefixar o valor de R$ 4.200.000,00 (quatro milhões e duzentos mil reais) pela transferência das operações das franquias, tanto a promitente compradora quanto a promitente vendedora estabeleceram uma âncora que, ao menos sob a ótica de um observador, influenciou as atitudes de cada agente.

De um lado, a promitente vendedora se sentiu atraída pela oportunidade de ter um retorno econômico favorável e de conseguir se desvencilhar daquilo que considerava uma pressão excessiva por parte da franqueadora (exigência de mais investimentos, insatisfação quanto aos resultados das unidades e alteração na modalidade de acesso ao consumidor, mediante canais diretos de venda que afetaram a rentabilidade das lojas físicas).

De outro lado, a adquirente, em razão da forma escolhida para a fixação final de preço, foi estimulada a desvalorizar ao máximo o negócio para que pudesse reduzir o montante a ser pago ao final, já que, quanto mais problemas identificasse na *due diligence*, menor seria o valor a ser pago para a aquisição da empresa.

Pode-se argumentar, portanto, que a âncora levou a alguns tipos de comportamentos e equívocos quando da celebração do Memorando de Entendimentos. É certo que se mostra pouco crível que um MOU seja celebrado sem um valor de referência para a operação de compra e venda de empresa. Nada obstante, tal constatação não elide o fato de que o comportamento dos agentes tende a ser influenciado pela heurística da ancoragem, apenas reforça a importância de que seja compreendido.

---

[684] Além dos fatos que aqui constam, embasou a demanda a constatação de a promitente compradora, que havia sido indicada pela franqueadora, ser controlada desta última.

Analisando a conduta da promitente vendedora, a falta de cuidado em limitar contratualmente a influência da promitente compradora quando do período da *due diligence* acarretou, de acordo com a própria promitente vendedora, um excessivo poder gerencial da promitente compradora, o que culminou com o despejo da loja situada em determinado *shopping center* e a rescisão tanto do contrato de franquia quanto do Memorando de Entendimentos para aquisição das operações da franqueada. Não parece forçado afirmar que a heurística da ancoragem gerou demasiado entusiasmo à promitente vendedora, o que diminuiu seu grau de zelo em relação aos termos contratuais.

Pela perspectiva da promitente compradora, pode-se afirmar que a âncora estimulou uma busca pela desvalorização do negócio, a fim de obter o maior ganho possível. Seguindo a lógica da promitente vendedora, a tentativa de desvalorização do negócio chegou ao extremo de forçar (ou ao menos contribuir para) o despejo de uma das franquias, possivelmente como forma de reduzir o poder de barganha da promitente vendedora.

Destarte, se é comum e esperado que os interessados em celebrar uma operação de compra e venda de empresa firmem um Memorando de Entendimentos, bem como se mostra frequente e previsível que em tal instrumento conste um valor de referência para a aquisição, as partes tendem a ser influenciadas pela heurística da ancoragem nos comportamentos que tomarão a partir da celebração do MOU.

Na situação analisada, além da supracitada heurística, o viés do excessivo otimismo fica caracterizado. O fato de a franqueada ter delegado parte substancial de sua administração à promitente compradora, possibilitando que a adquirente pudesse manejar os recursos e priorizasse de forma livre os pagamentos que considerasse mais importantes, demonstrou uma confiança excessiva no comportamento que a outra parte teria e de que receberia, no mínimo, o montante pré-estipulado no Memorando de Entendimentos.

Pelo lado da adquirente (e, talvez, da franqueadora também), pode-se afirmar que houve uma excessiva confiança de que a franqueada/vendedora fosse aceitar toda e qualquer imposição, sem questionamento, e que aceitaria vender as operações por valor menor do que o previamente estabelecido entre as partes (montante de referência). Tal presunção também não se mostrou verdadeira, já que as contratantes agora enfrentam complexas demandas judiciais, em que, inclusive, já foi deferida tutela de urgência para que a franqueada permanecesse em atividade com as consequentes obrigações atribuíveis à franqueadora, o que posteriormente foi cassado (também em juízo sumário de cognição).

O último caso utilizado para ilustrar, experimentalmente, a incidência das heurísticas e dos vieses nas opções dos agentes econômicos em operações de compra e venda de empresas se refere à cessão onerosa de ações de uma sociedade anônima fechada e aos problemas decorrentes de opções precipitadas quando da celebração do negócio.

Trata-se de litígio relevante para a análise por representar uma terceira forma de compra e venda de empresa (envolvendo transferência de ações) e por nele constar outro problema comum nestas transações: a sucessão em obrigações da adquirida.

Uma sociedade de tecnologia da informação de Curitiba era apontada como uma das principais parceiras brasileiras de uma das maiores empresas do mundo no ano de 2012.[685] Esta sociedade se interessou pela aquisição de uma concorrente de maior porte, estruturada como sociedade anônima de capital fechado, sediada no Estado de São Paulo e que era controlada por uma companhia aberta.

Para que fosse possível fazer tal aquisição, foi exigido pela controladora da companhia pretendida que a sociedade paranaense apresentasse lastro patrimonial suficientemente grande para a operação, especialmente para garantir o adimplemento das parcelas pactuadas para a cessão onerosa das ações.

Diante desta exigência, o sócio majoritário, que também era administrador da interessada em fazer a compra, verificou a oportunidade e a conveniência de comunicar a seus familiares a oportunidade do negócio e a propor que, por meio da *holding* familiar já existente, fossem oferecidos bens em garantia para a aquisição da empresa paulista. Em contrapartida, a *holding* assumiria a condição de sócia da adquirente, inclusive com poderes de administração.

A sociedade operacional interessada em fazer a aquisição da concorrente estava em seu ápice, tendo sido apontada como uma das três pequenas e médias empresas brasileiras que mais cresceram no ano anterior, e havia um clima de otimismo com a atividade por ela desenvolvida.

A *holding* armazenava grande parte dos bens da família do sócio majoritário e administrador da sociedade curitibana, sendo, também, administrada pelo pai do mesmo sócio. Após apresentação da oportunidade do negócio, a *holding* entendeu ser interessante a

---

[685] FREITAS, Firas. Ideiasnet vende Softcorp por R$ 15 milhões. *Revista Exame*. Disponível em: https://exame.abril.com.br/negocios/ideiasnet-vende-softcorp-por-r-15-milhoes/, acesso em: 20 jun. 2019.

oportunidade de investimento e decidiu por ingressar no quadro societário da adquirente mediante a aquisição de ações.

Com o ingresso da *holding* no quadro societário, a sociedade operacional conseguiu o lastro patrimonial necessário para o fechamento do negócio de aquisição da companhia de capital fechado concorrente, representando, o negócio, um passo a mais na já ascendente história de crescimento da sociedade.

Ocorre que, poucos meses após o fechamento do contrato de aquisição das ações, a operação de compra e venda de empresas se mostrou equivocada sob a perspectiva da adquirente. Verificou-se que havia um grande passivo, inclusive trabalhista e tributário, de responsabilidade originária da adquirida, não considerado na *due diligence* efetuada à época da aquisição, e que poderia atingir a adquirente e seus sócios pela via da desconsideração da personalidade jurídica.

Identificou-se, também, que a sociedade adquirida não possuía sequer condições econômicas de se manter por conta do elevado passivo existente, o que frustrava a expectativa havida pela adquirente da empresa quando da celebração da compra e venda.

Como consequência dessas constatações, a adquirente passou a enfrentar ações de execução e de cobrança, a ter grande dificuldade para honrar seus compromissos, o que acarretou, inclusive, o despejo de sua sede por falta de pagamento dos alugueres, contaminando toda a operação, mesmo a parte desvinculada à aquisição da concorrente.

Ao verificar a grave situação, o sócio majoritário da adquirente promoveu alteração do contrato social, sem a convocação de deliberação e sem a assinatura dos sócios minoritários (que se manifestaram contrariamente à alteração contratual), tendo como objeto central a aquisição das quotas da *holding* pelo valor nominal e retirá-la imediatamente do quadro societário. Não foi documentada a existência de balanço de determinação ou patrimonial, nem sequer laudo de avaliação para justificar o valor pelo qual a cessão onerosa das quotas foi realizada.

A medida tomada às pressas para a retirada da administradora de bens do quadro societário foi identificada por credores da adquirente, inclusive servindo de fundamento para pedidos de desconsideração da personalidade jurídica com a finalidade de responsabilizar a *holding* por dívidas que originariamente eram da adquirente e da adquirida.

Analisando o comportamento dos agentes econômicos na operação de compra e venda de empresa descrita, possível é a identificação da incidência de heurísticas e vieses.

A heurística da representatividade, por exemplo, pode ser identificada a partir da constatação de que, possivelmente no afã de adquirir uma grande concorrente do setor, a adquirente imaginou que passaria a ter uma posição ainda mais consolidada no mercado, tal qual a verificada em grandes operações em que agentes econômicos antes concorrentes se juntam. A referida heurística pode ter contribuído para a falta de zelo na análise da *due diligence* realizada e também para a ausência de salvaguardas contratuais para o caso de identificação de passivos após a consagração da operação, fatores que se mostraram danosos para a adquirente.

Na mesma esteira, o viés do excessivo otimismo logo vem à tona na análise dos comportamentos dos agentes envolvidos, seja pela aquisição não ter sido precedida de uma análise suficientemente cautelosa acerca dos passivos existentes em nome da adquirida – algo elementar para esse tipo de operação –, seja pela confiança no sucesso do empreendimento ter sido tamanha a ponto do sócio majoritário ter incentivado a *holding*, que armazenava relevante parte do patrimônio de todos os familiares, a ingressar como sócia.

Sob a perspectiva dos sócios da administradora de bens, o viés do excessivo otimismo também se mostra destacado, já que assumiram enorme risco ao aceitarem o ingresso de uma *holding* patrimonial na condição de sócia de uma sociedade operacional, ao passo que outros mecanismos lícitos de aporte de capital e salvaguardas contratuais poderiam ter evitado o atingimento da pessoa jurídica.

Ainda, o viés da aversão ao extremo também se mostra presente, já que a tentativa de retirar a *holding* do quadro societário, desrespeitando as formalidades necessárias para uma alteração contratual e desconsiderando a vontade dos sócios minoritários (que se mostraram contrários à modificação do contrato social), demonstra que, tão logo verificada a possibilidade de a administradora de bens sofrer perdas, houve a precipitada tentativa de retirada dela da condição de sócia da adquirente.

Em última análise, caso não tivesse ocorrido a saída da *holding* da condição de sócia, os pedidos de desconsideração da personalidade jurídica não teriam esse importante fundamento e as chances de atingimento do patrimônio da *holding* teriam sido menores (o que reforça a incidência do viés).

Diante dos três exemplos abordados, possível é a verificação de situações concretas em que se identifica a presença de heurísticas e vieses nos comportamentos dos agentes econômicos quando da tomada de decisões referentes a operações de compra e venda de empresas. Por mais racionais que busquem ser em suas decisões, os que praticam atos decisórios estão sujeitos a atalhos de pensamento e a incorrer em erros sistematicamente cometidos.

Não seria possível sustentar que as categorias de heurísticas e vieses sejam suficientes para a compreensão total das razões que levam os sujeitos a cometerem equívocos em suas decisões, já que a complexidade do raciocínio humano vai muito além de caracterizações doutrinárias. Nada obstante, a partir da identificação da incidência dos atalhos de pensamento e dos erros sistematicamente cometidos, possível é a formulação de incentivos e desincentivos para que comportamentos sejam seguidos ou deixem de ser adotados.

3.3 *Nudge*, paternalismo libertário e os contratos de compra e venda de empresas

Consoante exposto nos tópicos antecedentes, há um conjunto de elementos que impede a formação de contratos perfeitos pelos agentes econômicos, dentre os quais se destacam os custos de transação, a racionalidade limitada do sujeito e a impossibilidade prática de se aquilatar todos os fatores pertinentes ao se tomar as decisões.

Esses elementos são compreendidos de maneira mais profunda a partir da utilização das teorias, ferramentas e experimentos vindos da economia, especialmente nas vertentes comportamentalista e neoinstitucionalista, cujas premissas foram expostas na primeira parte do livro.[686]

No âmbito jurídico, a imperfeição dos contratos empresariais é aferível na constatação de que falhas de previsão e de execução são frequentemente colocadas à apreciação do Poder Judiciário e das câmaras de arbitragem, pleiteando-se que o terceiro, juiz ou árbitro, imponha determinada interpretação sobre o instrumento celebrado entre as partes. Em um contrato perfeito, não haveria dúvidas sobre sua aplicação e desnecessária seria a intervenção externa para decidir como as cláusulas contratuais devem ser interpretadas.

A imperfeição dos contratos empresariais na área jurídica também é notada pela intervenção do Estado por meio de lei, estipulando limitações e ingerindo nas relações estabelecidas entre os empresários,

---
[686] Itens 1.1, 1.2 e 1.3.

mitigando a autonomia privada, como se pode observar na redação originária do art. 421 do Código Civil brasileiro.[687]

É interessante observar que no ano de 2019 foi editada a Medida Provisória nº 881, de 30 de abril, cuja pretensão expressa é reforçar a liberdade econômica de quem exerce a atividade empresarial.[688] A medida provisória foi convertida na Lei nº 13.874, de 2019, conhecida como Lei da Liberdade Econômica. Observe-se que por meio de uma atuação direta do ente estatal (medida provisória), cujos requisitos para edição são relevância e urgência,[689] o objetivo seria de garantir maior liberdade na atuação privada e, consequentemente, minimizar as hipóteses de intervenção do Estado, seja pela ação do Poder Executivo (como no caso dos alvarás de funcionamento), do Poder Judiciário (quando delimita a interpretação a ser atribuída em termos de simetria informacional nos negócios) e do Poder Legislativo (ao estabelecer parâmetros para a edição de normas que produzam impacto na economia).

Dentre as disposições da mencionada lei se encontram parâmetros interpretativos aplicáveis aos contratos empresariais,[690] cujos teores, alegadamente, reforçariam a autonomia privada, mas que podem ser criticados como mais uma tentativa de regular a matéria empresarial.

A respeito da interferência de terceiros, inclusive do Estado, nas atividades desenvolvidas por particulares, Thaler e Sunstein criaram o modelo intitulado de paternalismo libertário[691] – vinculado à economia

---

[687] "Art. 421. A liberdade de contratar será exercida em razão e nos limites da função social do contrato".

[688] O art. 1º de Lei da Liberdade Econômica possui a seguinte redação: "Fica instituída a Declaração de Direitos de Liberdade Econômica, que estabelece normas de proteção à livre iniciativa e ao livre exercício de atividade econômica e disposições sobre a atuação do Estado como agente normativo e regulador, nos termos do disposto no inciso IV do caput do art. 1º, no parágrafo único do art. 170 e no caput do art. 174 da Constituição".

[689] Acerca dos requisitos, RICCI, Paolo; TOMIO, Fabrício. O Poder da Caneta: a Medida Provisória no processo legislativo estadual. *Revista Opinião Pública*, Campinas, vol. 18, p. 255-277, nov. 2012.

[690] Observem-se as seguintes alterações do Código Civil promovidas pela Lei da Liberdade Econômica: "Art. 421. A liberdade de contratar será exercida em razão e nos limites da função social do contrato, observado o disposto na Declaração de Direitos de Liberdade Econômica". "Parágrafo único. Nas relações contratuais privadas, prevalecerá o princípio da intervenção mínima do Estado, por qualquer dos seus poderes, e a revisão contratual determinada de forma externa às partes será excepcional." "Art. 480-A. Nas relações interempresariais, é lícito às partes contratantes estabelecer parâmetros objetivos para a interpretação de requisitos de revisão ou de resolução do pacto contratual. Art. 480-B. Nas relações interempresariais, deve-se presumir a simetria dos contratantes e observar a alocação de riscos por eles definida."

[691] HEUKELOM, Floris. *Behavioral Economics*: a history. Cambridge: Cambridge University Press, 2014, p.184. A mesma referência é feita em BERGERON, Henri; CASTEL, Patrick; QUELLIER, Sophie; LAZARUS, Jeanne; NOUGUEZ, Étienne; PILMIS, Olivier. *Le biais*

comportamental em suas premissas[692] – para indicar uma forma de intervenção na liberdade individual que tem por objetivo promover (incentivar) ou evitar (desincentivar) determinados comportamentos dos agentes.[693]

Esse estímulo (ou desestímulo) não traria consigo ameaça de coação por parte de quem o formulou ou obrigatoriedade de ser seguido por quem o recebeu.[694] A corrente defende a implementação de medidas que induzam os sujeitos, sutil e discretamente,[695] a praticarem certos atos em detrimento de outros. Não se trata, portanto, de substituir a vontade do agente econômico pela que o terceiro repute ser a melhor, mas uma via de auxiliar as pessoas a verificar qual é a opção recomendável a ser tomada na situação em análise.[696]

O paternalismo libertário questiona os pressupostos neoclássicos de que as pessoas, invariavelmente, efetuam as escolhas que melhor servem aos seus próprios interesses (maximização) e que sabem escolher para si melhor em comparação a que um terceiro escolheria.[697] Para os paternalistas libertários, múltiplos fatores fazem com que os agentes não consigam aquilatar qual a opção mais adequada, a tal ponto que se defende que alguém, que não a própria parte, possa induzi-la a perceber qual é a melhor escolha a ser realizada.[698]

De acordo com essa vertente, as políticas de inventivos e desincentivos (públicas e privadas) devem ser pautadas no comportamento

---

comportementaliste. Paris: Presses de Sciences Po., 2018, p. 48. A expressão foi popularizada em THALER, Richard; SUNSTEIN, Cass. *NUDGE*: improving decisions about health, wealth and happiness. London: Penguin Books, 2009, p. 5.

[692] SERRA, Daniel. Économie Comportementale. Paris: Economica, 2017, p. 67-86.

[693] ROCHA, Bruno Anunciação; GALUPPO, Marcelo Campos. Paternalismo libertário no Estado Democrático de Direito. *Revista de Informação Legislativa*, 53, n. 210, p. 135-148, abr./jun. 2016, p. 136.

[694] THALER, Richard; SUNSTEIN, Cass. *NUDGE*: improving decisions about health, wealth and happiness. London: Penguin Books, 2009, p. 5.

[695] BERGERON, Henri; CASTEL, Patrick; QUELLIER, Sophie; LAZARUS, Jeanne; NOUGUEZ, Étienne; PILMIS, Olivier. *Le biais comportementaliste*. Paris: Presses de Sciences Po., 2018, p. 48.

[696] DHAMI sustenta que o paternalismo libertário pode ser classificado como um paternalismo suave. DHAMI, Sanjit. *The foundations of behavioral economic analysis*. Oxford: Oxford University Press, 2016, p. 1.577.

[697] DHAMI, Sanjit. *The foundations of behavioral economic analysis*. Oxford: Oxford University Press, 2016, p. 1579. Também se encontra o fundamento em THALER, Richard; SUNSTEIN, Cass. *NUDGE*: improving decisions about health, wealth and happiness. London: Penguin Books, 2009, p. 5-6.

[698] RIBEIRO, Marcia Carla Pereira; DOMINGUES, Victor Hugo. Economia comportamental e direito: a racionalidade em mudança. *Revista Brasileira de Políticas Públicas*, v. 8, n. 2, p. 457-471, ago. 2018.

humano real e não naquele do *homo economicus*,[699] reforçando a adesão aos pressupostos da economia comportamental. Essa corrente se pauta, especialmente, na noção de *nudge*,[700] sustentando que são mecanismos eficientes para estimular que determinadas condutas sejam adotadas ao invés de outras.

Thaler e Sunstein afirmam que os termos paternalismo e libertário não são termos contraditórios,[701] vez que justamente se pretende reforçar a liberdade do sujeito a partir dos estímulos fornecidos por aquele que arquiteta as opções.[702] Afirmam que a intenção é a de ampliar a capacidade de observação do agente, com o pressuposto de que a partir do *nudge* se faria mais evidente a melhor alternativa disponível ao tomador de decisão. A liberdade do indivíduo não chega a ser restringida, ele é quem continuará tomando a decisão.[703]

Nesta esteira, o paternalismo libertário é defendido como uma terceira via de intervenção sobre a economia e sobre a autonomia privada, situada entre o liberalismo e o paternalismo clássicos.[704]

Dhami explica que o paternalismo é a forma na qual um terceiro impõe determinado comportamento ao agente, o que é realizado por meio de comandos legais que impõem sanções a quem não seguir a opção dirigida (por exemplo: seguro obrigatório para veículos e pagamento de tributos).[705] Em oposição, o paternalismo libertário sustenta que os indivíduos são totalmente livres para decidir, inclusive sem que sejam penalizados caso optem por uma alternativa diferente daquela que o indutor das condutas gostaria que fosse tomada.[706] Destarte, ao menos em tese, há uma substancial diferença no grau de ingerência sobre a autonomia privada.

---

[699] SANTOS, Ana Cordeiro. A arquitetura da escolha: uma análise de economia política. *Revista Jurídica Luso-Brasileira*, ano 3, n. 6, p. 253-277, 2017, p. 259.
[700] DHAMI, Sanjit. *The foundations of behavioral economic analysis*. Oxford: Oxford University Press, 2016, p. 1.581.
[701] SUNSTEIN, Cass; THALER, Richard H. Libertarian Paternalism is not an oxymoron. *Olin Law & Economics Working Paper*, n. 185, 2003.
[702] THALER, Richard; SUNSTEIN, Cass. *NUDGE*: improving decisions about health, wealth and happiness. London: Penguin Books, 2009, p. 6.
[703] HEUKELOM, Floris. *Behavioral Economics*: a history. Cambridge: Cambridge University Press, 2014, p.184-185.
[704] SERRA, Daniel. Économie Comportementale. Paris: Economica, 2017, p. 81-82.
[705] DHAMI, Sanjit. *The foundations of behavioral economic analysis*. Oxford: Oxford University Press, 2016, p. 1.585.
[706] DHAMI, Sanjit. *The foundations of behavioral economic analysis*. Oxford: Oxford University Press, 2016, p. 1.586

A título exemplificativo dos mecanismos do paternalismo libertário, Thaler e Sunstein[707] explicam que as pessoas possuem dificuldade de se conscientizar acerca da importância de poupar recursos financeiros durante a juventude para terem tranquilidade quando estiverem com idade avançada. Uma espécie de *nudge* seria, por intermédio da implementação de desconto automático na folha de pagamento de cada empregado, garantir que o valor descontado seria revertido em favor de uma previdência em prol da própria pessoa, formando-se, assim, a necessária reserva financeira.

Seguindo as ideias de incentivo e não obrigatoriedade, o desconto na folha de pagamento poderia ser retirado a qualquer momento pelo próprio empregado, bastando que preenchesse um formulário. Ocorre que, como consequência do viés do *status quo*,[708] a pessoa tende a manter o desconto, o que acaba sendo benéfico para ela própria,[709] já que a inércia, neste caso, levaria à permanência da destinação do recurso para a previdência.

Ao lidar com experimentos práticos, a diferença dos resultados deste método se comparado ao tradicional (quando a pessoa deve aderir ao plano de previdência) mostra-se grande, mesmo em contextos de ampla divulgação acerca dos benefícios e da necessidade de se precaver.[710] Desta forma, na perspectiva defendida pelos autores, a intervenção do terceiro (empresa) ajudou a própria pessoa (empregado) a adotar um comportamento melhor do que ela tenderia a escolher caso não tivesse sido estimulada.[711]

O *nudge* anterior foi realizado por intermédio da mudança na disposição das alternativas para estimular certo comportamento. Tal método vem sendo bastante utilizado por empresários, como se percebe dos pacotes experimentais gratuitos disponibilizados por determinado número de dias.

Não por coincidência, o consumidor já insere os dados de seu cartão de crédito (mesmo sendo gratuito o período inicial) e concorda que, caso não haja manifestação no sentido de cancelar o pacote,

---

[707] THALER, Richard; SUNSTEIN, Cass. *NUDGE*: improving decisions about health, wealth and happiness. London: Penguin Books, 2009, p. 113. O exemplo também é explicado por Heukelom em HEUKELOM, Floris. *Behavioral Economics*: a history. Cambridge: Cambridge University Press, 2014, p.184.
[708] Viés trabalhado nos itens 1.2 e 3.1.
[709] THALER, Richard H. *Comportamento Inadequado*. Coimbra: Actual, 2015, p. 356.
[710] THALER, Richard; SUNSTEIN, Cass. *NUDGE*: improving decisions about health, wealth and happiness. London: Penguin Books, 2009, p. 118-119.
[711] SERRA, Daniel. *Économie Comportementale*. Paris: Economica, 2017, p. 81.

haverá renovação automática e a cobrança no cartão indicado quando do registro para o período gratuito.[712] O empresário, conhecendo a tendência de inércia (viés do *status quo*), espera que o consumidor não tome as medidas necessárias para o encerramento do vínculo.

Os paternalistas libertários descrevem inúmeros *nudges* que possibilitariam formas sutis de intervenção nas escolhas individuais dos agentes.[713] Os exemplos envolvem políticas públicas,[714] mas não se restringem a tais, havendo múltiplos exemplos de *nudges* em relações privadas, tal como o descrito anteriormente.[715] Nesta esteira, a definição acerca de qual a melhor escolha dependerá das convicções e dos objetivos do arquiteto (designador) das alternativas.

Serra expõe que, recentemente, por meio dos fundamentos do paternalismo libertário, tem havido o crescimento de uma corrente de economistas comportamentais que legitima as intervenções públicas sobre a economia para "restaurar a racionalidade do comportamento dos indivíduos para o seu próprio interesse".[716] É precisamente neste ponto que precisa ser clarificada a relação entre a intervenção pretendida e os contratos empresariais, a fim de se verificar como o paternalismo libertário pode ser útil para o melhoramento das análises ligadas aos contratos de compra e venda de empresas.

Ao se abordar a intervenção pública sobre a atuação privada, não se pode desconsiderar a que é realizada pelo Poder Judiciário nos contratos empresariais em geral e, para os fins a que se destina o livro, nos contratos de compra e venda de empresas. Ao se defender a restauração da racionalidade por meio da intervenção de terceiros, logo se questiona a pertinência e a capacidade de alguém alheio ao contrato empresarial indicar e fazer valer aquilo que considera mais racional em tal forma de contratação. É bastante razoável que se compreenda

---

[712] O mecanismo do débito automático é um *nudge* a que a pessoa permaneça com a contratação, vez que para retirá-lo precisa se desvencilhar do viés do *status quo*.

[713] THALER, Richard; SUNSTEIN, Cass. *NUDGE*: improving decisions about health, wealth and happiness. London: Penguin Books, 2009, p. 227-234. Também se referem aos múltiplos *nudges*: BERGERON, Henri; CASTEL, Patrick; QUELLIER, Sophie; LAZARUS, Jeanne; NOUGUEZ, Étienne; PILMIS, Olivier. *Le biais comportementaliste*. Paris: Presses de Sciences Po., 2018, p. 49.

[714] A respeito: HEUKELOM, Floris. *Behavioral Economics*: a history. Cambridge: Cambridge University Press, 2014, p.184-187.

[715] BERGERON, Henri; CASTEL, Patrick; QUELLIER, Sophie; LAZARUS, Jeanne; NOUGUEZ, Étienne; PILMIS, Olivier. *Le biais comportementaliste*. Paris: Presses de Sciences Po, 2018, p. 48-49.

[716] [Tradução livre]. No original: "elles auraient comme finalité de restaurer la rationalité du comportement des individus, dans leur propre intérêt" (SERRA, Daniel. *Économie Comportementale*. Paris: Economica, 2017, p. 68-69).

que o julgador tenderá a procurar o fundamento de suas decisões na legislação vigente ou nos precedentes.

Nos contratos de compra e venda de empresas, pode-se identificar duas vias principais que possibilitariam, em tese, a aplicação dos *nudges* e do paternalismo libertário: (i) a intervenção na etapa de formação dos instrumentos contratuais, por meio de estímulos ou desestímulos a que determinadas condutas sejam ou não adotadas pelos envolvidos na negociação e (ii) a intervenção por meio da função a ser exercida pelo Estado, quando chamado a intervir por meio do Poder Judiciário.

Há claras diferenças entre as duas vias e em seus propósitos,[717] o que pode ser aquilatado a partir do enfrentamento das peculiaridades dos contratos empresariais e da interpretação singular que a eles deve ser conferida.[718]

Com efeito, não há uma definição doutrinária pacífica acerca do que sejam os contratos empresariais,[719] nada obstante, tradicionalmente, é adotada a concepção de que são aqueles firmados entre empresários, no exercício de sua profissão, movidos pela busca do lucro.[720]

A despeito da recepção de tal concepção pela doutrina, verifica-se que existem outros contratos que não se enquadram em tal definição e que também devem ser qualificados como empresariais. O contrato de sociedade e o acordo de sócios, por exemplo, não apresentam como requisito que as partes sejam empresárias, o que retiraria um dos requisitos usualmente estabelecidos para a definição desta categoria contratual. Ocorre que pelo conteúdo, relevância e interpretação de tais instrumentos, não há dúvida de que mereçam ser qualificados como contratos empresariais.

---

[717] Outra possível via seria por meio da lei, o que poderia ser objeto específico de outro estudo que remetesse, inclusive, ao debate sobre a intervenção do Estado na economia.

[718] Esse assunto foi tratado de maneira introdutória em ALVES, Giovani Ribeiro Rodrigues. Da Necessária Superação Paradigmática na Interpretação dos Contratos Empresariais e da Importância do Resgate dos Princípios do Direito Empresarial. *Revista do Curso de Direito da UNIFACS*, v. 60, p. 173-212, 2013.

[719] BULGARELLI, Waldirio. Contratos Mercantis. 6. e. São Paulo: Atlas, 1991, p. 78.

[720] Nesse sentido, cita-se: RIBEIRO, Marcia Carla Pereira; GALESKI JUNIOR, Irineu. *Teoria geral dos contratos: contratos empresariais e análise econômica*. 2. ed. Rio de Janeiro: Revista dos Tribunais, 2015, p. 32; WANDERER, Bertrand. *Lesão e Onerosidade Excessiva nos Contratos Empresariais*. São Paulo: Saraiva, 2018, p. 56; COELHO, Fábio Ulhoa. As obrigações empresariais. In: COELHO, Fábio Ulhoa (Org.). *Tratado de Direito Comercial*: obrigações e contratos empresariais. Vol. 5. São Paulo: Saraiva, 2015, p. 13; LUPION, Ricardo. *Boa-fé Objetiva nos Contratos Empresariais* contornos dogmáticos dos deveres de conduta. Porto Alegre: Livraria do Advogado, 2011, p. 139; GROSS, Bernard; BIHR, Philippe. *Contrats: tome 1 Ventes civiles et commerciales, baux d'habitation, baux commerciaux*. Presses Universitaires de France: Paris, 1993, p. 29.

Para que não se incorra na exclusão de tais instrumentos do conceito, pode-se parafrasear Rocco,[721] na definição de ato de comércio, e adicionar que são contratos empresariais por equiparação os instrumentos que contribuem para realizar ou facilitar a atividade típica do empresário, excetuados os contratos de trabalho e de consumo. Desta forma, não somente os contratos celebrados entre empresários no exercício de sua atividade profissional, mas também aqueles que são celebrados pelos sócios para realização ou facilitação do exercício da empresa, devem ser entendidos como empresariais.

Os contratos empresariais não são categoria autônoma prevista em lei.[722] Nada obstante, mesmo com a unificação legislativa do direito obrigacional por meio do Código Civil de 2002, não perderam sua autonomia e continuam sendo objeto de uma interpretação própria e distinta dos demais contratos,[723] a despeito de, como assevera Gonçalves Neto, ainda não se ter chegado a uma sistematização adequada da matéria.[724]

---

[721] A frase de original de Rocco foi: "É ato de comércio todo ato que realiza ou facilita uma interposição na troca". ROCCO, Alfredo. *Princípio de Direito Comercial*. Tradução de Ricardo Rodrigues Gama. Campinas: LZN, 2003, p. 52-53. Gonçalves Neto critica a tentativa de "separar e excluir do âmbito do direito comercial os contratos de consumo", fundamentando que o fato do Código de Defesa do Consumidor regular os contratos de consumo não é suficiente para afirmar que os tenha excluído do âmbito do direito comercial. Assevera que sempre que os instrumentos servirem para a realização dos fins da empresa devem ser considerados como integrantes do direito comercial. GONÇALVES NETO, Alfredo de Assis. Os contratos mercantis e o Código Civil. *In:* França, Erasmo Valladão Azevedo e Novaes; ADAMEK, Marcelo Vieira von (Coord.). *Temas de Direito Empresarial e Outros Estudos em Homenagem ao Professor Luiz Gastão Paes de Barros Leães*. São Paulo: Malheiros, 2014, p. 119-120.

[722] Irti explica tal fenômeno com a entrada em vigor do Código Civil Italiano de 1942. IRTI, Natalino. Examen de Conciencia de un Civilista. *In:* AJURIA, Luis Rojo (Org.). *La Edad de la Descodificación*. Organização e tradução de Luis Rojo Ajuria. Barcelona: Jose Maria Bosch Editora, 1992, p. 200. A explicação da realidade italiana também se encontra em GROSSI, Paolo. Itinerarii Dell'Impresa. *In: Quaderni Fiorentini XXVIII*. Tomo I. Milano: Dott. A. Giuffrè Editore,1999, p. 1010.

[723] GONÇALVES NETO, Alfredo de Assis. Os contratos mercantis e o Código Civil. *In:* FRANÇA, Erasmo Valladão Azevedo e Novaes; ADAMEK, Marcelo Vieira von (Coord.). *Temas de Direito Empresarial e Outros Estudos em Homenagem ao Professor Luiz Gastão Paes de Barros Leães*. São Paulo: Malheiros, 2014, p. 112. Também: VERÇOSA, Haroldo. *Contratos Mercantis e a Teoria Geral dos Contratos*: o Código Civil de 2002 e a Crise do Contrato. São Paulo: Quartier Latin, 2010, p. 25. No mesmo sentido: RIBEIRO, Marcia Carla Pereira. Teoria Geral dos Contratos Empresariais. *In:* COELHO, Fábio Ulhoa (Org.). *Tratado de Direito Comercial*: obrigações e contratos empresariais. Vol. 5. São Paulo: Saraiva, 2015, p. 53. Igualmente, COELHO, Fábio Ulhoa. As obrigações empresariais. *In:* COELHO, Fábio Ulhoa (Org.). *Tratado de Direito Comercial*: obrigações e contratos empresariais. Vol. 5. São Paulo: Saraiva, 2015, p. 15-16 e FORGIONI, Paula Andrea. *Contratos Empresariais*: teoria geral e aplicação. São Paulo: Revista dos Tribunais, 2015, p. 34-35.

[724] GONÇALVES NETO, Alfredo de Assis. Os contratos mercantis e o Código Civil. *In:* FRANÇA, Erasmo Valladão Azevedo e Novaes; ADAMEK, Marcelo Vieira von (Coord.).

No que tange à função, os contratos empresariais se caracterizam por viabilizar a prática da atividade econômica organizada voltada à produção ou circulação de bens ou de serviços, constituindo os principais atos realizados pelos comerciantes no exercício de sua profissão,[725] representando o núcleo básico e essencial de sua atividade[726] e possibilitando seu desenvolvimento eficaz.[727]

Seja o contrato empresarial clássico, seja o assim considerado por equiparação, há um objetivo comum dos agentes: a conotação econômica expressa na busca pelo lucro. Forgioni explica que "[e]m qualquer hipótese, a contratação terá um objetivo, almejado em conjunto pelas empresas, isto é, todo negócio tem uma função econômica e nessa função encontra sua razão de ser".[728]

Dentre as particularidades dos contratos empresariais se encontra uma maior sujeição aos usos e costumes em comparação às demais categorias contratuais,[729] já que geram legítimas expectativas de comportamento, a partir das quais o outro agente pautará sua própria conduta.[730]

No âmbito da atividade empresarial, a previsibilidade dos comportamentos é essencial, vez que a atuação do agente dependerá de como ele espera que o outro contratante atuará, em uma típica situação de teoria dos jogos.[731] A previsibilidade comportamental é elemento que funda o próprio raciocínio dos agentes na mensuração das variáveis na contratação, inclusive na decisão entre contratar ou não. Desta forma, uma primeira maneira de se preservar o bom desenvolvimento do mercado é por meio do respeito aos usos e costumes, já que a expectativa do contratante pode encontrar suas bases nas práticas habituais, tomadas como obrigatórias em determinado tempo e lugar.

Temas de Direito Empresarial e Outros Estudos em Homenagem ao Professor Luiz Gastão Paes de Barros Leães. São Paulo: Malheiros, 2014, p. 119.
[725] MARTINS, Fran. *Contratos e Obrigações Comerciais*. Rio de Janeiro: Forense, 1990, p. 77.
[726] BULGARELLI, Waldirio. *Contratos Mercantis*. 3. ed. São Paulo: Atlas, 1984, p. 23.
[727] RIBEIRO, Marcia Carla Pereira; GALESKI JUNIOR, Ireneu. *Teoria geral dos contratos*: contratos empresariais e análise econômica. Rio de Janeiro: Elsevier, 2009, p. 17.
[728] FORGIONI, Paula Andrea. *Teoria Geral dos Contratos Empresariais*. São Paulo: Revista dos Tribunais, 2009, p. 59.
[729] RIBEIRO, Marcia Carla Pereira; GALESKI JUNIOR, Ireneu. *Teoria geral dos contratos*: contratos empresariais e análise econômica. 2. ed. Rio de Janeiro: Revista dos Tribunais, 2015, p. 33.
[730] FORGIONI, Paula Andrea. *Teoria Geral dos Contratos Empresariais*. São Paulo: Revista dos Tribunais, 2009, p. 117-118.
[731] A respeito ver: AXELROD, Robert. *The Evolution of Cooperation*. New York: Basic Books Inc. Publishers, 1984, p. 27. Também neste sentido MARINHO, Raul. *Prática na Teoria*: Aplicações da Teoria dos Jogos e da Evolução dos Negócios. São Paulo: Saraiva, 2005, p. 19.

Outros dos fundamentos interpretativos dos contratos empresariais podem ser extraídos a partir da comparação com outras modalidades contratuais. Na relação celebrada entre empresários no exercício de sua atividade profissional não se presume a hipossuficiência[732] e a vulnerabilidade,[733] caraterística das relações de emprego e de consumo.[734]

Diferentemente do que ocorre nos contratos trabalhistas ou de consumo, nos contratos empresariais se espera que haja igualdade material entre os contratantes,[735] em virtude de estarem em posições equivalentes (de empresário) e pela habitualidade da prática contratual no exercício da atividade profissional. Relembre-se que há essencialidade na celebração de contratos para a empresa. O contrato empresarial pode ou não ser assimétrico e, mesmo que o seja, a assimetria apresenta características distintas das verificadas em outras esferas.[736]

Nas hipóteses em que seja verificada a assimetria nos contratos empresariais há que se falar apenas em possível dependência econômica,[737] afastando-se os postulados e ferramentas característicos de outras modalidades contratuais, o que ajuda a entender as razões que conduzem a uma interpretação singular no que diz respeito à força vinculativa dos contratos empresariais (pacta sunt servanda).[738] Neste sentido, a já mencionada Lei da Liberdade Econômica traz dispositivo que busca reafirmar a especial condição dos contratantes na modalidade do contrato empresarial, ao incluir o art. 480-B no Código Civil brasileiro:

---

[732] RIBEIRO, Marcia Carla Pereira; GALESKI JUNIOR, Irineu. *Teoria geral dos contratos: contratos empresariais e análise econômica*. 2. ed. Rio de Janeiro: Revista dos Tribunais, 2015, p. 32.

[733] RIBEIRO, Marcia Carla Pereira; GALESKI JUNIOR, Irineu. *Teoria geral dos contratos: contratos empresariais e análise econômica*. 2. ed. Rio de Janeiro: Revista dos Tribunais, 2015, p. 32.

[734] D'AQUINO, Lúcia Souza. Uma aproximação dos conceitos de subordinação e vulnerabilidade: análise comparativa entre o direito do trabalho e o direito do consumidor. *Revista Direitos Humanos e Democracia*, ano 4, n. 8, p. 181-208, jul./dez. 2016, p. 187-188. Também: ROSA, Luiz Carlos Goiabeira; BIZELLI, Rafael Ferreira, FÉLIX, Vinícius Cesar. Vulnerabilidade e hipossuficiência no contrato existencial de consumo. *Scientia Iuris*, Londrina, v. 21, n. 1, p.155-188, mar. 2017, p. 158-172.

[735] FARINA, Juan M. *Contratos Comerciales Modernos*. 2. ed. Buenos Aires: Astrea, 1997, p. 120.

[736] COELHO, Fábio Ulhoa. As obrigações empresariais. *In*: COELHO, Fábio Ulhoa (Org.). *Tratado de Direito Comercial*: obrigações e contratos empresariais. Vol. 5. São Paulo: Saraiva, 2015, p. 17.

[737] COELHO, Fábio Ulhoa. As obrigações empresariais. *In*: COELHO, Fábio Ulhoa (Org.). *Tratado de Direito Comercial*: obrigações e contratos empresariais. Vol. 5. São Paulo: Saraiva, 2015, p. 18-19. Acerca do poder de barganha desigual: POSNER, Eric. *Análise Econômica do Direito Contratual*: sucesso ou fracasso. Trad. Luciano Benetti Timm, Cristiano Carvalho e Alexandre Viola. São Paulo: Saraiva, 2010, p. 32-34.

[738] FORGIONI, Paula Andrea. *Contratos Empresariais*: teoria geral e aplicação. São Paulo: Revista dos Tribunais, 2015, p. 111-112.

"[n]as relações interempresariais, deve-se presumir a simetria dos contratantes e observar a alocação de riscos por eles definida".

Decorrência da habitualidade na celebração dos instrumentos e da presunção de igualdade material entre as partes é a alta relevância da concepção de autonomia privada nos contratos empresariais. Presume-se que os empresários são diligentes, probos[739] e cientes de que toda atividade empresarial possui como elemento indissociável o risco.[740] Até mesmo porque é o próprio risco remunerado pelo lucro que conduz a atividade do empresário em sua profissão.

A respeito do tema, Ribeiro e Galeski Junior asseveram que nesta modalidade contratual "o risco não pode ser considerado elemento estranho, ao contrário, a atividade econômica é uma atividade de risco, remunerada pelo lucro e ágio, não se justificando a invocação e a aceitação das normas gerais dos contratos com o propósito de neutralização do risco".[741] Eliminá-lo significaria romper com a própria lógica da concorrência na atividade empresarial, vez que os equívocos das estratégias dos agentes econômicos é que possibilitam a própria existência da competição.[742] Se todos contratassem perfeitamente e com ganhos equivalentes, não haveria concorrência no mercado e nem seriam preservados os diferenciais de cada concorrente.

Em outros termos, é a capacidade de um empresário identificar as melhores oportunidades e a conveniência ou não de assumir determinado risco no mercado que o diferencia dos demais.[743] E se tanto a nova economia institucional quanto a economia comportamental expressaram que os comportamentos dos agentes são imperfeitos, há de se esperar que, em contratos que instrumentalizem a alocação de riscos (e sujeitos às incertezas), erros sejam cometidos. Mais do que isso: há uma tendência

---

[739] LUPION, Ricardo. *Boa-fé objetiva nos contratos empresariais*: contornos dogmáticos dos deveres de conduta. Porto Alegre: Livraria do Advogado, 2011, p. 142; FORGIONI, Paula Andrea. *Teoria Geral dos Contratos Empresariais*. São Paulo: Revista dos Tribunais, 2009, p. 87.

[740] RIBEIRO, Marcia Carla Pereira; GALESKI JUNIOR, Irineu. *Teoria geral dos contratos*: contratos empresariais e análise econômica. 2. ed. Rio de Janeiro: Revista dos Tribunais, 2015, p. 33. Também neste sentido: LUPION, Ricardo. *Boa-fé Objetiva nos Contratos Empresariais* contornos dogmáticos dos deveres de conduta. Porto Alegre: Livraria do Advogado, 2011, p. 139-141.

[741] RIBEIRO, Marcia Carla Pereira; GALESKI JUNIOR, Irineu. *Teoria geral dos contratos*: contratos empresariais e análise econômica. 2. ed. Rio de Janeiro: Revista dos Tribunais, 2015, p. 183.

[742] FORGIONI, Paula. A interpretação dos negócios empresariais. In: COELHO, Fábio Ulhoa (Org.). *Tratado de Direito Comercial*: obrigações e contratos empresariais. Vol. 5. São Paulo: Saraiva, 2015, p. 82.

[743] Neste sentido: FORGIONI, Paula. A interpretação dos negócios empresariais. In: COELHO, Fábio Ulhoa (Org.). *Tratado de Direito Comercial*: obrigações e contratos empresariais. Vol. 5. São Paulo: Saraiva, 2015, p. 82-85.

de que haja erro nas previsões que produzirão impactos no resultado para cada uma das partes contratantes.

Interessante a constatação de que o erro pode ser previsto no contrato,[744] sendo possível a alocação dos efeitos da identificação dele entre as partes. Destarte, defensável é o entendimento de que o contrato é instrumento necessário para a alocação do risco, em que é possível estabelecer as responsabilidades de cada contratante quando ocorrerem determinadas situações.[745] Novamente, a Lei de Liberdade Econômica trouxe a inclusão de artigo a respeito (480-A do Código Civil brasileiro): "[n]as relações interempresariais, é lícito às partes contratantes estabelecer parâmetros objetivos para a interpretação de requisitos de revisão ou de resolução do pacto contratual".

Ocorre que, mesmo com a tentativa de alocação, as más previsões tendem a ocorrer nos contratos empresariais, já que os contratos se projetam para o futuro e as incertezas nunca serão superadas de forma absoluta pela racionalidade humana, o que se acentua naqueles que sejam de longo prazo. A assimilação de que o risco é presente e de que o erro se torna ainda mais provável também se reforça.

Sistematicamente, assim, dentre as características próprias dos contratos empresariais se destacam a (i) busca pelo lucro; (ii) a habitualidade na celebração de contratos; (iii) o risco como elemento indissociável da prática empresarial e (iv) o reconhecimento dos usos e costumes como fonte primordial de direitos e obrigações relativas ao comércio.

O conjunto destes fatores singulares encontrados nos contratos empresariais confere a essa modalidade contratual racionalidade e lógica próprias, não se confundindo com as demais modalidades contratuais, em que se encontram fundamentos diversos para aceitar maior grau de intervenção nas relações entre privados por parte do Poder Judiciário.[746]

Todavia, a mesma liberdade contratual, princípio basilar do Direito privado moderno,[747] vista à luz da ideologia liberal individualista predominante na modernidade, não retira do contrato sua possibilidade de consenso imperfeito. Pensar de outra forma significa superestimar o

---

[744] POSNER, Eric. *Análise Econômica do Direito Contratual*: sucesso ou fracasso. Tradução de Luciano Benetti Timm, Cristiano Carvalho e Alexandre Viola. São Paulo: Saraiva, 2010, p. 35.

[745] RODRIGUES, Vasco. *Análise Econômica do Direito*: uma introdução. 2. ed. Coimbra: Almedina, 2016, p. 125.

[746] FARINA, Juan M. *Contratos Comerciales Modernos*. 2. ed. Buenos Aires: Astrea, 1997, p. 84-85.

[747] ASCARELLI, Tullio. *Panorama do Direito Comercial*. São Paulo: Saraiva e Livraria Acadêmica, 1947, p. 55.

papel do indivíduo[748] como ser absolutamente racional, maximizador por essência e excelência, hipóteses refutadas pela nova economia institucional e pela economia comportamental.

Deste modo, superado o mito da racionalidade ilimitada do sujeito e a consequente presunção moderna de equilíbrio completo e estático entre os contratantes, o Poder Judiciário se depara com a necessidade de intervir nas relações privadas, a fim de equilibrar, reequilibrar ou cessar abusos de uma das partes em relação à outra.

Ocorre que não é pelo simples fato de um contrato empresarial não ter alcançado a pretensão inicial do contratante (empresário/investidor) que deva ser revisto, indiscriminadamente, como – via de regra – ocorre nos contratos consumeristas e trabalhistas.[749]

Não haveria sustentação para se admitir que uma inadvertida aplicação do paternalismo libertário sobre os contratos empresariais fosse realizada com o intuito de equilibrar os resultados advindos de um contrato. A racionalidade da contratação é justamente a diferença na capacidade de antever os resultados que virão, de modo que não se pode admitir uma interpretação comportamentalista que viesse a justificar um acréscimo na margem de intervenção de um julgador sobre os referidos instrumentos, ainda que na forma de indução ou coibição de condutas não impositivas. Assim, deve afastar-se de uma interpretação que seja pautada nos resultados advindos da contratação.

Os instrumentos contratuais que consubstanciam compra e venda de empresas são típicos exemplos de contratos empresariais. Sobretudo, destaca-se que o risco de tal contratação é marcante, vez que de um lado quem vende a empresa presume que receberá uma contrapartida econômica suficiente ao que deixará de poder auferir no futuro, enquanto o comprador faz o raciocínio inverso.

As duas partes atuam com base em previsões do futuro, envolvendo riscos e incertezas, sujeitos, portanto, a inúmeros equívocos pelas partes. Uma intervenção externa que neutralizasse o risco da contratação seria desrespeitar a própria essência do contrato e o risco inerente a este tipo de contratação, por melhor que seja a intenção daquele que julga.

Em sentido complementar ao debate que envolve a impossibilidade de se neutralizar os riscos, possível é a discussão acerca da

---

[748] GOMES, Orlando. *Contratos*. Coordenação de Edvaldo Brito. Atualizadores: Antônio Junqueira de Azevedo e Francisco Paulo de Crescenzo Marino. 26. ed. Rio de Janeiro: Forense, 2009, p. 07.

[749] GALESKI JUNIOR, Irineu; RIBEIRO, Marcia Carla Pereira. *Teoria geral dos contratos:* contratos empresariais e análise econômica. Rio de Janeiro: Elsevier, 2009, p. 18.

legitimidade de intervenção nos contratos empresariais por força da incompletude nos instrumentos, indagando se, em razão das omissões nos contratos faria sentido aceitar que um terceiro "restaurasse a racionalidade"[750] da contratação.

Também nesta via relativa à intervenção que busca suprir as lacunas contratuais, a compatibilidade entre as premissas do paternalismo libertário e os fundamentos interpretativos dos contratos empresariais deve ser vista com ressalvas. Mais uma vez, a compreensão das particularidades das relações empresariais traz o norte interpretativo.

O empresário é acostumado a lidar com a escassez, de modo que se pode considerar uma opção do agente a própria incompletude contratual, vez que houve uma economia no custo da formação do instrumento.[751] Assim, tanto a limitação de racionalidade quanto os custos em si fazem com que seja previsível a imperfeita estipulação contratual.

Nesta esteira, a celebração de um contrato perfeito não seria interessante e lucrativa aos contratantes, já que os custos para a sua formação seriam absolutamente desproporcionais (custo de transação) ao potencial de ganho com a completude contratual,[752] ou seja, não há sequer o interesse na existência de um contrato perfeito.

O crescimento dos estudos e da aplicação da economia comportamental vem deixando de maneira explícita as falhas cognitivas em um patamar que não era encontrado nos estudos jurídicos e econômicos. Ocorre que a constatação de que o agente econômico comumente se equivoca em suas tomadas de decisões não deve ser compreendida como um reforço ou estímulo a que o Poder Judiciário ou a câmara de arbitragem intervenha nas relações empresariais, sob pena de desvirtuamento da própria lógica da atividade empresarial. Reforça-se que a incompletude contratual espelha tanto a limitação de racionalidade quanto uma escolha dos próprios contratantes. As limitações à intervenção do Estado, de forma geral, e do poder julgador, de forma específica, não se tornam menos questionáveis ao se compreender as falhas de julgamento nas escolhas que a teoria comportamentalista destaca. Nem mesmo, sob a ótica dos pequenos estímulos, ou do

---

[750] SERRA, Daniel. Économie Comportementale. Paris: Economica, 2017, p. 68-69.
[751] POSNER, Eric. Análise Econômica do Direito Contratual: sucesso ou fracasso. Tradução de Luciano Benetti Timm, Cristiano Carvalho e Alexandre Viola. São Paulo: Saraiva, 2010, p. 37.
[752] GALESKI JUNIOR, Irineu; RIBEIRO, Marcia Carla Pereira. Teoria geral dos contratos: contratos empresariais e análise econômica. Rio de Janeiro: Elsevier, 2009, p. 139.

paternalismo libertário, a intervenção deve prevalecer sobre as escolhas dos agentes econômicos nas situações ordinárias.

Assim, a invocação das ferramentas da economia comportamental sobre as escolhas dos agentes não deve superar as consequências de condutas descuidadas ou excessivamente otimistas dos empresários. Ao contrário, devem ser instrumentos para identificar tendências que podem trazer vantagens ou desvantagens para os próprios agentes.[753] Observe-se, por exemplo, que as heurísticas podem se mostrar vantajosas, vez que poupam tempo para o tomador de decisão por meio da redução das variantes analisadas no momento em que a escolha é feita.

Portanto, o reconhecimento da previsibilidade de equívocos nas escolhas humanas não traz como consequência lógica a necessidade de uma correção das escolhas realizadas, ao menos no que se refere aos contratos empresariais e especialmente aos contratos de compra e venda de empresas.

É preocupante que a economia comportamental seja compreendida como um reforço da necessidade de que terceiros intervenham sobre os contratos empresariais, a fim de que sejam consertadas falhas de racionalidade dos agentes quando do fechamento do negócio, vez que a identificação de que equívocos acontecem e de que são previsíveis não significa que devam ser eliminados por uma autoridade externa.

Como já fundamentado, o erro faz parte da atividade empresarial. Mais do que isso: deve ser reforçado seu caráter didático ao invés de se buscar neutralizá-lo por meio da intervenção de um terceiro, cujo raciocínio, aliás, tende a incidir na heurística da retrospectiva.

O erro possibilita experiência ao agente e a legítima expectativa de que nas próximas negociações não incorrerá nos equívocos que prejudicaram a relação pretérita. Neste contexto, não cabe a um terceiro intervir sob o fundamento de que houve erro na contratação, até mesmo pela possibilidade do próprio julgador ser guiado por heurísticas ou incorrer em vieses que não resultem na almejada retomada da racionalidade da contratação realizada.

Cabe ao ordenamento jurídico zelar pela defesa do crédito, já que este é um pilar do mercado, imprescindível para sua sustentação.[754] Sem a tutela do crédito não é possível a manutenção da economia de

---

[753] FORGIONI, Paula Andrea. *Contratos Empresariais*: teoria geral e aplicação. São Paulo: Revista dos Tribunais, 2015, p. 103.

[754] FORGIONI, Paula. A interpretação dos negócios empresariais. In: COELHO, Fábio Ulhoa (Org.). *Tratado de Direito Comercial*: obrigações e contratos empresariais. Vol. 5. São Paulo: Saraiva, 2015, p. 78.

mercado, o que seria negativo para o próprio atingimento dos fins sociais por parte do Estado. Para isso, a competição precisa existir, sendo para esta imprescindível que não se elimine o traço característico das contratações empresariais: o risco.

Por outro lado, voltando-se não mais à posição da autoridade em relação a negócios já firmados, qualquer leitura compatível entre o paternalismo libertário e as particularidades interpretativas dos contratos empresariais poderá se fundar na orientação do comportamento dos agentes quando da celebração dos instrumentos contratuais, especialmente contribuindo (*nudge*) para que não adotem heurísticas capazes de levar a decisões precipitadas e para que não incorram nos erros sistematicamente cometidos (vieses). As ferramentas comportamentalistas se mostram importantes para estimular os agentes a serem mais precavidos.

Sugere-se que o direito contratual empresarial possa se valer mais de normas de caráter de estímulo a determinadas condutas, com o consequente desincentivo a outras, para minimizar os impactos que seriam produzidos em razão da incidência dos vieses e das heurísticas, reduzindo o apego a normas condenatórias intransponíveis. Por exemplo, estabelecer que nos contratos que envolvam compra e venda de empresas e que tenham cláusula de *dispute board*, caso uma das partes acione o Poder Judiciário, sobre ela incidirão custas mais expressivas do que as custas ordinárias de um processo. Passo ainda mais ousado seria a edição de uma norma que expressamente excluísse da apreciação do Poder Judiciário operações de aquisição de empresas a partir de determinado porte, o que fatalmente conduziria as demandas aos meios alternativos de resolução de litígios.

Por outro lado, a incorporação de ferramentas comportamentalistas não deve significar o afastamento daquelas fornecidas por outras vertentes, especialmente pela nova economia institucional. A compatibilidade da NEI com a estrutura de raciocínio dos contratos empresariais é patente, abrangendo desde as razões que levam o empresário a se valer do mercado (custos de transação, estruturas de governança e especificidade do ativo) até a importância de se ter o respeito às regras do jogo e aos contratos (instituições).

Desta forma, o contributo da economia comportamental ao direito não exaure o contributo de outras vertentes e formas de pensar, e sua maior virtude não está no oferecimento de ferramentas que isentem os tomadores de decisão das consequências de suas escolhas, mas na identificação de instrumentos que auxiliem o tomador de decisão. Ferramentas que, de um lado, prestigiam normas que estimulem condutas e que não representem ônus para o Estado (o que decorreria, por exemplo, de práticas de subvenção econômica), legando aos contratantes o dever de escolher como agir, cientes do que decorrerá da escolha (e não da imposição). De outro lado, ferramentas que transmitam ao julgador a percepção do porquê dos acertos e erros das escolhas empresariais e dos elementos que interferem na racionalidade do agente.

Se a racionalidade plena é inalcançável aos agentes econômicos e seus advogados, ao menos a compreensão dela, das heurísticas e dos vieses é capaz de auxiliar a formação de contratos melhores, de decisões mais adequadas e de, com isso, fortalecer a atividade empresarial.

POSFÁCIO

Primeiramente se ignorava a influência dos custos nas escolhas empresariais. Toda ênfase estava no equilíbrio geral que infalivelmente daria conta de amoldar as expectativas e os resultados e na crença de que as escolhas maximizadoras estariam sempre aptas a garantir os melhores resultados para todos.

Depois, caminhou-se para a aceitação da importância da consideração sobre dois extremos: internamente, o que significa reconhecer que as melhores soluções nem sempre virão do mercado e que a decisão maximizadora, embora inegável, nem sempre terá a base informacional e lógica que garantam os resultados mais eficientes; externamente, ao se admitir que o ambiente no qual são realizados os negócios e do qual se nutre a economia, impacta na sociedade. Neste mesmo viés externo, em várias oportunidades, o poder de escolha do empresário será delimitado não por sua compreensão ou habilidade, mas pelas normas formais que vedam ou incentivam condutas, em nome e proveito da redução dos custos e eficiência (teórica).

Quase que em paralelo aos dois movimentos de pensamento, a que chamei de interno e externo, novas formas de pensar conduziram à percepção de que as escolhas são muitas vezes automáticas ou não maximizadoras, influenciados que são os tomadores de decisão por fatores pessoais, cognitivos, psicológicos e até mesmo genéticos que podem encobrir e prevalecer à plena racionalidade econômica maximizadora.

Uma diferença a ser considerada entre as teorias neoclássicas e da nova economia institucional em relação às teorias comportamentais reside no fato de que esta última projeta seu foco nos desvios, nas exceções, para questionar as premissas das duas primeiras.

Não me admira o interesse que as teorias comportamentais despertam. Penso que as situações singulares – e mais próximas, nas quais nos reconhecemos diretamente ou por interposta pessoa – são mais atraentes e chamam à adesão. Quem já não se viu, empresário ou não, tomado de um otimismo ilógico em relação ao desígnio que imagina para sua empresa (ou sua vida)? Impossível imaginar que não possa dar certo, ou que qualquer outra pessoa poderia desenvolver um negócio (ou uma vida) mais rentável e duradouro. Ou, como não nos identificarmos ou projetarmos com relatos de condutas que surpreendem, inovam, ultrapassam as expectativas (como quando, cientes de que os de pior avaliação terão benefícios maiores para se readequarem às expectativas, alguns irão sonegar informações positivas em busca do tratamento diferenciado, em detrimento do reconhecimento imediato de uma produtividade esperada)?

É como aqui, para o lado do Direito, vemos geralmente o lado do que não foi cumprido, dos desvios, da inadimplência, não nos sendo nem comum nem útil voltar nossos olhos para os milhares de contratos, firmados fisicamente ou não, que chegam ao seu objetivo final, concluindo-se da forma como acordado pelas partes. Pensamos nas empresas em dificuldade, mas não nos atemos geralmente aos milhares e milhares de empresas que se mantêm ativos – em fases de maior ou menor dificuldade – gerando riqueza, postos de trabalho, fornecendo bens e serviços, recolhendo tributos.

O que chega a um processo de mediação, arbitral ou judicial, é a exceção, ainda que, para exceção, o conflito pode ser considerado excessivamente frequente em nossa realidade. Mas não é pelo fato de existirem milhares e milhares de litígios que devemos desconsiderar que a maior parte dos pactos e negócios é vocacionada a ser cumprida, esgotando-se em razão do cumprimento de seu objetivo.

Mas a normalidade, como eu disse anteriormente, às vezes parece atrair bem menos do que a exceção. Assim como naturalmente, dizem os economistas comportamentais, entre ganhar 1 unidade e a perspectiva de perder 1 unidade, tendemos a nos comover mais e tentar evitar a perda. Queremos o *status quo* e a inércia ao risco – quando não empresários –; assim como queremos garantias para suportar os riscos passíveis de serem alocados – quando empresários.

Desta feita, um modelo econômico que tem mais desvios do que normalidade talvez esteja em descompasso com as mudanças que se processam na sociedade. Pode ter sido um bom modelo a seu tempo e estar defasado porque as mudanças tecnológicas trazem parâmetros impensáveis há poucas décadas.

Quando os economistas clássicos apontavam seu telescópio para as escolhas individuais maximizadoras, vivia-se a migração de sistemas dirigidos e autocráticos para o império dos negócios e creio que, pouco se possa contestar, um empresário irá investir num determinado negócio porque pretende dele extrair o melhor resultado possível para si, tendo do outro lado do negócio outro empresário que igualmente pauta sua decisão na opção egoísta. E costuma dar certo, permitindo que determinado bem, por exemplo, seja alocado naquele que lhe dá maior valor.

Sim, mas existem as iniciativas de solidariedade, beneficentes, cooperativas ou de compartilhamento. Sim, mas o fato de existirem não faz com que as escolhas individuais egoístas e maximizadoras continuem a ser o combustível dos negócios.

Por outro lado, as pessoas podem errar em suas escolhas, e, no campo negocial, o erro não é simplesmente a prova da má escolha, mas fator essencial a que alguns negócios sejam mantidos no mercado ao mesmo tempo em que outros não se sustentam, em outras palavras, incide aqui a mola essencial do diferencial competitivo. As limitações informacionais ou cognitivas – dentre outras limitações humanas – provocam os erros. Mas a cronologia dos erros é diferente de negócio a negócio. Quero dizer, não há negócios eternos, há negócios duradouros, mas mesmo estes um dia sairão do mercado. O interessante é que nem sempre desaparecerão em razão de escolhas erradas, podendo desaparecer por opção e estratégia, o que pode ocorrer por uma operação de M&A.

Veja-se ainda que se considerarmos um predeterminado lapso temporal (e não a desejada perpetuidade) muito mais negócios ocorrerão em razão da busca maximizadora (quer seja em termos financeiros ou de outros valores humanos) do que por irracionalidade assumida. Um número superior de pessoas irá agir em conformidade com a lei ou com as regras sociais, do que agirão de forma a confrontá-las e ter de enfrentar o risco da punição. E, se chegarmos ao estágio de maior descumprimento em relação às respostas esperadas a partir dos incentivos, talvez seja o caso de pensar se o padrão comportamental institucionalizado formalmente não se descolou das instituições informais de forma inexorável.

Gosto de pensar que ainda existe um papel para o Direito e um papel para a Economia. Se não há ação maximizadora como regra, se não há uma essência inata ou cultivada que nos conduz a agir em conformidade com o comportamento esperado, não há previsibilidade, sem previsibilidade não há desenvolvimento nem econômico e nem social.

Estamos num processo muito forte de afirmação da individualidade, inclusive daquela que se descola da característica da maioria. Haveremos de encontrar um espaço em que as individualidades não produzam o mesmo mal que imputaram ao *main stream*, ou seja, sirvam para subtrair a liberdade de escolha da maioria, simplesmente por considerar que há certos e há errados.

Pelo menos enquanto formos nós a decidir. Digo, seres humanos. Nem sei se ainda somos, já que somos bombardeados por sistemas de inteligência artificial que se avocam o direito de nos dizer o que queremos, de criar necessidades que podem ser incompatíveis com práticas responsáveis de consumo ou de produção, tudo isso na comodidade de seu aparelho de telefone celular.

Se assim for, nem neoclássicos, nem os novos institucionalistas, nem os comportamentalistas prevalecerão. Nem maioria, nem exceção, sobrando apenas a indução feita sob medida – aí aflorará possivelmente uma questão maior: de que são feitas as escolhas?

Marcia Carla Pereira Ribeiro
Professora de Direito Comercial da Universidade Federal do Paraná e da Pontifícia Universidade Católica do Paraná

REFERÊNCIAS

ACCIARRI, Hugo. *Elementos da análise econômica do direito de danos*. Tradução de Marcia Carla Pereira Ribeiro *et al*. São Paulo: Revista dos Tribunais, 2014.

ADAMS, Kenneth A. A Legal-Usage Analysis of "Material Adverse Change" Provisions. *Fordham Journal of Corporate & Financial Law*, v. 10, n. 1, p. 9-53, 2004.

AGUSTINHO, Eduardo Oliveira; GARCIA, Evelin Naiara. Inovação, transferência de tecnologia e cooperação. *Revista Direito e Desenvolvimento*, João Pessoa, v. 9, n. 1, p. 223-239, jan./jul. 2018.

AKERLOF, George. Animal Spirits. How Human Psychology Drives the Economy, and Why it Matters for Global Capitalism. Princeton (N.J.): Princenton University Press, 2009.

ALBANESE, Paul. Inside Economic Man: behavioral economics and consumer behavior. *In*: ALTMAN, Morris (Coord.). *Handbook of Contemporary Behavioral Economics*: foundations and developments. New York: M.E. Sharpe, 2006.

ALVAREZ, Alexandre; FLACH, M. Jacques. *Une nouvelle conception des études juridiques et de la codification du droit civil*. Paris: Librarie générale de droit & de jurisprudence, 1904.

ALVES, Giovani Ribeiro Rodrigues. Da Necessária Superação Paradigmática na Interpretação dos Contratos Empresariais e da Importância do Resgate dos Princípios do Direito Empresarial. *Revista do Curso de Direito da UNIFACS*, v. 60, p. 173-212, 2013.

ALVES, Giovani Ribeiro Rodrigues. *Fundamentos para a Compreensão de um Novo Código Comercial*. Rio de Janeiro: Processo, 2017.

ALVES, Giovani Ribeiro Rodrigues. Fusão, Incorporação e Desmembramento. *In*: GONÇALVES NETO, Alfredo de Assis (Coord.). *Sociedades Cooperativas*. São Paulo: Lex Editora, 2018.

ALVIM, Arruda; ALVIM, Eduardo Arruda; THAMAY, Rennan Faria Kruger; NEVES, Fernando Crespo Queiroz. *Aspectos Processuais da Incorporação Societária*: em conformidade com o Novo CPC. São Paulo: Revista dos Tribunais, 2015.

ANAN JUNIOR, Pedro. *Fusão, Cisão e Incorporação*: teoria e prática. São Paulo: Quartier Latin, 2009.

ANDREWS, P.W.S. A reconsideration of the Theory of the Individual Business. *Oxford Economic Papers*, 1, p. 54-89.

ARAÚJO NETO, Pedro Irineu de Moura. A confidencialidade do procedimento arbitral e o princípio da publicidade. *Revista de Informação Legislativa*, 53, n. 212, p. 139-154, out./dez. 2016.

ARAÚJO, Danilo Borges dos Santos Gomes de. A "De Facto Merger Doctrine" (Doutrina da Fusão de Fato). *In*: WARDE JR., Walfrido Jorge (Coord.). *Fusão, Cisão, Incorporação e Temas Correlatos*. São Paulo: Quartier Latin, 2009.

ARAUJO, Fernando. *Introdução à Economia*. Coimbra: Almedina, 2006.

ARAÚJO, Fernando. *Teoria Económica do Contrato*. Coimbra: Almedina, 2007.

ARGOTE, Linda; GREVE, Henrich R. A Behavioral Theory of the Firm – 40 years and counting: introduction and impact. *Organization Science*, vol. 18, n. 3, may/june 2007.

ARIELI, Dan. *Previsivelmente Irracional*. Tradução de Jussara Simões. Rio de Janeiro: Elsevier, 2008.

ASCARELLI, Tullio. *Lezioni di Diritto Commerciale*. Milano: Dott. Antonino Giuffré Editore, 1955.

ASCARELLI, Tullio. *Panorama do Direito Comercial*. São Paulo: Saraiva e Livraria Acadêmica, 1947.

ASQUINI, Alberto. Perfis da Empresa. Tradução de Fábio Konder Comparato. *Revista de Direito Mercantil*, São Paulo, n. 104, out/dez de 1996, p. 109-126.

AUMANN, Robert. Rationality and Bounded Rationality. *In:* EARL, Peter E. (edit.). *The Legacy of Herbert Simon in Economic Analysis*. Vol. 1. Northampton: Edward Elgar Publishing, 2001.

AVILA, Marcos Gonçalves; FARIAS, Paula Fogacci de. A Heurística do Afeto e o Conceito de "Avaliabilidade": Experimentos no Contexto Brasileiro. *Revista Brasileira de Marketing – REMark*, São Paulo, v. 12, n. 2, p. 29-48, abr./jun. 2013.

AXELROD, Robert. *The Evolution of Cooperation*. New York: Basic Books Inc. Publishers, 1984.

BARBOSA, Pedro Marcos Nunes. *E-stabelecimento*: teoria do estabelecimento comercial na internet, aplicativos, websites, segregação patrimonial, *trade dress* eletrônico, concorrência online, ativos intangíveis cibernéticos e negócios jurídicos. São Paulo: Quartier Latin, 2017.

BARNES, Harry Elmer. *Historia de la Economía del Mundo Occidental*. Trad. de Orencio Munõz. México: Unión Tipográfica Editorial Hispano Americana, 1970.

BARRETO FILHO, Oscar. *Teoria do Estabelecimento Comercial*: fundo de comércio ou fazenda mercantil. São Paulo: Max Limonad, 1969.

BEAUD, Michel. *História do capitalismo: de 1500 aos nossos dias*. Tradução de Maria Ermantina Galvão Gomes Pereira. 4. ed. São Paulo: Brasiliense, 1994.

BECKER, Philip. *The economic efficiency of material adverse change clauses in private M&A agréments subject to English law*. Master Thesis apresentada na Universiteit van Amsterdam, 2016, Disponível em: http://www.scriptiesonline.uba.uva.nl/615554, acesso em: 15 fev. 2019.

BECUE, Sabrina. *A alienação de estabelecimento empresarial*: recuperação judicial e a inexistência de sucessão. São Paulo: Quartier Latin, 2018.

BERGERON, Henri; CASTEL, Patrick; QUELLIER, Sophie; LAZARUS, Jeanne; NOUGUEZ, Étienne; PILMIS, Olivier. *Le biais comportementaliste*. Paris: Presses de Sciences Po, 2018.

BERLE, Adolf; MEANSE, Gardiner C. *The modern corporation and private property*. New Brunswick: Transaction Publishers, 1991.

BERNARDO, Evelyn Gomes; FORESTO, Alberto de Matos; RIBEIRO, Ivano. A Behavioral Theory of the Firm: uma análise crítica. *Revista Ibero-Americana de Estratégia*, vol. 16, n. 2, abr./jun. 2017.

BIANCHI, Mariana. The unsatisfactoriness of satisficing: from bounded rationality to inovative rationality. LOASBY, Brian J. Herbert Simon's Human Rationality. *In:* EARL, Peter E. (Ed.). *The Legacy of Herbert Simon in Economic Analysis*. Vol. 1. Northampton: Edward Elgar Publishing, 2001.

BLOK, Marcela. *Reorganizações Societárias, Fusões, Incorporações, Cisões e Outros Eventos Societários*: aspectos legais, negociais e práticos. São Paulo: Quartier Latin, 2014.

BORTOLI, Cassiana. *A sofisticação financeira dos CEO'S e sua relação com os vieses cognitivos excesso de confiança e otimismo*: um estudo realizado em companhias abertas brasileiras. Dissertação. Universidade Federal do Paraná. Programa de Pós-Graduação em Contabilidade do Setor de Ciências Sociais Aplicadas. Curitiba, 2017.

BOTREL, Sérgio. *Fusões & Aquisições*. 4. ed. São Paulo: Saraiva, 2016.

BOURDIEU, Pierre. *O Poder Simbólico*. 3. ed. Tradução de Fernando Tomaz. Rio de Janeiro: Bertrand Brasil, 2000.

BOUSSAIDI, Ramzi. Representativeness Heuristic, Investor Sentiment and Overreaction to Accounting Earnings: The Case of The Tunisian Stock Market. *Procedia – Social and Behavioral Sciences*, v. 81, 2013.

BRITO, Alexandre Aguiar de. A questão da responsabilidade, por sucessão *"inter vivos"*, no contrato de trespasse. *Revista de Direito Mercantil, industrial, econômico e financeiro*, ano XXXIX, n. 120, p. 128-135, out./dez. 2000.

BULGARELLI, Waldírio. A fusão, incorporação e cisão de Sociedades Anônimas, na Lei Nova das Sociedades por Ações. *Revista de Direito Mercantil, Industrial, Econômico e Financeiro*, n. 23, ano XV, p. 39-52, 1976.

BULGARELLI, Waldirio. *Contratos Mercantis*. 3. ed. São Paulo: Atlas, 1984.

BUSCHINELLI, Gabriel Saad Kik. *Compra e Venda de Participações Societárias de Controle*. São Paulo: Quartier Latin, 2018.

CAI, Cynthia Weiyi. Nudging the financial market? A review of the nudge theory. *Accounting & Finance*, v. 1, p. 1-25, 2019.

CÂMARA, Paulo; BASTOS, Miguel Brito. O Direito da Aquisição de Empresas: uma introdução. *In:* CÂMARA, Paulo (Coord.). *Aquisição de Empresas*. Coimbra: Coimbra Editora, 2011.

CAMERER, C.; LOWENSTEIN, G. Behavioral Economics: past, present, future. *In:* CAMERER, C; LOEWENSTEIN, G.; RABIN, M. (Org.). *Advances in Behavioral Economics*. New Jersey: Princeton University Press, p. 3-52.

CARVALHO, Cristina Helena Almeida de. A mercantilização da educação superior brasileira e as estratégias de mercado das instituições lucrativas. *Revista Brasileira de Educação*, v. 18, n. 54, p. 761-801, jul./set. 2013.

CARVALHOSA, Modesto. *Comentários à Lei de Sociedades Anônimas*. Vol. 4. Tomo I. São Paulo: Saraiva, 1998.

CARVALHOSA, Modesto; KUYVEN, Fernando. Sociedades Anônimas. *In:* CARVALHOSA, Modesto (Coord.). *Tratado de Direito Empresarial.* 2. ed. São Paulo: Thomson Reuters Brasil, 2018.

CASTRO, Rodrigo Rocha Monteiro de. *Regime Jurídico das Reorganizações*: societária, empresarial e associativa. São Paulo: 2016.

CATEB, Alexandre. A perspectiva da Análise Econômica do Direito na sistemática da lei societária brasileira. *Revista de Direito Empresarial*, Belo Horizonte, p. 15, jan./abr. 2016.

CEDDAHA, Franck. *Fusions, Aquisitions, Scissions.* 4. ed. Paris: Economica, 2013.

CHANG, Eric C.; LUO, Yan; REN, Jinjuan. Cross-listing and pricing efficiency: the informational and anchoring role played by the reference price. *Journal of Banking and Finance*, v. 37, n. 11, p. 4449-4464, 2013.

CHERTOK, Adam B. Rethinking the U.S. Approach to Material Adverse Change Clauses in Merger Agreements. *University of Miami International and Comparative Law Review*, 99 (2014), p. 100-140.

COASE, R. The Nature of the Firm: influence. *In:* WILLIAMSON, Oliver; WINTER, Sidney (Org.). *The Nature of the Firm*: origins, evolution, and development. New York: Oxford Press, 1993.

COASE, Ronald. *The Firm, the market and the law.* Chicago: University of Chicago Press, 1988.

COASE, Ronald. *The Nature of the Firm.* Economica 4 (novembro), 1937.

COASE, Ronald. The New Institutional Economics. *Journal of institutional and theoretical economics*, 140 (March), 229-231.

COELHO, Fábio Ulhoa. As obrigações empresariais. *In:* COELHO, Fábio Ulhoa (Org.). *Tratado de Direito Comercial*: obrigações e contratos empresariais. Vol. 5. São Paulo: Saraiva, 2015.

COMPARATO, Fábio Konder. *A civilização capitalista.* São Paulo: Saraiva, 2013.

COMPARATO, Fábio Konder; SALOMÃO FILHO, Calixto. *O Poder de Controle na Sociedade Anônima.* 6. ed. Rio de Janeiro: Forense, 2014.

COOTER, Robert; Ulen, Thomas. *Direito e Economia.* Tradução de Luis Marcos Sander e Francisco Araújo da Costa. 5. ed. Porto Alegre: Bookman, 2010.

CORRÊA-LIMA, Osmar Brinca. *Sociedade Limitada.* Rio de Janeiro: Forense, 2006.

CYERT, Richard; MARCH, James G. *A Behavioral Theory of the Firm.* New Jersey: Prentice Hall, 1963.

D`AQUINO, Lúcia Souza. Uma aproximação dos conceitos de subordinação e vulnerabilidade: análise comparativa entre o direito do trabalho e o direito do consumidor. *Revista Direitos Humanos e Democracia*, ano 4, n. 8, p. 181-208, jul./dez. 2016.

DAHLMAN, Carl J. The problem of externality. *Journal of Law and Economics*, v. 22, n. 1, p. 141-162, apr. 1979.

DELECOURT, Philippe; FINE, Michèle. *Negocier une entreprise*: comment réussir ses fusions & acquisitions. Paris: Gualino, 2008.

DEMSETZ, H. *Ownership control and the firm: The organization of economic activity*. Cambridge: Basil Blackwell, vol. 1, 1990.

DEQUECH, D. Bounded Rationality, Institutions, and Uncertainty. *Journal of Economic Issues*, 2001, 35(4): 911-929.

DHAMI, Sanjit. *The foundations of behavioral economic analysis*. Oxford: Oxford University Press, 2016.

DUNNE, Patrick. Strategy. *In:* DUNNE, Patrick (Coord.). *Company Acquisitions Handbook*. 10. ed. Kent: Bloomsbury Professional, 2011.

EARL, Peter E. *Behavioural Economics*. Vol. 1. Bath: Edward Elgar Publishing Limited, 1988.

EIZIRIK, Nelson. *A Lei das S/A Comentada*: arts. 1º a 120. Vol. 1. São Paulo: Quartier Latin, 2011.

EIZIRIK, Nelson. Incorporação de Ações: aspectos polêmicos. *In:* WARDE JR., Walfrido Jorge (Coord.). *Fusão, Cisão, Incorporação e Temas Correlatos*. São Paulo: Quartier Latin, 2009.

ESPECHE, Félix A. Nazar. *Defensa de la Competencia*. 2. ed. Buenos Aires: Euros Editores, 2016.

FANTO, James A. Quasi-Rationality in Action: A Study of Psychological Factors in Merger Decision-Making. *Ohio State Law Journal*, 62, 1336 (2001).

FARINA, Juan M. *Contratos Comerciales Modernos*. 2. ed. Buenos Aires: Astrea, 1997.

FÉRES, Marcelo Andrade. *Estabelecimento Empresarial*: trespasse e efeitos obrigacionais. São Paulo: Saraiva, 2007.

FERREIRA, Antônio Carlos; FERREIRA, Patrícia Cândido Alves. Ronald Coase: um economista voltado para o Direito. Estudo introdutório para a edição brasileira. *In:* COASE, Ronald. *A Firma, o mercado e o Direito*. Tradução de Heloísa Gonçalves Barbosa. Rio de Janeiro: Forense, 2016.

FILKENSTEIN, Maria Eugênia. Estabelecimento Empresarial, Trespasse e suas Consequências. *In:* KOURY, Suzy Elizabeth Cavalcante (Org.). *Direito Empresarial*: os novos enunciados da Justiça Federal. São Paulo: Quartier Latin, 2013.

FONSECA, Ricardo Marcelo. *Modernidade e contrato de trabalho: do sujeito de direito à sujeição jurídica*. São Paulo: LTr, 2002.

FORGIONI, Paula Andrea. *Direito Concorrencial e Restrições Verticais*. São Paulo: RT, 2007.

FORGIONI, Paula Andrea. *Contratos Empresariais*: teoria geral e aplicação. São Paulo: Revista dos Tribunais, 2015.

FORGIONI, Paula Andrea. *Teoria Geral dos Contratos Empresariais*. São Paulo: Revista dos Tribunais, 2009.

FORGIONI, Paula Andrea. A interpretação dos negócios empresariais. *In:* COELHO, Fábio Ulhoa (Org.). *Tratado de Direito Comercial*: obrigações e contratos empresariais. Vol. 5. São Paulo: Saraiva, 2015.

FORGIONI, Paula Andrea. *Direito Concorrencial e Restrições Verticais*. São Paulo: RT, 2007.

FORGIONI, Paula Andrea. *Fundamentos do Antitruste*. 7. ed. São Paulo: Revista dos Tribunais, 2014.

FRANCESCHINI, José Inácio Gonzaga; BAGNOLI, Vicente. *Direito Concorrencial*. 2. ed. Coleção Tratado de Direito Empresarial, v. 7, Coordenação Modesto Carvalhosa. São Paulo: Thomson Reuters Brasil, 2018.

FREIRE, Maria Paula dos Reis Vaz. *Eficiência Econômica e Restrições Verticais*: os argumentos de eficiência e as normas de defesa da concorrência. Lisboa: AAFDL, 2009.

FUCHS, Andreas. Introducing more features of real life into de economists' world of theoretical models – comments on Justus Haucap, Bart Wilson and Cristopher Engel. *In:* DREXL, Josef; KERBER, Wolfgang; PODSZUN, Rupprecht (Ed.). *Competition Policy and the Economic Approach*: foundations and limitations. Northampton: Edward Elgar, 2011.

GICO JR, Ivo T. Introdução à Análise Econômica do Direito. *In:* KLEIN, Vinicius; RIBEIRO, Marcia Carla Pereira (Coord.). *O que é análise econômica do direito*: uma introdução. Belo Horizonte: Fórum, 2011.

GLAIS, Michel. *Concentration des enterprises & Droit de la concurrence*. Paris: Economica, 2010.

GOMES, Orlando. *Contratos*. Coordenação de Edvaldo Brito. Atualizadores: Antônio Junqueira de Azevedo e Francisco Paulo de Crescenzo Marino. 26. ed. Rio de Janeiro: Forense, 2009.

GOLÇALVES NETO, Alfredo de Assis. A Empresa Individual de Responsabilidade Limitada. *Revista dos Tribunais*, ano 101, vol. 915, p. 153-180, jan. 2012.

GONÇALVES NETO, Alfredo de Assis. Os contratos mercantis e o Código Civil. *In:* FRANÇA, Erasmo Valladão Azevedo e Novaes; ADAMEK, Marcelo Vieira von (Coord.). *Temas de Direito Empresarial e Outros Estudos em Homenagem ao Professor Luiz Gastão Paes de Barros Leães*. São Paulo: Malheiros, 2014.

GONÇALVES NETO, Alfredo de Assis. A fusão, a incorporação e a cisão na Lei de Sociedades por Ações. *Revista de Direito Mercantil, Industrial, Econômico e Financeiro*, n. 23, ano XV, p. 71-82, 1976.

GONÇALVES NETO, Alfredo de Assis. *Direito de Empresa*: comentários aos arts. 966 a 1.195 do Código Civil Brasileiro. São Paulo: RT, 2018.

GONÇALVES NETO, Alfredo de Assis. *Manual das Companhias ou Sociedades Anônimas*. 2. ed. São Paulo: Revista dos Tribunais, 2010.

GONÇALVES NETO, Alfredo de Assis; FRANÇA, Erasmo Valladão Azevedo e Novaes. Empresa Individual de Responsabilidade Limitada e Sociedades de Pessoas. *In:* CARVALHOSA, Modesto (Coord.). *Tratado de Direito Empresarial*. 2. ed. São Paulo: Thomson Reuters Brasil, 2018.

GONÇALVES, Oksandro; FRANÇA, Luiz Alberto Fontana. Cláusulas contratuais gerais: interpretação dos contratos massificados à luz dos princípios contratuais e da análise econômica do direito. *Revista Jurídica Luso-Brasileira*, ano 3 (2017), n. 4, p. 1.017-1.054.

GONÇALVES, Oksandro O.; MORETTINI, Felipe Tadeu Ribeiro. Análise econômica do controle judicial dos contratos de concessão e sua importância para o desenvolvimento. *Revista de Informação Legislativa*, Brasília, p. 86, jul./set. 2014.

GONZALEZ, Ricardo Alonso; BRUNI, Adriano Leal. Heurísticas Afetivas no Mercado de Ações Brasileiro: um estudo quase-experimental com investidores. *Revista Enanpad*, Rio de Janeiro, vol. 1, 2012.

GREVE, Henrich R. The building of the behavioral theory of the firm continues. *Journal of Management Inquiry*, v. 24 (3), 2015.

GROSS, Bernard; BIHR, Philippe. *Contrats*: tome 1 Ventes civiles et commerciales, baux d'habitation, baux commerciaux. Presses Universitaires de France: Paris, 1993.

GROSSI, Paolo. Itinerarii Dell'Impresa. *In: Quaderni Fiorentini XXVIII*. Tomo I. Milano: Dott. A. Giuffrè Editore,1999.

GROSSI, Paolo. Para além do subjetivismo jurídico moderno. *In:* FONSECA, Ricardo Marcelo; SEELAENDER, Airton Cerqueira Leite. *História do Direito em Perspectiva*: do Antigo Regime à Modernidade. Curitiba: Juruá Editora, 2008.

HAUCAP, Justus. Bounded Rationality and competition policy. *In:* DREXL, Josef; KERBER, Wolfgang; PODSZUN, Rupprecht (Ed.). *Competition Policy and the Economic Approach*: foundations and limitations. Northampton: Edward Elgar, 2011.

HESPANHA, António Manuel. *Cultura Jurídica Europeia. Síntese de um Milênio*. Florianópolis: Fundação Boiteux, 2005.

HEUKELOM, Floris. *Behavioral Economics*: a history. Cambridge: Cambridge University Press, 2014.

HIRSCH, Werner Z. *Law and Economics: an introductory analysis*. Nova Iorque e Londres: Academic Press, 1979.

HUSSAIN, M.; SHAH, S. Z. A.; LATIF, K.; BASHIR, U.; YASIR, M. Hindsight bias and investment decisions making empirical evidence from an emerging financial market. *International Journal of Research Studies in Management*, v. 2, n. 2, p. 77-88, October 2013.

IACOMINI, Marcello Pietro. *Da alienação do estabelecimento comercial*. São Paulo: Livraria Paulista, 2004.

IRTI, Natalino. Examen de Conciencia de um Civilista. *In:* AJURIA, Luis Rojo (Org.). *La Edad de la Descodificación*. Organização e tradução de Luis Rojo Ajuria. Barcelona: Jose Maria Bosch Editora, 1992.

JOLLS, Christine; SUNSTEIN, Cass R.; THALER, Richard H. A Behavioral Approach to Law and Economics. *In:* SUNSTEIN, Cass R. (Org.) *Behavioral Law & Economics*. New York: Cambridge Press, 2007.

KAHNEMAN, Daniel. *Rápido e Devagar*: duas formas de pensar. Rio de Janeiro: Objetiva, 2012.

KALANSKY, Daniel. *Incorporação de Ações*: estudo de casos e precedentes. São Paulo: Saraiva, 2012.

KANSAL, Priya; SING, Seema. Anchoring Effect in Investment Decision Making – A Systematic Literature Review. *Asia Pacific Journal of Research*, vol I, n. XXXII, out. 2015.

KAUFMAN, Bruce E. Integrating Emotions into Economic Theory. *In:* ALTMAN, Morris (Coord.). *Handbook of Contemporary Behavioral Economics*: foundations and developments. New York: M.E. Sharpe, 2006.

KELMAN, Mark; ROTTENSTREICH, Yuval; TVERSKY, Amos. Context-Dependence in Legal Decision Making. *In:* SUNSTEIN, Cass R. (Org.). *Behavioral Law & Economics*. New York: Cambridge Press, 2007.

KHAN, Habib Hussain; NAZ, Iram; QURESHI, Fiza; GHAFOOR, Abdul. Heuristics and stock buying decision: Evidence from Malaysian and Pakistani stock markets. *Borsa Istanbul Review*, 17-2, 2017.

KLEIN, Vinícius. *Os Contratos Empresariais de Longo Prazo*. Rio de Janeiro: Lumen Juris, 2015.

KLEIN, Vinícius. *A Economia dos Contratos*: uma análise microeconômica. Curitiba: CRV, 2015.

KOBUS, Renata Carvalho. *Estado e Poder Econômico*: a necessidade de intervenção estatal para a garantia da concorrência. São Paulo: Novas Edições Acadêmicas, 2018.

KOROBKIN, Russel. Behavioral Economics, Contract Formation, and Contract Law. *In*: SUNSTEIN, Cass R. (Org.). *Behavioral Law & Economics*. New York: Cambridge Press, 2007.

KURAN, Timur; SUNSTEIN, Cass R. Controlling Availability Cascades. *In*: SUNSTEIN, Cass R. (Org.). *Behavioral Law & Economics*. New York: Cambridge Press, 2007.

LACERDA, Maurício Andere von Bruck. O contrato de locação comercial no âmbito da transferência do estabelecimento. *In*: KOURY, Suzy Elizabeth Cavalcante (Org.). *Direito Empresarial*: os novos enunciados da Justiça Federal. São Paulo: Quartier Latin, 2013.

LANGEVOORT, Donald C. Organized Illusions: A Behavioral Theory of Why Corporations Mislead Stock Market Investors (and Cause Other Social Harms). *In*: SUNSTEIN, Cass R. (Org.) *Behavioral Law & Economics*. New York: Cambridge Press, 2007.

LANGEVOORT, Donald C. The Behavioral Economics of Mergers and Acquisitions. *Georgetown Business, Economics & Regulatory Law Research Paper*, n. 10-17, October 2010.

LEE, Jooho. Contracts and Hierarchies: a moral examination of economic theories of the firm. *Business Ethics Quarterly*, v. 28:2, april 2018.

LEONARDO, Rodrigo Xavier. *Associações sem fins econômicos*. São Paulo: Revista dos Tribunais, 2014.

LEONARDO, Rodrigo Xavier. Os contratos coligados, os contratos conexos e as redes contratuais. *In*: CARVALHOSA, Modesto (Coord.). *Tratado de Direito Empresarial*, IV: Contratos mercantis. São Paulo: Revista dos Tribunais, São Paulo, 2016.

LEONARDO, Rodrigo Xavier. Os contratos coligados. *In*: BRANDELLI, Leonardo (Coord.). *Estudos em Homenagem à Professora Véra Maria Jacob Fradera*. Porto Alegre: Lejus, 2013.

LIMA, Francisco Rohan de. *A Razão Societária*: reflexões sobre fusões & aquisições e governança corporativa no Brasil. Rio de Janeiro: Renovar, 2015.

LOASBY, B.J. Managerial Decision Processes. *Scottish Hournal of Political Economy*, 14.

LOASBY, Brian J. Herbert Simon's Human Rationality. *In*: EARL, Peter E. (Ed.). *The Legacy of Herbert Simon in Economic Analysis*. Vol. 1. Northampton: Edward Elgar Publishing, 2001.

LOPES, Ana Frazão. *Empresa e Propriedade*: função social e abuso de poder econômico. São Paulo: Quartier Latin, 2006.

LOWE, E. A.; SHAW, R. W. Na Analysis of Managerial Biasing: Evidence from a Company's Budgeting Process. *Journal of Management Studies*, 5.

LUPION, Ricardo. *Boa-fé objetiva nos contratos empresariais*: contornos dogmáticos dos deveres de conduta. Porto Alegre: Livraria do advogado, 2011.

MACKAAY, Ejan; ROUSSEAU, Stéphane. *Análise Econômica do Direito*. Tradução de Rachel Sztajn. 2. ed. São Paulo: Atlas, 2015.

MANKIW, N. Gregory. *Introdução à Economia*: princípios de Micro e Macroeconomia. 2. ed. Rio de Janeiro: Elsevier, 2001.

MARINHO, Raul. *Prática na Teoria*: Aplicações da Teoria dos Jogos e da Evolução dos Negócios. São Paulo: Saraiva, 2005.

MARQUES, Mário Reis. *Codificação e Paradigmas da Modernidade*. Coimbra: Ed. Coimbra, 2003.

MARTINS, Fran. *Comentários à Lei das Sociedades Anônimas*. v. 3. Rio de Janeiro: Forense, 1978.

MARTINS, Fran. *Contratos e Obrigações Comerciais*. Rio de Janeiro: Forense, 1990.

MASQUELIER, Frédéric; KERGUNIC, Nicolas Simon de; BRANCALEONI, Emmanuel; CALLÈDE, Pierre. *Transmission et cession d'entreprise*: préparation, modalités, aides. 5. ed. Paris: Éditions Delmas, 2008.

MEIER, Olivier; SCHIER, Guillaume. *Fusions, Aquisitions*: stratégie – finance – management. 4. ed. Paris: DUNOD, 2012.

MENG, Sijia. *Availability Heuristic Will Affect Decision-making and Result in Bias*. 3rd International Conference on Management Science and Innovative Education, 2017.

MILANEZ, Daniel Yabe. *Finanças Comportamentais no Brasil*. Tese de Doutoramento. Universidade de São Paulo. Faculdade de Economia, Administração e Contabilidade. 2003.

MINER, Anne S. The Fecundity of Authentic But Incomplete Designs and the Future of The Behavioral Theory of the Firm. *Journal of Management inquiry*, vol. 24(3), 2015.

MONTELS, M. Laffon. *As etapas do capitalismo*. Trad. de Freire Gouvêa. Salvador: Progresso Editora, 1950.

MOREIRA, Egon Bockmann. *Direito das Concessões de Serviço Público*: inteligência da Lei 8.987/1995 (Parte Geral). São Paulo: Malheiros, 2010.

MUNHOZ, Eduardo Secchi. *Aquisição de Controle na Sociedade Anônima*. São Paulo: Saraiva, 2013.

MUNIZ, Ian. *Fusões e Aquisições*: aspectos fiscais e societários. 2. ed. São Paulo: Quartier Latin, 2011.

NG, Sijia. *Availability Heuristic Will Affect Decision-making and Result in Bias*. 3rd International Conference on Management Science and Innovative Education, 2017, p. 267-272.

NOGUEIRA, José Carlos da Silva. O contrato de "joint venture" na matéria antitruste. *Revista de Direito Mercantil*: industrial, econômico e financeiro, São Paulo, p. 58-61, jan./mar. 2002.

NORTH, Douglass C. *Institutions, institutional change and economic performance*. New York: Cambridge University Press, 1994.

NORTH, Douglass C. Economic Performance Through Time. *The American Economic Review*, 1994.

OLIVEIRA, Gesner; RODAS, João Grandino. *Direito e Economia da Concorrência*. 2. ed. rev. e atual. de acordo com a Lei 12.529/2011. São Paulo: RT, 2013.

PELA, Juliana Krueger. *As golden shares no direito societário brasileiro*. São Paulo: Quartier Latin, 2012.

PETITPIERRE-SAUVAIN, Anne. *La cession de controle, mode de cession de l'entreprise*. Genève: Georg, 1977.

PINHEIRO, Armando Castelar; SADDI, Jairo. *Direito, Economia e Mercados*. Rio de Janeiro: Elsevier, 2005.

PLOUS, Scott. *The psychology of judgment and decision making*. New York: McGraw-Hill, Inc., 1993.

POSNER, Eric. *Análise Econômica do Direito Contratual*: sucesso ou fracasso. Tradução de Luciano Benetti Timm, Cristiano Carvalho e Alexandre Viola. São Paulo: Saraiva, 2010.

POSNER, Richard A. *Para Além do Direito*. Tradução de Evandro Ferreira e Silva. São Paulo: WMF Martins Fontes, 2009.

POSTIGLIONE, Marino Luiz. *Direito Empresarial*: o estabelecimento e seus aspectos contratuais. Barueri: Manole, 2006.

PRICE WATERHOUSE COOPERS. *Fusões e Aquisições em 2019*. Disponível em: https://www.pwc.com.br/pt/estudos/servicos/assessoria-tributaria-societaria/fusoes aquisicoes/2019/fusoes-e-aquisicoes-no-brasil-abril-2019.html, acesso em: 26 jun. 2019.

RACHLINSKI, Jeffrey J. A Positive Psychological Theory of Judging in Hindsight. *In*: SUNSTEIN, Cass R. (Org.) *Behavioral Law & Economics*. New York: Cambridge Press, 2007.

RAYNAUD, Benoît. *Droit de l'ingénerie sociétaire*. Paris: Lextenso éditions, 2014.

REQUIÃO, Rubens. *Curso de Direito Comercial*. Vol. I. São Paulo: Saraiva, 1993.

RIBEIRO, Marcia Carla Pereira. Causa do Negócio e Causa do Contrato na Compra e Venda de Estabelecimento Empresarial e Imóvel: comentário à jurisprudência. *Revista de Direito Empresarial*, Curitiba, n. 5, p. 145-158, jan./jun. 2006.

RIBEIRO, Marcia Carla Pereira; DOMINGUES, Victor Hugo. Economia comportamental e direito: a racionalidade em mudança. *Revista Brasileira de Políticas Públicas*, v. 8, n. 2, p. 457-471, ago. 2018.

RIBEIRO, Marcia Carla Pereira. Racionalidade Limitada. *In*: RIBEIRO, Marcia Carla Pereira; KLEIN, Vinícius (Org.). *O que é Análise Econômica do Direito*: uma introdução. Belo Horizonte: Fórum, 2011.

RIBEIRO, Marcia Carla Pereira. Teoria Geral dos Contratos Empresariais. *In*: COELHO, Fábio Ulhoa (Org.). *Tratado de Direito Comercial*: obrigações e contratos empresariais. Vol. 5. São Paulo: Saraiva, 2015.

RIBEIRO, Marcia Carla Pereira; ALVES, Giovani Ribeiro Rodrigues. Negócios Jurídicos Processuais nas Relações Societárias Brasileiras: "quanto custa o ônus da prova"? *In*: RIBEIRO, Marcia Carla Pereira; CARAMÊS, Guilherme Bonato Campos (Coord.). *Direito Empresarial e o CPC/2015*. 2. ed. Belo Horizonte: Fórum, 2018.

RIBEIRO, Marcia Carla Pereira; ALVES, Giovani Ribeiro Rodrigues. Desenvolvimento e Reforma Institucional: os exemplos do BNDES e das Sociedades Estatais no Brasil. *In*:

SILVEIRA, Vladimir Oliveira da; SANCHES, Samyra Naspolini; COUTO, Monica Benetti (Org.). *Direito e desenvolvimento no Brasil do século XXI*. Brasília: IPEA, CONPEDI, 2013.

RIBEIRO, Marcia Carla Pereira; GALESKI JUNIOR, Irineu. *Teoria geral dos contratos*: contratos empresariais e análise econômica. 2. ed. Rio de Janeiro: Revista dos Tribunais, 2015.

RIBEIRO, Renato Ventura. Incorporação de Companhia Controlada. *In:* WARDE JR., Walfrido Jorge (Coord.). *Fusão, Cisão, Incorporação e Temas Correlatos*. São Paulo: Quartier Latin, 2009.

RICCI, Paolo; TOMIO, Fabrício. O Poder da Caneta: a Medida Provisória no processo legislativo estadual. *Revista Opinião Pública*, Campinas, vol. 18, nov. 2012.

RICHTER, Rudolf. The New Institutional Economics – its start, its meaning, its prospects. *European Business Organization Law Review*, july 2015.

RIESKAMP, Jorg; HERTWIG, Ralph; TODD, Peter M. Bounded Rationality: two interpretations from psychology. *In:* ALTMAN, Morris (Coord.). *Handbook of Contemporary Behavioral Economics*: foundations and developments. New York: M.E. Sharpe, 2006.

ROCCO, Alfredo. *Princípio de Direito Comercial*. Tradução de Ricardo Rodrigues Gama. Campinas: LZN, 2003.

ROCHA, Bruno Anunciação; GALUPPO, Marcelo Campos. Paternalismo libertário no Estado Democrático de Direito. *Revista de Informação Legislativa*, 53, n. 210, p. 135-148, abr./jun. 2016.

ROCHA, Dinir Salvador Rios da Rocha. Visão geral de *due diligence*: breves aspectos teóricos e práticos. *In:* ROCHA, Dinir Salvador Rios da; QUATTRINI, Larissa Teixeira (Coord.). *Fusões, Aquisições, Reorganizações Societárias e Due Diligence*. São Paulo: Saraiva, 2014.

RODRIGUES, Ana Carolina. A incorporação de companhia controlada pela companhia controladora em face do art. 264 da Lei n. 6404/76 e o parecer de orientação CVM n. 35. *In:* PRADO, Viviane Muller; CARMO, Lie Uema do (Org.). *Estudos Empíricos Sobre Temas do Direito Societário*. São Paulo: Saraiva, 2012.

RODRIGUES, Vasco. *Análise Econômica do Direito*: uma introdução. 2. ed. Coimbra: Almedina, 2016.

ROLDÃO, Nuno Moura; TEIXEIRA, Ana Guedes. O processo de auditoria legal. *In:* CÂMARA, Paulo (Coord.). *Aquisição de Empresas*. Coimbra: Coimbra Editora, 2011.

ROSA, Luiz Carlos Goiabeira; BIZELLI, Rafael Ferreira, FÉLIX, Vinícius Cesar. Vulnerabilidade e hipossuficiência no contrato existencial de consumo. *Scientia Iuris*, Londrina, v. 21, n. 1, p.155-188, mar. 2017.

ROSEN, Sherwin. Transactions Costs and Internal Labor Markets. *In:* WILLIAMSON, Oliver E; WINTER, Sidney G (Org.). *The Nature of the Firm*: origins, evolution, and development. New York: Oxford University Press, 1993.

SÁ, Fernando Oliveira e. A determinação contingente do preço de aquisição de uma empresa através de cláusulas *earn-out*. *In:* CÂMARA, Paulo (Coord.). *Aquisição de Empresas*. Coimbra: Coimbra Editora, 2011.

SALOMÃO FILHO, Calixto. *Direito Concorrencial*: as condutas. São Paulo: Malheiros, 2003.

SALOMÃO FILHO, Calixto. *Direito Concorrencial*: as estruturas. 3. ed. São Paulo: Malheiros, 2007.

SALOMÃO FILHO, Calixto. *O novo direito societário*. São Paulo: Malheiros, 1998.

SALOMÃO FILHO, Calixto. *Regulação e Concorrência* (estudos e pareceres). São Paulo: Malheiros, 2002.

SANTOS, Ana Cordeiro. A arquitetura da escolha: uma análise de economia política. *Revista Jurídica Luso-Brasileira*, ano 3, n. 6, p. 253-277, 2017.

SANTOS, Boaventura de Sousa. *A crítica da razão indolente*. 3. ed. São Paulo: Cortez, 2001.

SANTOS, Boaventura de Sousa. *Um discurso sobre as ciências*. 12. ed. Porto: Edições Afrontamento, 2002.

SARTRE, Jean Paul. *El existencialismo es un humanismo*. Barcelona: Edhasa, 1999.

SATURNINO, Odilon; LUCENA, Pierre. *Valor da Ação e Sentimento do Investidor no Brasil: O Afeto sobrepuja a Razão?* Disponível em: http://sbfin.Org.br/files/investimentos-artigo-xv-ebfin-5048.pdf, aceso em: 15 abr. 2019.

SCHAPIRO, M. Repensando a relação entre estado, direito e desenvolvimento: os limites do paradigma *Rule of Law* e a relevância das alternativas institucionais. *Revista Direito GV*, São Paulo, p. 250, jan./jun. 2010.

SEN, A. *A ideia de justiça*. São Paulo: Companhia das Letras, 2011.

SERRA, Daniel. *Économie Comportementale*. Paris: Economica, 2017.

SERVET, Jean-Michel. *L'Économie Comportementale en Question*. Paris: Charles Léopold Mayer Éditions, 2018.

SIMON, Herbert A. *Models of Man. Social and Rational*. New York: John Wiley & Sons, Inc., 1956.

SIMON, Herbert. *Administrative Behaviour*. 2. ed. New York: Macmillan, 1957.

SONTHEIMER, Kevin. Behavioral Versus Neoclassical Economics: paradigm shift or generalization? *In*: ALTMAN, Morris (Coord.). *Handbook of Contemporary Behavioral Economics*: foundations and developments. New York: M.E. Sharpe, 2006.

SUNSTEIN, Cass R. (Org.). *Behavioral Law & Economics*. Cambridge: Cambridge Press, 2007.

SUNSTEIN, Cass R.; THALER, Richard H. Libertarian Paternalism is not an oxymoron. *Olin Law & Economics Working Paper*, n. 185, 2003.

SUNSTEIN, Cass; MARGALIT, Edna Ullman. Second-Order Decisions. *In*: SUNSTEIN, Cass R. (Org.). *Behavioral Law & Economics*. New York: Cambridge Press, 2007.

SZTAJN, Rachel. *Teoria Jurídica da Empresa: Atividade Empresária e Mercados*. 2. ed. São Paulo: Atlas, 2010.

TAPSCOTT, Don; TAPSCOTT, Alex. *Blockchain Revolution*: how the technology behind bitcoin and others cryptocurrencies is changing the world. New York: Portfolio, 2018.

TEIXEIRA, Egberto Lacerda; GUERREIRO, José Alexandre Tavares. *Das sociedades anônimas do direito brasileiro*. São Paulo: Ed. José Bushatsky, 1979.

THALER, Richard H. *Comportamento Inadequado*. Coimbra: Actual, 2015.

THALER, Richard. *Misbehaving*: a construção da economia comportamental. Rio de Janeiro: Intrínseca, 2019.

THALER, Richard; SUNSTEIN, Cass. *NUDGE*: improving decisions about health, wealth and happiness. London: Penguin Books, 2009.

THOMPSON, John B. *Ideologia e cultura moderna*: teoria social crítica na era dos meios de comunicação em massa. Tradução de Carmen Grisci *et al*. Petrópolis: Vozes, 1998.

TOKARS, Fábio. *Estabelecimento Empresarial*. São Paulo: LTr, 2006.

TOURAINE, Alain. *Crítica da Modernidade*. Tradução de Elia Ferreira Edel. Petrópolis: Vozes, 1994.

TVERSKY, Amos; KAHNEMAN, Daniel. Julgamento sob incerteza: heurísticas e vieses. *In*: KAHNEMAN, Daniel. *Rápido e Devagar*: duas formas de pensar. Rio de Janeiro: Objetiva, 2012.

ULEN, Thomas S. Behavioral Law and Economics. *In*: ALTMAN, Morris (Coord.). *Handbook of Contemporary Behavioral Economics*: foundations and developments. New York: M.E. Sharpe, 2006.

VANDERLINDEN, J. *Le concept de code en Europe occidentale du XIIIe au XIXe siécle. Essai de définition*. Bruxelles: L'Institut de Sociologie de l'Université Libre de Bruxelles, 1967.

VANE, Howard; MULHEARN, Chris (Ed). *James M. Buchanan, Gary S. Becker, Daniel Kahneman and Vernon L. Smith*. Northampton: Edward Elgar Publishing Inc, 2012.

VELASCO, Elisabet Saffouri. *Setting the boundaries between eficient and inefficient drafting practices: a case study of MAC clauses in private M&A deals in the U.S. and the UK jurisdictions*. Master Thesis apresentada em 24 de agosto de 2018 na Maastricht University, p. 3. Disponível em: https://www.researchgate.net/profile/Elisabet_Saffouri_Velasco/publication/327468034_Setting_the_boundaries_between_efficient_and_inefficient_drafting_practices_A_case_study_of_MAC_clauses_in_private_MA_deals_in_the_US_and_the_UK_jurisdictions/links/5b9107ad299bf114b7ff78e0/Setting-the-boundaries-between-efficient-and-inefficient-drafting-practices-A-case-study-of-MAC-clauses-in-private-M-A-deals-in-the-US-and-the-UK-jurisdictions.pdf?origin=publication_detail, acesso em: 30 jun. 2019.

VERÇOSA, Haroldo Malheiros Duclerc. *Direito Comercial*: teoria geral. 4. ed. São Paulo: Revista dos Tribunais, 2014.

VERÇOSA, Haroldo. *Contratos Mercantis e a Teoria Geral dos Contratos*: o Código Civil de 2002 e a Crise do Contrato. São Paulo: Quartier Latin, 2010.

VILLEVAL, Marie Claire. *L'économie comportementale du marché du travail*. Paris: Presses de Sciences Po, 2016.

WALD, Arnoldo; MORAES, Luiza Rangel de; WAISBERG, Ivo. Fusões, incorporações e aquisições – aspectos societários, contratuais e regulatórios. *In*: WARDE JR., Walfrido Jorge (Coord.). *Fusão, Cisão, Incorporação e Temas Correlatos*. São Paulo: Quartier Latin, 2009.

WANDERER, Bertrand. *Lesão e Onerosidade Excessiva nos Contratos Empresariais*. São Paulo: Saraiva, 2018.

WIEACKER, Franz. *História do Direito Privado Moderno*. 2. ed. Tradução de A. M. Botelho Hespanha. Lisboa: Fundação Calouste Gulbenkian, 1967.

WILLIAMSON, Oliver E. Introduction. *In*: WILLIAMSON, Oliver E; WINTER, Sidney G. *The Nature of the Firm*: origins, evolution, and development. New York: Oxford University Press, 1993.

WILLIAMSON, Oliver. *The economic institutions of capitalism*: firms, markets, relational contracting. New York: The Free Press, 1985.

WILLIAMSON, Oliver. The Logic of Economic Organization. *In:* WILLIAMSON, Oliver E; WINTER, Sidney G (Org.). *The Nature of the Firm*: origins, evolution, and development. New York: Oxford University Press, 1993.

WILLIAMSON, Oliver. *The Mechanisms of Governance*. New York: Oxford University Press, 1996.

WILLIANSOM, Oliver. *The economic institutions of capitalism*: firms, markets, relational contracting. New York: The Free Press, 1985.

WILSON, Bart J. Using experimental economics to understand competition. *In:* DREXL, Josef; KERBER, Wolfgang; PODSZUN, Rupprecht (Ed.). *Competition Policy and the Economic Approach*: foundations and limitations. Northampton: Edward Elgar, 2011.

ZAMIR, Eyal; TEICHMAN, Doron. *Behavioral Law and Economics*. Oxford: Oxford University Press, 2018.

Esta obra foi composta em fonte Palatino Linotype, corpo 10
e impressa em papel Offset 75g (miolo) e Supremo 250g (capa)
pela Gráfica Paulinelli.